·2025全国一级建造师执业资格考试经典题荟萃·

建设工程法规及相关知识百题讲坛

主 编 唐 忍

中国建设科技出版社有限责任公司
China Construction Science and Technology Press Co., Ltd.
北 京

图书在版编目（CIP）数据

建设工程法规及相关知识百题讲坛/唐忍主编. 北京：中国建设科技出版社有限责任公司，2025.3. （2025全国一级建造师执业资格考试经典题荟萃）. ISBN 978-7-5160-4343-1

Ⅰ.D922.297-44

中国国家版本馆CIP数据核字第2024T0D509号

建设工程法规及相关知识百题讲坛
JIANSHE GONGCHENG FAGUI JI XIANGGUAN ZHISHI BAITI JIANGTAN
主　编　唐　忍

出版发行：	中国建设科技出版社有限责任公司
地　　址：	北京市西城区白纸坊东街2号院6号楼
邮　　编：	100054
经　　销：	全国各地新华书店
印　　刷：	北京印刷集团有限责任公司
开　　本：	787mm×1092mm　1/16
印　　张：	19
字　　数：	430千字
版　　次：	2025年3月第1版
印　　次：	2025年3月第1次
定　　价：	69.80元

本社网址：www.jskjcbs.com，微信公众号：zgjskjcbs
请选用正版图书，采购、销售盗版图书属违法行为
版权专有，盗版必究。本社法律顾问：北京天驰君泰律师事务所，张杰律师
举报信箱：zhangjie@tiantailaw.com　　举报电话：（010）63567684
本书如有印装质量问题，由我社事业发展中心负责调换，联系电话：（010）63567692

序　言

"2025 全国一级建造师执业资格考试经典题荟萃"系列丛书共 6 册，分别为：

《市政公用工程管理与实务百题讲坛》　　　　胡宗强　主编
《建筑工程管理与实务百题讲坛》　　　　　　龙炎飞　主编
《机电工程管理与实务百题讲坛》　　　　　　杨海军　主编
《建设工程经济百题讲坛》　　　　　　　　　黄金芳　主编
《建设工程项目管理百题讲坛》　　　　　　　李　娜　主编
《建设工程法规及相关知识百题讲坛》　　　　唐　忍　主编

本系列丛书以"百题讲坛"的形式，筛选出历年有价值的经典题，并根据最新考纲编写了有针对性的模拟题，对其精准剖析，帮助考生掌握考点、全面了解命题思路及考试趋势，同时提高学习效率。

公共基础科目

"建设工程经济""建设工程项目管理"和"建设工程法规及相关知识"三门公共基础科目，全部为客观题，以如下编写原则，形成公共基础科目的"百题讲坛"：

① 紧跟命题趋势，直击得分核心；
② 甄选热点经典，全新精解精讲；
③ 考点分门别类，知识系统全面；
④ 更新标准规范，依据最新考纲。

市政公用工程管理与实务科目

本书进行了全面修订和更新，修订内容主要涉及题目的增补删改、解析内容的优化和知识点的调整。本书分为两部分：第一部分为 52 道经典一建案例题（2013—2024 年）；第二部分为 53 道经典案例模拟题。本书通过对这 105 道案例题的深入解析，希望能够帮助考生厘清分析思路，揣摩命题考点，并掌握答题方法和技巧，从而事半功倍、攻克难关。

建筑工程管理与实务科目

本书通过对历年经典题和最新考纲的深入研究和把控,做了较大规模修改。本书分为两部分:第一部分为知识点索引,对应关联94道经典案例题,全面系统梳理关键考点;第二部分为94道经典案例题,结合最新标准规范和命题趋势,精准剖析,举一反三,对知识点纵横引申。

机电工程管理与实务科目

本书为2025"百题讲坛"新增科目,分为两部分:第一部分为70道一建经典案例题;第二部分为30道二建经典案例题。本书在精准剖析这100道案例题的基础上,每道案例题均增设了"分析思路及作答要求",进一步根据现行标准规范对知识点进行拓展补充,以便考生学得系统全面,从而灵活应试。

本系列丛书的作者均为在教学一线工作多年的权威、资深专家,对考试和考生学习情况都十分了解,解析内容经反复推敲,力争精练准确。在"2025全国一级建造师执业资格考试经典题荟萃"系列丛书编写过程中,虽经反复推敲核正,仍难免有疏漏和不妥之处,恳请广大读者提出宝贵的意见和建议。

编 委 会
2025年1月

目 录

第一章
建设工程基本法律知识

第一节　建设工程法律基础 …………………………… 1
　考点一　法律部门 ★★★ …………………………… 1
　考点二　法的形式 ★★★ …………………………… 2
　考点三　法的效力层级 ★★★★ …………………… 3
第二节　建设工程物权制度 …………………………… 5
　考点一　物权的设立、变更、转让、消灭 ★★★★★ … 5
　考点二　物权的保护 ★★ …………………………… 8
　考点三　所有权、用益物权、担保物权 ★★★ ……… 8
　考点四　建设用地使用权 ★★★★★ ………………… 10
　考点五　居住权 ★★★★ …………………………… 11
　考点六　地役权 ★★★ ……………………………… 12
　考点七　担保物权的一般规定 ★★★★ ……………… 13
　考点八　抵押权 ★★★★★ ………………………… 14
　考点九　质权 ★★★★★ …………………………… 16
　考点十　留置 ★★ …………………………………… 16
　考点十一　占有 ★★★★ …………………………… 17
第三节　建设工程知识产权制度 ……………………… 18
　考点一　知识产权客体和保护期限 ★★★★ ………… 19
　考点二　著作权 ★★★★★ ………………………… 20
　考点三　商标专用权 ★★★★★ …………………… 22
　考点四　侵犯商业秘密 ★★ ………………………… 23
　考点五　地理标志保护产品 ………………………… 24

第四节　建设工程侵权责任制度	25
考点一　损害赔偿★★	25
考点二　产品责任★★★★	26
考点三　建筑物和物件损害责任★★★★	27

第五节　建设工程税收制度 …………………………………… 29
　　考点一　企业所得税★★★★ ……………………………… 30
　　考点二　企业增值税的规定★★★★ ……………………… 31
　　考点三　环境保护税的规定★★★ ………………………… 33
　　考点四　个人所得税的规定★★★★ ……………………… 34
　　考点五　印花税★★ ………………………………………… 36
　　考点六　车辆购置税★★★ ………………………………… 37
　　考点七　契税★★★★ ……………………………………… 37

第六节　建设工程行政法律制度 ……………………………… 39
　　考点一　行政法的基本原则 ………………………………… 39
　　考点二　行政许可的设定★★★★ ………………………… 40
　　考点三　行政许可的实施程序★★ ………………………… 42
　　考点四　行政处罚的种类和设定★★ ……………………… 42
　　考点五　行政处罚的管辖和适用★★★★ ………………… 43
　　考点六　行政处罚的决定★★ ……………………………… 45
　　考点七　行政处罚的执行★★★ …………………………… 45
　　考点八　行政强制的种类和设定★★★★ ………………… 46

第七节　建设工程刑事法律制度 ……………………………… 49
　　考点一　刑法的特征和基本原则★★★ …………………… 49
　　考点二　犯罪构成要件★★ ………………………………… 49
　　考点三　刑法种类★★★★ ………………………………… 49
　　考点四　刑法裁量★★★★ ………………………………… 50
　　考点五　减刑与缓刑★★★★ ……………………………… 51
　　考点六　工程事故犯罪类型★★★★ ……………………… 53

第二章
建筑市场主体制度

第一节　建筑市场主体的一般规定 …………………………… 56
　　考点一　法人与非法人组织★★★★ ……………………… 56

考点二　代理的法律特征、设立和终止★★★★ ………… 59
　　考点三　转代理、无权代理与表见代理★★★★★ ……… 61
第二节　建筑业企业资质制度 …………………………………… 63
　　考点一　企业资质证书的申请、延续和变更★★★★★ …… 64
　　考点二　企业资质证书的撤回、撤销、吊销和注销★★★ … 67
第三节　建造师注册执业制度 …………………………………… 69
　　考点一　建造师注册和受聘★★★★★ …………………… 69
　　考点二　建造师执业岗位范围★★★★ …………………… 71
　　考点三　建造师的权利和义务★★ ………………………… 72
第四节　建筑市场主体信用体系建设 …………………………… 73
　　考点一　建筑市场各方主体信用信息分类★★ …………… 73
　　考点二　建筑市场诚信行为的公布时间★★★★★ ……… 73
　　考点三　"黑名单"★★★★★ …………………………… 75
　　考点四　建筑市场施工单位不良行为记录认定标准★★★★
　　　………………………………………………………… 76
第五节　营商环境制度 …………………………………………… 77
　　考点一　营商环境优化★★★★ …………………………… 77
　　考点二　工程项目招投标领域营商环境专项整治工作
　　　方案★★★★★ ……………………………………… 78
　　考点三　中小企业款项支付条例★★★★★ ……………… 78

第三章
建设工程许可法律制度

第一节　建设工程规划许可 ……………………………………… 80
　　考点一　规划许可证的申请★★★★★ …………………… 80
　　考点二　规划条件的变更★★★ …………………………… 82
第二节　建设工程施工许可 ……………………………………… 84
　　考点一　施工许可证和开工报告的适用范围★★★★★ … 84
　　考点二　申请领取施工许可证应当具备的条件★★★★★ … 86
　　考点三　延期开工、核验和重新办理★★★★★ ………… 87

第四章
建设工程发承包法律制度

第一节 建设工程发承包的一般规定 ········· 89
  考点一 工程总承包的规定★★★★ ········· 89
  考点二 建设工程联合共同承包★★★ ········· 92
  考点三 建设工程分包、转包和挂靠★★★★ ········· 92

第二节 建设工程招标投标制度 ········· 94
  考点一 建设工程法定招标的范围和规模标准★★★★ ··· 94
  考点二 邀请招标与可以不进行招标的建设工程项目★★★★
    ········· 95
  考点三 工程招标投标交易场所★★ ········· 97
  考点四 建设工程招标★★★ ········· 97
  考点五 招标投标的时间要求★★★★ ········· 98
  考点六 资格预审与资格后审★★★ ········· 99
  考点七 两阶段招标★★ ········· 100
  考点八 投标保证金★★★★ ········· 100
  考点九 招标人不得设定不合理的条件★★★★ ········· 101
  考点十 招标人终止招标★★ ········· 102
  考点十一 投标人和投标文件的要求★★★ ········· 102
  考点十二 联合体投标★★★★ ········· 104
  考点十三 属于串通投标与"视为"串通投标★★★★★ ··· 105
  考点十四 开标★★ ········· 107
  考点十五 评标★★★★ ········· 107
  考点十六 经评审的最低投标价法与综合评估法的
    适用范围★★★★ ········· 110
  考点十七 确定中标人与签订合同★★★★ ········· 110
  考点十八 招标投标异议、投诉处理★★★★ ········· 112

第三节 非招标采购制度 ········· 114
  考点一 政府采购可采用的法定方式★★★★ ········· 114
  考点二 竞争性谈判★★★★ ········· 115
  考点三 询价★★★ ········· 116
  考点四 单一来源采购★★★★ ········· 116
  考点五 框架协议采购★★★★ ········· 117

第五章
建设工程合同法律制度

第一节　合同的基本规定 …………………………………… 120
　　考点一　合同订立的形式和内容★★ ……………………… 120
　　考点二　要约与承诺★★★★★ …………………………… 121
　　考点三　合同的成立★ ……………………………………… 123
　　考点四　缔约过失责任★★★ ……………………………… 124
　　考点五　有效合同★★★ …………………………………… 124
　　考点六　无效合同★★★★★ ……………………………… 124
　　考点七　可撤销合同★★★ ………………………………… 125
　　考点八　效力待定合同★★ ………………………………… 126
　　考点九　合同履行的具体规定★★★ ……………………… 126
　　考点十　合同履行中的抗辩权★★★ ……………………… 127
　　考点十一　违约责任★★★★★ …………………………… 128

第二节　建设工程施工合同的规定 ………………………… 133
　　考点一　建设工程合同★ …………………………………… 133
　　考点二　施工合同无效的情形和法律后果★★★★ ……… 133
　　考点三　开工日期与竣工日期的争议处理★★★★★ …… 136
　　考点四　建设工程质量责任★★★ ………………………… 138
　　考点五　建设工程价款结算纠纷争议的解决方式★★★ … 138
　　考点六　工程欠款利息起算时间★★★★★ ……………… 139
　　考点七　工程垫资及利息★★★★ ………………………… 140
　　考点八　建设工程价款优先受偿权★★★★★ …………… 141
　　考点九　施工合同的变更★★★ …………………………… 142
　　考点十　施工合同的终止★★★★★ ……………………… 144

第三节　相关合同制度 ……………………………………… 146
　　考点一　买卖合同★★★★★ ……………………………… 147
　　考点二　借款合同★★★★ ………………………………… 150
　　考点三　担保合同★★★★★ ……………………………… 151
　　考点四　租赁合同★★★★ ………………………………… 154
　　考点五　承揽合同★★★★★ ……………………………… 156
　　考点六　运输合同★★ ……………………………………… 158
　　考点七　仓储合同★★ ……………………………………… 159

考点八　委托合同★ ……………………………………… 161
　　考点九　保险合同 ………………………………………… 161

第六章
建设工程安全生产法律制度

第一节　建设单位和相关单位的安全责任制度 …………… 163
　　考点一　建设单位的安全责任★★★★ ………………… 163
　　考点二　勘察、设计单位的安全责任★★ ……………… 165
　　考点三　工程监理单位的安全责任★★★★ …………… 165
　　考点四　机械设备、检验检测单位的安全责任★★★ … 166
第二节　施工安全生产许可证制度 …………………………… 169
　　考点一　安全生产许可证的适用范围★★ ……………… 170
　　考点二　申领安全生产许可证的条件★★★★ ………… 170
　　考点三　安全生产许可证的有效期和撤销★★★ ……… 171
　　考点四　法律责任★★★★ ……………………………… 172
第三节　施工单位安全生产责任制度 ………………………… 174
　　考点一　企业负责人、项目负责人和专职安全生产管理
　　　　　　人员的安全职责★★★★ ……………………… 174
　　考点二　专职安全管理人员的配备要求★★★ ………… 176
　　考点三　安全生产隐患治理★★ ………………………… 177
　　考点四　总承包单位和分包单位的安全责任★★★★ … 178
　　考点五　施工现场带班制度★★★★ …………………… 179
　　考点六　施工作业人员的安全生产权利与义务★★ …… 180
　　考点七　施工单位安全生产教育培训★★★★ ………… 181
第四节　施工现场安全防护制度 ……………………………… 182
　　考点一　安全专项施工方案★★★★ …………………… 183
　　考点二　施工现场安全防范★★ ………………………… 184
　　考点三　安全生产费用的提取和使用管理★★★★ …… 185
　　考点四　施工现场消防安全责任★★ …………………… 187
第五节　施工生产安全事故的应急救援与调查处理 ………… 188
　　考点一　安全事故等级的判断★★★★ ………………… 188
　　考点二　生产安全事故应急救援预案★★★★ ………… 189
　　考点三　事故报告、调查和处理★★★★★ …………… 191

第六节　政府主管部门安全生产监督管理 …………… 194
　　考点一　建设工程安全生产的监督管理体制 ………… 194
　　考点二　政府主管部门法定职权 …………………… 195
　　考点三　安全生产相关信息系统 …………………… 196

第七章
建设工程质量法律制度

第一节　工程建设标准 ………………………………… 198
　　考点一　工程建设标准的制定★★★★ ……………… 198
　　考点二　工程建设强制性标准的实施管理★★★ …… 200
　　考点三　工程抗震管理制度★★ …………………… 202
第二节　无障碍环境建设制度 ………………………… 204
　　考点一　无障碍环境建设各参建单位的义务 ………… 204
　　考点二　无障碍环境建设保障措施 ………………… 204
　　考点三　无障碍环境建设监督管理 ………………… 205
第三节　建设单位及相关单位的质量责任和义务 …… 207
　　考点一　建设单位的质量责任和义务★★★★ ……… 207
　　考点二　勘察设计单位的质量责任和义务★★★ …… 208
　　考点三　监理单位的质量责任和义务★★★★ ……… 208
第四节　施工单位的质量责任和义务 ………………… 210
　　考点一　对施工质量负责和总分包单位的质量责任★★★★ …… 210
　　考点二　按照工程设计图纸和施工技术标准施工的
　　　　　　规定★★★ ……………………………… 211
　　考点三　建筑材料、设备等的见证取样★★★★ …… 211
　　考点四　建筑材料、设备等的检验检测★★★★ …… 213
　　考点五　施工质量检验和返修★★★★ …………… 214
第五节　建设工程竣工验收制度 ……………………… 216
　　考点一　竣工验收的主体和法定条件★★★★ ……… 216
　　考点二　规划、消防和环保验收★★★★ …………… 217
　　考点三　竣工验收备案★★★ ……………………… 219
第六节　建设工程质量保修制度 ……………………… 220
　　考点一　质量保修书和最低保修期限的规定★★★★ …… 220
　　考点二　质量保证金★★★★★ …………………… 222

第八章
建设工程环境保护和历史文化遗产保护法律制度

第一节 建设工程环境保护制度 ………………………… 226
考点一 建设工程大气污染防治★★★★ …………… 226
考点二 水污染防治★★★★ ……………………… 228
考点三 建设工程固体废物污染环境防治★★★ …… 230
考点四 噪声污染防治★★★★ …………………… 230

第二节 施工中历史文化遗产保护制度 ………………… 231
考点一 受法律保护的各类历史文化遗产范围★★★★
 ……………………………………………………… 232
考点二 文物保护范围和建设控制地带★★ ………… 234
考点三 施工发现文物报告和保护★★★★ ………… 235

第九章
建设工程劳动保障法律制度

第一节 劳动合同制度 ………………………………… 236
考点一 劳动合同的订立★★★★ ………………… 236
考点二 劳动合同的履行、变更、解除和终止★★★★★
 ……………………………………………………… 239
考点三 终止劳动合同的经济补偿★★★★ ………… 241

第二节 劳动用工和工资支付保障 ……………………… 243
考点一 劳务派遣★★★★ ………………………… 243
考点二 工资支付保障★★★★ …………………… 246
考点三 拖欠农民工工资失信联合惩戒管理★★★★★
（2025年新增） ……………………………………… 247

第三节 劳动安全卫生和保护 …………………………… 249
考点一 劳动安全卫生★ …………………………… 249
考点二 女职工和未成年工的特殊保护★★★★ …… 249

第四节 工伤保险制度 ………………………………… 251
考点一 工伤认定★★★★ ………………………… 251
考点二 工伤保险待遇★★ ………………………… 253

第五节　劳动争议的解决 ………………………………… 255
　　考点一　劳动争议范围★★★★ ……………………………… 256
　　考点二　劳动争议调解★★ …………………………………… 256
　　考点三　劳动争议仲裁★★★★ ……………………………… 257

第十章
建设工程争议解决法律制度

第一节　建设工程争议和解、调解制度 ……………… 259
　　考点一　民事纠纷与行政纠纷★★★ ………………………… 259
　　考点二　和解★★★ …………………………………………… 260
　　考点三　调解★★★★ ………………………………………… 260
第二节　仲裁制度 ……………………………………………… 262
　　考点一　仲裁基本制度★★★★ ……………………………… 262
　　考点二　仲裁协议★★★★ …………………………………… 263
　　考点三　仲裁庭的组成★★★★★ …………………………… 266
　　考点四　开庭和裁决★★★★ ………………………………… 267
　　考点五　仲裁和解与仲裁调解★★★★ ……………………… 268
　　考点六　申请撤销仲裁裁决、执行和不予执行★★★★★ …… 269
第三节　民事诉讼制度 ……………………………………… 271
　　考点一　民事诉讼的法院管辖★★★★★ …………………… 272
　　考点二　诉讼参加人★★★★ ………………………………… 274
　　考点三　证据★★★★★ ……………………………………… 275
　　考点四　民事诉讼时效★★★★★ …………………………… 277
　　考点五　民事诉讼的审判程序★★★★ ……………………… 278
　　考点六　民事诉讼的执行★★★★ …………………………… 281
第四节　行政复议制度 ……………………………………… 283
　　考点　　行政复议★★★★★ ………………………………… 283
第五节　行政诉讼制度 ……………………………………… 285

第一章 建设工程基本法律知识

第一节 建设工程法律基础

考情分析

要点	2024 年	2023 年	2022 年
（1）法律部门和法律体系			
（2）法的形式和效力层级	2	2	2
分值合计	2	2	2

考点一 法律部门 ★★★

在我国法律体系中，根据所调整的社会关系性质不同，划分为不同的法律部门。

法律部门	具体表现
宪法及相关法	《××组织法》《国籍法》《民族区域自治法》
民法商法	《商标法》《专利法》《著作权法》《招标投标法》《消费者权益保护法》
行政法	《土地管理法》《城乡规划法》
经济法	《建筑法》《标准化法》《政府采购法》
社会法	《无障碍环境建设法》《劳动合同法》《安全生产法》
诉讼法	《刑事诉讼法》《行政诉讼法》《民事诉讼法》
非诉讼程序法	《仲裁法》《劳动争议调解仲裁法》《人民调解法》

1. 根据《立法法》，下列属于社会法的是（   ）。
A.《消费者权益保护法》
B.《建筑法》
C.《安全生产法》
D.《民族区域自治法》

考点二　法的形式★★★

我国法的形式是制定法形式，<u>习惯法、宗教法、判例不是我国法的形式</u>。

法律形式	名称特征	制定单位	备案（公布后30日内）
宪法	宪法	全国人大	不备案
法律	《××法》	全国人大及其常委会	不备案
行政法规	《××条例》	国务院	全国人大常委会
部门规章	《××规定》《××办法》	国务院各部委	国务院
地方性法规	《××地方××条例》	地方人大及其常委会	全国人大常委会+国务院
地方政府规章	《××地方××规定》《××地方××办法》	省级、市级人民政府	同级人大常委会+国务院
国际条约	—	—	—
四层含义	（1）创制机关的性质及级别；（2）外部表现形式；（3）效力等级；（4）地域效力		

2.【2023年】下列（　　）属于我国法的形式。
A. 宗教法　　　　　　　　　　B. 判例
C. 国际条约　　　　　　　　　D. 人民法院的判决

【解析】在我国，习惯法、宗教法、判例不是法的形式。我国法的形式包括宪法、法律、行政法规、地方性法规、自治条例和单行条例、部门规章、地方政府规章和国际条约。

3.【2022年】从法的形式来看，《必须招标的工程项目规定》属于（　　）。
A. 法律　　　　　　　　　　　B. 行政法规
C. 部门规章　　　　　　　　　D. 地方政府规章

4. 根据《立法法》，下列事项中，只能制定法律的有（　　）。
A. 民族区域自治制度　　　　　B. 税收基本制度
C. 犯罪和刑罚　　　　　　　　D. 属于国务院行政管理职权的事项
E. 限制人身自由的强制措施和处罚

【解析】《立法法》第十一条规定，下列事项只能制定法律：
（1）国家主权的事项；
（2）各级人民代表大会、人民政府、监察委员会、人民法院和人民检察院的产生、组织和职权；
（3）<u>民族区域自治制度</u>、特别行政区制度、<u>基层群众自治制度</u>；
（4）<u>犯罪和刑罚</u>；
（5）对公民政治权利的剥夺、<u>限制人身自由的强制措施和处罚</u>；
（6）<u>税种的设立、税率的确定和税收征收管理等税收基本制度</u>；

第一章 建设工程基本法律知识

（7）对非国有财产的征收、征用；
（8）民事基本制度；
（9）基本经济制度以及财政、海关、金融和外贸的基本制度；
（10）诉讼制度和仲裁基本制度；
（11）必须由全国人民代表大会及其常务委员会制定法律的其他事项。

考点三 法的效力层级 ★★★★★

基本原则	（1）宪法至上；（2）上位法优于下位法；（3）特别法优于一般法；（4）新法优于旧法	
	宪法>法律>行政法规> ┬ 地方性法规>地方政府规章 └ 部门规章	
同一机关制定	新的一般与旧的特别冲突	不用新的也不用特别的，由谁制定谁裁决
不同机关制定	地方性法规与部门规章	国务院认为用地方性法规的，国务院裁决，用地方性法规
		国务院认为用部门规章的，提请全国人大裁决
	部门规章与部门规章冲突	国务院裁决
	部门规章与地方政府规章	
授权制定	根据授权制定的法规与法律规定不一致，由全国人大常委会裁决	

5.【2017年】关于上位法与下位法法律效力的说法，正确的是（　　）。
A.《招标投标法实施条例》高于《招标公告发布暂行办法》
B.《建设工程质量管理条例》高于《建筑法》
C.《建筑业企业资质管理规定》高于《外商投资建筑业企业管理规定》
D.《建设工程勘察设计管理条例》高于《城市房地产开发经营管理条例》

6. 根据《立法法》，（　　）之间对同一事项的规定不一致时，由国务院裁决。
A. 行政法规　　　　　　　　　　B. 部门规章与地方性法规
C. 部门规章　　　　　　　　　　D. 部门规章与地方政府规章
E. 行政法规与部门规章

7.【2023年】关于法的效力层级的说法，正确的是（　　）。
A. 行政法规的效力高于地方性法规和部门规章
B. 地方性法规与地方政府规章之间具有同等效力
C. 省、自治区人民政府制定的规章与设区的市、自治州人民政府制定的规章之间具有同等效力
D. 部门规章的效力高于地方政府规章

【解析】选项 B 错误，地方性法规的法律效力"高于"本级和下级地方政府规章。

选项 C 错误，省、自治区人民政府制定的规章的效力"高于"设区的市、自治州人民政府制定的规章。

选项 D 错误，部门规章的效力与地方政府规章之间具有"同等法律效力"。

8.【2022 年】关于部门规章与地方政府规章效力的说法，正确的是（   ）。
A. 没有部门规章的依据，地方政府规章不得设定减损法人权利的规范
B. 地方政府规章的效力高于部门规章
C. 两者具有同等效力，在各自权限范围内施行
D. 两者调整对象不同，无效力冲突

【解析】选项 A 错误，没有法律、行政法规、地方性法规的依据，地方政府规章不得设定减损公民、法人和其他组织权利或者增加其义务的规范。

选项 B 错误，部门规章之间、部门规章与地方政府规章之间具有同等效力，在各自的权限范围内施行。因此，选项 C 正确。

选项 D 错误，部门规章之间、部门规章与地方政府规章之间同一事项的规定不一致时，由国务院裁决。

9.【2020 年】根据《立法法》，地方性法规、规章之间不一致时，由有关机关依照规定的权限作出裁决，关于裁决权限的说法，正确的是（   ）。
A. 同一机关制定的新的一般规定与旧的特别规定不一致时，由制定机关的上级机关裁决
B. 地方性法规与部门规章之间对同一事项的规定不一致，不能确定如何适用时，应当提请全国人民代表大会常务委员会裁决
C. 部门规章与地方政府规章之间对同一事项的规定不一致时，由部门规章的制定机关进行裁决
D. 根据授权制定的法规与法律规定不一致，不能确定如何适用时，由全国人民代表大会常务委员会裁决

10.【2024 年】关于法的效力层级的说法，正确的有（   ）。
A. 宪法具有最高的法律效力
B. 法的制定主体、程序、时间、适用范围影响法的效力层级
C. 地方性法规的效力高于政府规章的效力
D. 行政法规的法律地位和法律效力高于地方性法规和部门规章
E. 某一机关制定的自治条例和单行条例，新的规定与旧的规定不一致的，适用新的规定

【解析】选项 C 错误，地方性法规的法律效力"高于"本级和下级地方政府规章的效力。

11. 关于立法备案的说法，正确的有（　　）。

A. 行政法规应当在实施后 30 日内备案

B. 自治条例、单行条例报送备案时，应当说明对上位法作出变通的情况

C. 行政法规由国务院报全国人民代表大会备案

D. 部门规章报国务院备案

E. 根据授权制定的法规应当报授权决定规定的机关备案

【本节答案】

题号	1	2	3	4	5	6	7	8	9	10
答案	C	C	C	ABCE	A	ACD	A	C	D	ABDE
题号	11									
答案	BDE									

第二节　建设工程物权制度

考情分析

要点	2024 年	2023 年	2022 年补考	2022 年
（1）物权的设立、变更、转让、消灭和保护			1	
（2）所有权	2		2	
（3）用益物权	1	2	2	4
（4）担保物权		2	2	4
（5）占有	1			
分值合计	4	4	7	8

考点一　物权的设立、变更、转让、消灭 ★★★★

种类	物权生效方式	例外情形
不动产	登记生效（不动产所在地）	（1）依法属于国家所有的自然资源，所有权可以不登记。 （2）"例外情形"地役权自地役权合同生效时设立。 （3）不动产合同，自成立时生效（未办理物权登记的，不影响合同效力）。 （4）不动产登记费按件收取，不得按面积、体积或者价款的比例收取。 （5）登记机构不得要求对不动产进行评估。 （6）预告登记是对预售不动产产权的确认，具有排他性。预告登记后，未经预告登记的权利人同意，处分该不动产的，不发生物权效力。 （7）预告登记后，债权消灭或者自能够进行不动产登记之日起 90 日内未申请登记的，预告登记失效
动产	交付	船舶、航空器和机动车等物权的设立等，未经登记，不得对抗善意第三人

1. 机动车买卖合同，车辆所有权自（　　）时发生移转。
A. 合同成立　　　　　　　　　　　　B. 物权登记
C. 交付　　　　　　　　　　　　　　D. 结清尾款

2. 关于不动产物权的说法，正确的是（　　）。
A. 设立不动产物权，除法律另有规定外，依法登记发生效力
B. 依法应当登记的不动产物权，自申请不动产登记时发生效力
C. 不动产物权的变更，无须登记
D. 不动产物权的登记，由建设行政主管部门办理

【解析】选项 B 错误，不动产物权的设立、变更、转让和消灭依照法律规定应当登记的，自记载于不动产登记簿时发生效力。
选项 C 错误，不动产物权的设立、变更、转让和消灭经依法登记，发生效力，未经登记，不发生效力，但是法律另有规定的除外。
选项 D 错误，不动产登记，由不动产所在地的登记机构办理。

3. 关于不动产物权设立的说法，正确的有（　　）。
A. 机动车买卖合同，车辆所有权自车辆完成登记时发生移转
B. 依法属于国家所有的自然资源，所有权可以不登记
C. 不动产物权的转让未经登记不得对抗善意第三人
D. 不动产物权登记由不动产所在地的登记机构办理
E. 不动产物权变动未经登记，不影响当事人之间订立的不动产物权合同的效力

【解析】选项 A 错误，机动车属于动产，交付时发生物权效力。
选项 C 错误，不动产物权的效力在登记时设立，不登记不发生效力，因此未登记无对抗可言。可改为：船舶、航空器和机动车等物权的设立等，<u>未经登记，不得对抗善意第三人</u>。

4.【2021 年】当事人之间订立有关设立、变更、转让和消灭不动产物权的合同，除法律另有规定或者合同另有约定外，关于合同效力的说法，正确的有（　　）。
A. 自合同成立时生效　　　　　　　　B. 自办理物权登记时生效
C. 未办理物权登记的，不影响合同效力　　D. 未办理物权登记的，合同效力待定
E. 合同生效，并且当然发生物权效力

【解析】<u>不动产合同，自成立时生效；未办理物权登记的，不影响合同效力</u>。

5. 关于不动产物权登记的说法，正确的是（　　）。
A. 不动产登记，由不动产所在地的登记机构办理
B. 不动产登记费按面积、体积或者价款的比例收取
C. 登记机构在登记前应当对不动产进行评估
D. 预告登记后，债权消灭或者自能够进行不动产登记之日起 1 年内未申请登记的，预告登记失效

【解析】选项 B 错误，不动产登记费按件收取，不得按照不动产的面积、体积或者价款的比例收取。

选项 C 错误，登记机构不得要求对不动产进行评估。

选项 D 错误，预告登记后，债权消灭或者自能够进行不动产登记之日起 90 日内未申请登记的，预告登记失效。

6. 关于房屋预告登记的说法，错误的是（ ）。
A. 预告登记后，未经预告登记的权利人同意，处分该不动产的，不发生物权效力
B. 预告登记后，债权消灭或者自能够进行不动产登记之日起 90 日内未申请登记的，预告登记失效
C. 预告登记仅适用于预售商品房的登记
D. 预告登记是为了保全一项请求而进行的不动产登记

【解析】选项 C 错误，当事人预购商品房、以预购商品房设定抵押、房屋所有权转让（抵押）或有法律、法规规定的其他可以申请房屋预告登记情形的，可以向房屋登记机构申请预告登记。

7. 甲建设单位与乙于 2023 年 4 月 20 日签订商品房预售合同，6 月 1 日，甲又将该套房屋出卖给不知情的丙。2024 年 4 月 1 日工程完工，甲向丙交房并办理了过户登记手续。关于本案，说法正确的有（ ）。
A. 甲乙之间合同无效，甲丙之间合同有效
B. 两份合同均有效
C. 丙于 2023 年 6 月 1 日取得房屋所有权
D. 甲对乙承担不超过已付购房款一倍的违约赔偿责任
E. 乙如果之前办理了预告登记，则甲向丙交付房屋的行为无效

【解析】选项 A 错误，选项 B 正确，不动产合同，自成立时生效。未办理物权登记的，不影响合同效力。

选项 C 错误，不动产物权的效力在登记时设立，不登记不发生效力。因此，丙取得房屋所有权的时间是 2024 年 4 月 1 日。

选项 D 正确，《最高人民法院关于审理商品房买卖合同纠纷案件适用法律若干问题的解释》第八条规定，具有下列情形之一，导致商品房买卖合同目的不能实现的，无法取得房屋的买受人可以请求解除合同、返还已付购房款及利息、赔偿损失，并可以请求出卖人承担不超过已付购房款一倍的赔偿责任：（1）商品房买卖合同订立后，出卖人未告知买受人又将该房屋抵押给第三人；（2）商品房买卖合同订立后，出卖人又将该房屋出卖给第三人。

选项 E 正确，预告登记是对房屋产权的确认，具有排他性，这就避免了开发商将房屋再卖或抵押的情况。预告登记后，未经预告登记的权利人同意，处分该不动产的，不发生物权效力。预告登记后，债权消灭或者自能够进行不动产登记之日起 90 日内未申请登记的，预告登记失效。

考点二 物权的保护★★

序号	物的侵害	保护方式	一般规定
1	物权的归属、内容争议	请求确认权利	侵害物权，造成损害的，可以请求损害赔偿，也可以请求承担其他民事或刑事责任
2	无权占有	请求返还原物	
3	妨害物权	请求排除妨碍	
4	可能妨碍物权	请求消除危险	
5	造成损毁	请求修理、重作、更换或请求恢复原状	
物权受到侵害的，权利人可以通过和解、调解、仲裁、诉讼等途径解决			

8.【2017年二级】 某施工企业在施工过程中，由于保护措施不当，致使毗邻建筑物开裂和倾斜。受害人将该施工企业诉至法院，提出的下列诉讼请求可以获得支持的有（　　）。

A. 停止侵害　　　　　　　　B. 消除危险
C. 恢复原状　　　　　　　　D. 消除影响
E. 赔偿损失

考点三 所有权、用益物权、担保物权★★★

物权的种类	所有权	自己的物	包括占有权、使用权、收益权、处分权
			（1）所有权是物权中最重要也最完全的一种权利，在法律上也受到一定限制。
			（2）占有权可以根据所有权人的意志和利益分离出去，由非所有权人享有。
			（3）使用权是所有人所享有的一项独立权能。
			（4）收益权本身是一项独立的权能，而使用权并不能包括收益权。所有人并不行使对物的使用权，仍可以享有对物的收益权。（例如租赁）
			（5）处分权是所有权的核心
			城市的土地，属于国家所有。无居民海岛、矿藏、水流、海域属于国家所有。
			森林、山岭、草原、荒地、滩涂等自然资源，属于国家所有，但是法律规定属于集体所有的除外
	用益物权	他人的物	享有占有、使用和收益的权利
			（1）土地承包经营权；（2）建设用地使用权；（3）居住权；（4）宅基地使用权；（5）地役权
	担保物权	他人的物	享有就担保财产优先受偿的权利
			抵押权、质押权、留置权

9.【2024年】关于所有权权能的说法，正确的有（　　）。
A. 占有权可以根据所有权人的意志和利益分离出去，由非所有权人享有
B. 所有权是物权中最重要也最完全的一种权利，在法律上不受限制
C. 财产所有权的权能包括占有权、使用权、收益权和处分权
D. 使用权只能由所有权人享有
E. 处分权是所有权人最基本的权利，是所有权内容的核心

【解析】选项B错误，所有权是物权中最重要也最完全的一种权利，在法律上也受一定限制。最主要的限制是为了公共利益的需要，依照法律规定的权限和程序可以征收集体所有的土地和组织、个人的房屋及其他不动产。

选项D错误，使用权也可依法律的规定或当事人的意思移转给非所有权人享有。

10.【2022年补考】下列自然资源中，既可以属于国家所有，也可以属于农村集体经济组织所有的包括（　　）。
A. 滩涂　　　　　　　　　　B. 海域
C. 山岭　　　　　　　　　　D. 荒地
E. 森林

11. 有关所有权的说法，正确的有（　　）。
A. 所有权包括占有、使用、收益、处分四项权能
B. 建设单位通过与政府签订土地出让合同，取得该土地的所有权
C. 建设单位对建筑工程拥有的权利属于所有权
D. 城市土地、无居民海岛、矿藏、水流、海域，属于国家所有
E. 农村土地、森林、草原、山岭、滩涂，属于农民集体所有

【解析】选项B错误，我国的土地属于集体所有和国家所有，建设单位可以取得占有权、使用权、收益权，但无处分权，因此不是所有权。

选项E错误，法律规定属于集体所有的土地和森林、山岭、草原、荒地、滩涂才属于集体所有，即有一部分也可能属于国家所有。

12.【2022年】下列权利中属于用益物权的有（　　）。
A. 土地承包经营权　　　　　B. 租赁权
C. 建设用地使用权　　　　　D. 地役权
E. 居住权

13. 关于用益物权，说法正确的是（　　）。
A. 用益物权对物具有占有权和处分权
B. 宅基地使用权属于用益物权
C. 用益物权和所有权人可以是同一人
D. 用益物权是权利人对他人所有的物的优先受偿权

14. 关于土地承包经营权的说法，正确的是（　　）。

A. 耕地的承包期为 30 年至 50 年

B. 土地承包经营权自土地承包经营权登记时设立

C. 土地承包经营权人依照法律规定，有权将土地承包经营权互换、转让

D. 土地承包经营权人依法对其承包的土地享有占有、使用、收益和处分的权利

【解析】选项 A 错误，耕地的承包期为"30 年"。草地的承包期为 30 年至 50 年。林地的承包期为 30 年至 70 年。承包期限届满，由土地承包经营权人依照农村土地承包的法律规定继续承包。

选项 B 错误，土地承包经营权自土地承包经营权合同生效时设立。

选项 C 正确，土地承包经营权人依照法律规定，有权将土地承包经营权互换、转让。未经依法批准，不得将承包地用于非农建设。

选项 D 错误，土地承包经营权人依法对其承包经营的耕地、林地、草地等享有占有、使用和收益的权利，无"处分"权。

考点四　建设用地使用权★★★★

建设用地使用权	设立	(1) 登记时设立。登记机构应当向建设用地使用权人发放权属证书。 (2) 只能存在于国家所有的土地上，不包括集体所有的农村土地。 (3) 可以在土地的地表、地上或者地下分别设立。 (4) 设立建设用地使用权，可以采取出让或者划拨等方式。（不是划拨） (5) 工商业、旅游娱乐、商品住宅等经营性用地，应当采用招标、拍卖等公开竞价出让。 (6) 建设用地使用权人不得改变土地用途；改变用途的，应当依法经行政部门批准
	转让抵押	(1) 应当采取书面形式订立合同。使用期限不得超过建设用地使用权的剩余期限。 (2) 应当向登记机构申请变更登记。 (3) 附着于该土地上的建筑物、构筑物及其附属设施一并处分
	续期	住宅用地使用权期间届满的，自动续期。非住宅用地的续期，依法办理
	消灭	出让人应当及时办理注销登记

15. 关于建设用地使用权转让的说法，正确的是（　　）。

A. 建设用地使用权的转让，应当采取书面形式订立合同

B. 使用期限应当与建设用地使用权的剩余期限一致

C. 应当向登记机构申请新设登记

D. 附着于该土地上的建筑物，构筑物及其附属设施可以一并处分

16. 关于建设用地使用权的说法，正确的有（　　）。

A. 建设用地使用权可以在土地的地表、地上或者地下分别设立
B. 建设用地使用权可以采取出让或者划拨等方式
C. 建设用地使用权人应当合理利用土地，不得改变土地用途
D. 建设用地使用权只能存在于国家所有的土地上
E. 建设用地使用权消灭的，该土地使用权人应当及时办理注销登记

【解析】选项A正确，建设用地使用权可以在土地的地表、地上或者地下分别设立。新设立的建设用地使用权，不得损害已设立的用益物权。

选项B正确，设立建设用地使用权，可以采取出让或者划拨等方式。

选项C错误，建设用地使用权人应当合理利用土地，不得改变土地用途。需要改变土地用途的，应当依法经有关行政主管部门批准。

选项D正确，建设用地使用权只能存在于国家所有的土地上，不包括集体所有的农村土地。

选项E错误，建设用地使用权消灭的，<u>出让人</u>应当及时办理注销登记。登记机构应当收回建设用地使用权证书。

考点五　居住权★★★

概念	居住权人有权按合同约定，对他人的住宅享有占有、使用的用益物权，以满足生活居住的需要
性质	属于用益物权
设立	设立居住权，当事人应当采用<u>书面形式</u>订立居住权合同。 设立居住权的，应向登记机构申请居住权登记。<u>居住权自登记时设立</u>。 居住权无偿设立，但是当事人另有约定的除外
转让	居住权不得转让、继承
出租	设立居住权的住宅不得出租，但是当事人另有约定的除外
消灭	居住权期限届满或者<u>居住权人死亡</u>的，居住权消灭。居住权消灭的，应当及时办理注销登记

17.【2024年】关于居住权的说法，正确的是（　　）。

A. 当事人应当采用书面形式订立居住权合同
B. 居住权自居住权合同生效时设立
C. 居住权可以继承
D. 居住权人有权出租设立居住权的住宅

【解析】选项B错误，居住权自登记时设立。

选项C错误，居住权不得转让、继承。

选项D错误，设立居住权的住宅不得出租，但是当事人另有约定的除外。

考点六 地役权 ★★★

概念	为使用自己不动产的便利或提高其效益而按照合同约定利用他人不动产的权利
	他人的不动产为供役地，自己的不动产为需役地
性质	地役权是用益物权
设立	设立地役权，应当采取书面形式订立地役权合同。地役权合同一般包括下列条款：（1）当事人的姓名或者名称和住所；（2）供役地和需役地的位置；（3）利用目的和方法；（4）利用期限；（5）费用及其支付方式；（6）解决争议的方法
	地役权自地役权合同生效时设立
	当事人要求登记的，向登记机构申请登记；未经登记，不得对抗善意第三人
	土地上已设立土地承包经营权等的，未经用益物权人同意，土地所有权人不得设立地役权
	地役权不得单独转让。 地役权不得单独抵押。 土地经营权、建设用地使用权等抵押的，在实现抵押权时，地役权一并转让
变动	需役地转让时，转让部分涉及地役权的，受让人同时享有地役权	地役权的从属性和不可分性
	供役地转让时，转让部分涉及地役权的，地役权对受让人具有约束力	

18. 关于地役权的说法，正确的有（　　）。

A. 需役地上的用益物权转让时，受让人同时享有地役权
B. 地役权不得单独抵押
C. 地役权未经登记不得对抗需役地人
D. 地役权由需役地人单方设立
E. 地役权属于用益物权

19. 下列用益物权中，自登记时设立的有（　　）。

A. 建设用地使用权　　　　　　　　B. 地役权
C. 宅基地使用权　　　　　　　　　D. 居住权
E. 土地承包经营权

【解析】选项A、D是登记时，选项B、E是合同生效时。选项C错误，宅基地使用权的取得、行使和转让，适用土地管理的法律和国家有关规定，即须向村民委员会申请，经乡（镇）人民政府审核，由县级人民政府批准设立。

第一章 建设工程基本法律知识

考点七　担保物权的一般规定 ★★★

担保物权	一般规定	担保物权包括抵押权、质权、留置权
		第三人为债务人向债权人提供担保的，可以要求债务人提供反担保。反担保适用《民法典》和其他法律的规定
		担保合同是从合同，<u>主合同无效，担保合同无效</u>。担保合同另有约定的，按照约定
	担保范围	包括主债权及其利息、违约金、损害赔偿金、<u>保管担保财产和实现担保物权的费用</u>
	转让	第三人提供担保，<u>未经其书面同意</u>，债权人允许债务人转移债务的，担保人不再承担相应的担保责任
	混合担保	物的担保与人的担保并存时，债权人对实现债权没有约定或者约定不明确： （1）<u>债务人自己提供物的担保的</u>，债权人应当先就该物的担保实现债权（<u>物保优于人保</u>）。 （2）第三人提供物的担保的，债权人可以就物的担保实现债权，也可以请求保证人承担保证责任（不分先后）

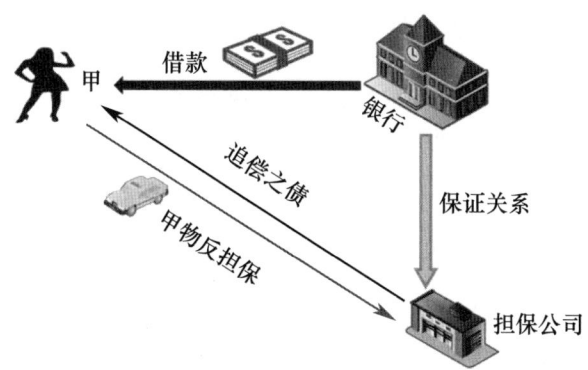

20.【2022 年改】关于担保的说法，正确的有（　　）。

A. 担保是用益物权的一种

B. 主合同有效，担保合同有效

C. 担保范围包括主债权及其利息、违约金、损害赔偿金、保管担保财产和实现担保物权的费用

D. 主合同无效，担保合同可以另外约定有效

E. 第三人为债务人向债权人提供担保时，可以要求债务人提供反担保

【解析】选项 B 错误，主合同有效，担保合同不一定有效。

考点八 抵押权★★★★★

特征	可以由债务人本人提供担保物，也可以由第三人提供担保物，不需要转移占有	
	提供抵押物的债务人或第三人为抵押人，债权人（银行）为抵押权人	
可以抵押	（1）建筑物；（2）建设用地使用权；（3）海域使用权；（4）半成品；（5）正在建造的建筑物、船舶	
不得抵押	（1）土地所有权；（2）宅基地、自留地、自留山等集体所有的土地使用权；（3）学校、幼儿园、医院的教育设施、医疗卫生设施和其他社会公益设施；（4）所有权、使用权不明或者有争议的财产；（5）依法被查封、扣押、监管的财产	
抵押权的设立	不动产抵押，抵押权自登记时设立	
	动产抵押的，抵押权自抵押合同生效时设立；未经登记，不得对抗善意第三人	
一并抵押	以建设用地使用权抵押的，该土地上的建筑物一并抵押。 抵押人即使未依据规定一并抵押，未抵押的财产视为一并抵押。 乡镇、村企业的建设用地使用权不得单独抵押	
抵押的效力	抵押人有义务妥善保管抵押物并保证其价值。 抵押权与其担保的债权同时存在。抵押权不得与债权分离而单独转让或者作其他担保	
同一财产多重抵押受偿顺序	（1）抵押权已登记的，按照登记的先后顺序清偿。 （2）抵押权已登记的，先于未登记的受偿。 （3）抵押权未登记的，按照债权比例清偿（注意：未登记，并不是按照合同签订顺序）	
抵押权与质权并存	按照登记、交付的时间先后确定清偿顺序	
抵押后新增建筑物的规定	建设用地使用权抵押后，该土地上新增的建筑物不属于抵押财产。该建设用地使用权实现抵押权时，应当将该土地上新增的建筑物与建设用地使用权一并处分。但是，新增建筑物所得的价款，抵押权人无权优先受偿	

21.【2016年】 公司甲以其自有办公楼作为抵押物为公司乙向银行申请贷款提供抵押担保，并在登记机关办理了抵押登记，该担保法律关系中，抵押人为（　　）。

A. 公司甲　　　　　　　　　　B. 公司乙
C. 银行　　　　　　　　　　　D. 登记机关

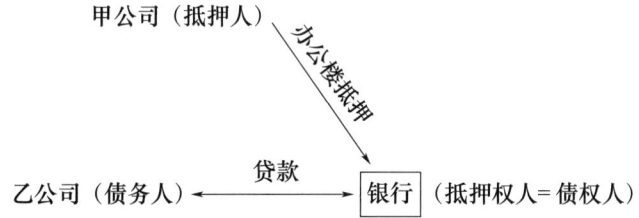

22. 根据《民法典》的规定，可以抵押的财产包括（　　）。
A. 宅基地使用权
B. 可以转让的股票
C. 交通运输工具
D. 海域使用权
E. 依法可以转让的商标专用权中的财产权

【解析】容易错选的是选项 B、E。选项 B、E 是权利，不能抵押，只能质押。

23. 关于抵押权的说法，正确的是（　　）。
A. 以动产抵押的，抵押权自合同生效时设立
B. 抵押权可以与债权分离而单独转让
C. 同一财产向两个以上债权人抵押，抵押权未登记的，按抵押合同订立的顺序清偿
D. 同一财产向两个以上债权人抵押的，拍卖抵押财产所得的价款按照登记的债权比例清偿

24.【2022 年】关于抵押权的说法，正确的是（　　）。
A. 抵押权的设立需要将抵押物转移至抵押权人占有
B. 宅基地使用权可以设立抵押权
C. 乡镇企业的建设用地使用权不得单独抵押
D. 抵押权可以与债权分离而单独转让或者作为其他债权的担保

25. 关于抵押权的说法，正确的有（　　）。
A. 建设用地使用权实现抵押权时，该土地上新增的建筑物不得处分
B. 建设用地使用权抵押后，该土地上新增的建筑物不属于抵押财产
C. 以正在建造的建筑物抵押的，应办理在建工程抵押登记
D. 同一财产既设立抵押权又设立质权的，清偿顺序质权优于抵押权
E. 建设用地使用权实现抵押权时，该土地上新增的建筑物处分所得的价款，抵押权人无权优先受偿

【解析】选项 A 错误，建设用地使用权实现抵押权时，应当将该土地上新增的建筑物与建设用地使用权一并处分。

选项 B 正确，建设用地使用权抵押后，该土地上新增的建筑物不属于抵押财产。

选项 D 错误，同一财产既设立抵押权又设立质权的，拍卖、变卖该财产所得的价款按照登记交付的时间先后确定清偿顺序。

选项 E 正确，建设用地使用权实现抵押权时，应当将该土地上新增的建筑物与建设用地使用权一并处分。但是，就新增建筑物所得的价款，抵押权人无权优先受偿。

考点九 质权★★★★

设立	交付时设立
动产质权	动产质押是指债务人或者第三人将其动产移交债权人占有
权利质权	权利质押一般是将权利凭证交付质押人的担保
	（1）汇票；（2）债券；（3）存款单；（4）仓单、提单；（5）可以转让的基金份额、股权；（6）可以转让的商标注册商标专用权、专利权、著作权中的财产权；（7）现有的以及将有的应收账款
	（1）~（4）自权利凭证交付时设立； （5）~（7）没有权利凭证的，质权自办理出质登记时设立

26. 根据《民法典》，关于质押的说法，正确的有（　　）。

A. 出质人只能是债务人

B. 注册商标设计者的人身权质权自办理出质登记时设立

C. 质押必须转移财产占有

D. 现有的以及将有的应收账款可以质押

E. 质权自权利凭证交付质权人时设立

【解析】选项 B 错误，可以质押的是可以转让的商标注册商标专用权、专利权、著作权中的财产权，不包括商标设计者的人身权。

27.【2023 年】关于权利质权的说法，正确的是（　　）。

A. 以专利权中的财产权出质后，出质人不得许可他人使用专利权

B. 将有的应收账款不得出质

C. 以基金份额出质的，质权自权利凭证交付质权人时设立

D. 以商业承兑汇票出质的，质权自办理出质登记时设立

【解析】选项 B 错误，将有的应收账款可以出质。

选项 C 错误，以基金份额出质的，质权自办理出质登记时设立。

选项 D 错误，以商业承兑汇票出质的，质权自权利凭证交付质权人时设立。

考点十 留置★★

性质	法定的担保，无须对方同意即可行使留置权
保管义务	留置权人负有妥善保管留置物的义务；保管不善，应当承担民事责任
履行期限	双方约定
	没有约定的，留置权人应当给债务人 60 日以上履行债务的期限，但是鲜活易腐等不易保管的动产除外

续表

混合担保	同一动产上已经设立抵押权或者质权,该动产又被留置的,<u>留置权人优先受偿</u>
消灭	留置权人对留置财产丧失占有或者留置权人接受债务人另行提供担保的,留置权消灭(留置的原理是欠 A 扣 A)

28. 根据《民法典》,关于留置的说法,正确的有（　　）。

A. 债务人可以请求留置权人在债务履行期届满后行使留置权
B. 留置权人接受债务人另行提供的担保物,仍然保留原财产的留置权
C. 行使留置权后留置财产的所有权归债权人
D. 债务履行期限约定不明的,应当给债务人60日以上履行债务的期限
E. 同一动产上已经设立抵押权或者质权,该动产又被留置的,留置权人优先受偿

【解析】选项B错误,留置权作为一种法定担保物权,其功能主要是通过留置权人留置合法占有债务人的动产,促使债务人尽快偿还债务。如果债务人为清偿债务另行提供了相当的担保,该担保就构成了留置权的替代,债权人的债权受偿得到了充分的保障,原留置财产上的留置权理应消灭。同时,在债务人提供相当担保的情况下,如果留置财产上的留置权仍然存在,就对债务人的利益限制过多,妨碍了债务人对留置财产的利用,不符合诚实信用原则和公平原则。基于此,许多国家和我国台湾地区均规定,留置权人接受债务人另行提供担保的,留置权消灭。

选项C错误,行使留置权后留置财产的所有权归债务人。

考点十一　占有 ★★★★

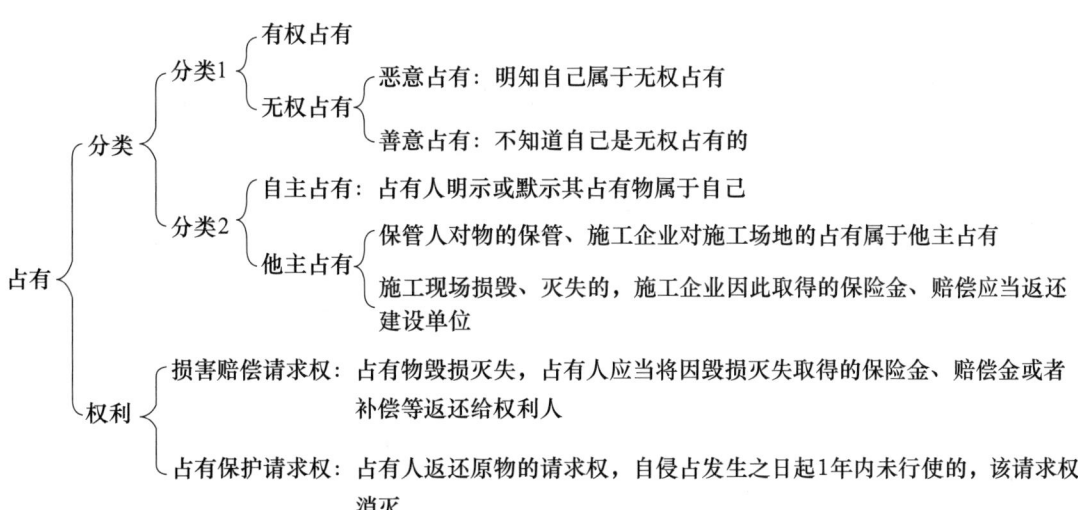

29. 关于施工单位对施工现场的占有,说法正确的是（　　）。

A. 施工单位对施工现场的占有属于自主占有
B. 施工现场毁损、灭失,因此取得的保险赔偿归施工单位所有

C. 因他人行为妨害施工现场使用的，施工单位有权要求排除妨害

D. 施工现场被他人侵占的，施工单位请求返还的权利应当自知道被侵占之日起 3 年内行使

【解析】选项 A 错误，施工单位对施工现场的占有属于他主占有。

选项 B 错误，施工现场毁损、灭失，因此取得的保险赔偿，应返还给建设单位。

选项 D 错误，占有人返还原物的请求权，自侵占发生之日起 1 年内未行使的，该请求权消灭。

30. 施工单位对施工场地的占有，属于（　　）。

A. 有权占有　　　　　　　　　　B. 无权占有

C. 自主占有　　　　　　　　　　D. 他主占有

E. 善意占有

【本节答案】

题号	1	2	3	4	5	6	7	8	9	10
答案	C	A	BDE	AC	A	C	BDE	CE	ACE	ACDE
题号	11	12	13	14	15	16	17	18	19	20
答案	ACD	ACDE	B	C	A	ABD	A	ABE	AD	CDE
题号	21	22	23	24	25	26	27	28	29	30
答案	A	CD	A	C	BCE	CDE	A	ADE	C	AD

第三节　建设工程知识产权制度

考情分析

要点	2024 年	2023 年	2022 年
（1）著作权		2	
（2）专利权	1	1	1
（3）商标权		1	1
（4）其他知识产权	1		
分值合计	2	4	2

第一章 建设工程基本法律知识

考点一 知识产权客体和保护期限 ★★★

知识产权	客体	特性	保护期限	计算起点	续展
专利权	工业领域的发明创造	发明和实用新型：新颖性、创造性、实用性	发明专利 20 年	自申请之日起	不予续期
		外观设计：新颖性、富有美感、适于工业应用	实用新型 10 年 外观设计 15 年		
著作权（版权）	文字、设计图、建筑作品、计算机软件作品	独创性	作者终生及死后 50 年	自首次发表之日起（单位）自作品完成之日起（个人）	不予续期
商标权	注册商标	具有显著特征	10 年	核准注册之日起	可以续期

1. 下列关于知识产权保护期限和续期的说法，正确的是（　　）。

A. 专利权保护期限为 20 年，自专利批准时起计算
B. 著作权保护期限为 50 年，自作品发表时起计算
C. 商标权保护期限为 10 年，自核准注册时起计算
D. 知识产权保护期间届满的，均可以申请续期

2.【2023 年】下列知识产权的客体中，属于著作权法保护的对象有（　　）。

A. 注册商标权
B. 外观设计专利
C. 建筑作品
D. 工程设计图
E. 计算机软件

3.【2022 年】以下属于专利法保护对象的是（　　）。

A. 施工单位改进的新技术方案
B. 设计院设计的图纸
C. 施工单位的管理制度
D. 项目经理的工作报告

4.【2023 年二级】根据《专利法》，下列属于专利权保护对象的是（　　）。

A. 商业秘密
B. 植物新品种
C. 集成电路分布图
D. 外观设计

【解析】《专利法》保护的是发明创造专利权，并规定发明创造是指发明、实用新型和外观设计。

5.【2018年】李某研发了一种混凝土添加剂,向国家专利局提出实用新型专利申请,2010年5月12日国家专利局收到李某的专利申请文件,经过审查,2013年8月16日国家专利局授予李某专利权。该专利权届满的期限是(   )。

A. 2033年8月16日　　　　　　　　　　B. 2030年5月12日
C. 2023年8月16日　　　　　　　　　　D. 2020年5月12日

【解析】实用新型专利权的期限为10年,均自申请日起计算。

6.【2019年】下列授予专利权的条件中,属于共性条件的是(   )。

A. 创造性　　　B. 实用性　　　C. 新颖性　　　D. 艺术性

7.【2024年】关于专利权的说法,正确的是(   )。

A. 授予专利权的外观设计,应当具备新颖性、创造性和实用性
B. 《专利法》规定的发明创造是指发明、实用新型和外观设计
C. 发明专利权的期限自专利权授予之日起计算
D. 外观设计专利权的期限为10年

【解析】选项A错误,授予专利权的外观设计,除了新颖性外,还应当具有富有美感和适用于工业应用。

选项C错误,发明专利权的期限自专利权申请日起计算。

选项D错误,外观设计专利权的期限为15年。

8.【2024年二级】对于专利的说法,正确的是(   )。

A. 发明人可以是自然人、单位或课题组
B. 实用新型专利权的期限为15年
C. 专利权的保护对象包括发现自然规律
D. 授予专利权的实用新型应当具备新颖性,创造性和实用性

【解析】选项A错误,发明人是对发明创造的实质性特点作出了创造性贡献的人,是自然人。

选项B错误,发明专利权的期限为20年,实用新型专利权的期限为10年,外观设计专利权的期限为15年,均自申请日起计算。

选项C错误,《专利法》保护的是发明创造专利权,并规定发明创造是指发明、实用新型和外观设计。

考点二　著作权★★★★

主体	单位作品	著作权归单位所有
	职务作品	一般著作权由作者享有,但单位有权在其业务范围内优先使用
		作品完成2年内,未经单位许可,作品不得许可第三人以相同方式使用

续表

主体	委托作品	合同未作明确约定的，著作权属于受托人
	软件著作权	软件著作权属于软件开发者
		国家机关下达任务开发的软件，著作权的归属未作明确规定，由接受任务的单位享有
保护期限	(1) 作者的署名权、修改权、保护作品完整权的保护期不受限制	
	(2) 自然人作品	发表权、使用权和获得报酬权，为作者终生及其死后50年
	(3) 单位作品或单位享有著作权的职务作品	发表权的保护期为50年，使用权和获得报酬权的保护期为50年，但作品自完成后50年内未发表的，不再受著作权法保护

9.【2021年二级】关于著作权的保护期，说法正确的是（　　）。
A. 作者的署名权、修改权、保护作品完整权的保护期为作者终生及其死后50年
B. 公民的作品，其发表权、使用权和获得报酬权的保护期不受限制
C. 法人或者其他组织的作品的发表权、使用权和获得报酬权的保护期为50年
D. 法人或者其他组织的作品，自创作完成后30年内未发表的，不再受《著作权法》保护

10.【2021年】关于计算机软件著作权的说法，正确的是（　　）。
A. 自然人的软件著作权保护期为自然人终生
B. 如无相反证据证明，在软件上署名的自然人、法人或者其他组织为开发者
C. 接受他人委托开发的软件，其著作权由委托人享有
D. 法人的软件著作权，保护期为30年

【解析】选项A错误，自然人的软件著作权，保护期为自然人终生及其死亡后50年。

选项C错误，接受他人委托开发的软件，其著作权的归属由委托人与受托人签订书面合同约定。无书面合同或者合同未作明确约定的，其著作权由受托人享有。

选项D错误，法人或者其他组织的软件著作权，保护期为50年，截止于软件首次发表后第50年的12月31日，但软件自开发完成之日起50年内未发表的，不再受到《计算机软件保护条例》的保护。

11.【2023年】根据《著作权法》，关于勘察设计文件，正确的是（　　）。
A. 不属于职务作品
B. 合同未约定的，著作权属于勘察设计单位
C. 作者是建设单位
D. 不属于委托作品

考点三 商标专用权 ★★★★

内容	只包括财产权，商标设计者的人身权受著作权法保护
	商标专用权包括使用权和禁止权两个方面
保护对象	经过国家商标管理机关核准注册的商标，未经核准注册的商标不受商标法保护
有效期	注册商标的有效期为10年，自核准注册之日起计算
续展	有效期满，应当在期满前12个月内申请续展注册；在此期间未能提出申请的，可以给予6个月的宽展期。宽展期满仍未提出申请的，注销其注册商标
转让	转让注册商标的，转让人和受让人应当共同向商标局提出申请
	商标注册人对其在同一种商品上（或类似商品）注册的近似的商标，应当一并转让
许可	许可人应当监督被许可人使用其注册商标的商品或者服务的质量。 被许可人应当保证使用注册商标的商品或服务的质量。 经许可使用他人注册商标的，必须在使用该注册商标的商品上标明被许可人的名称和商品产地

12.【2022年】关于注册商标转让的说法，正确的是（　　）。

A. 转让注册商标的，由转让人向商标局备案

B. 注册商标的转让包括注册商标的使用许可

C. 转让注册商标的，商标注册人对其在同一种商品上注册的近似的商标，应当一并转让

D. 商标专用权人不得将注册商标与企业分离而单独转让

【解析】选项A错误，转让注册商标的，转让人和受让人应当共同向商标局提出申请，不是备案。

选项B错误，商标转让实质上是商标权主体的变更，而使用许可实质上是商标使用主体的扩展。

选项D错误，可以同时转让也可以单独转让。

13.【2021年】关于商标的说法，正确的是（　　）。

A. 商标专用权的内容包括财产权和商标设计者的人身权

B. 商标专用权的保护对象包括未经核准注册的商标

C. 注册商标的有效期自提出申请之日起计算

D. 商标专用权包括使用权和禁止权两个方面

【解析】选项 A 错误，商标专用权的内容只包括财产权，商标设计者的人身权受《著作权法》保护。

选项 B 错误，商标注册人享有商标专用权，受法律保护，即未经核准注册的商标不受保护。

选项 C 错误，<u>注册商标的有效期为 10 年</u>，<u>自核准注册之日起计算</u>。

14.【2023 年】关于注册商标转让的说法，正确的是（　　）。
A. 转让注册商标的，由转让人向商标局提出申请
B. 商标专用权人不得将商标与企业分离而单独转让
C. 注册商标的转让是指商标专用人许可他人使用其注册商标的行为
D. 转让注册商标的，商标注册人对其在同一种商品上的近似的商标应当一并转让

【解析】选项 A 错误，转让注册商标的，<u>转让人和受让人应当共同向商标局提出申请</u>。

选项 B 错误，商标专用权人可以将商标与企业分离而单独转让。

选错 C 错误，注册商标的转让是指商标专用人将其所有的注册商标依法移给他人所有并由其专用的法律行为。

考点四　侵犯商业秘密 ★★

项目	具体规定
侵犯商业秘密	（1）以盗窃、贿赂、欺诈、胁迫、电子侵入或者其他不正当手段获取权利人的商业秘密。 （2）披露、使用或者允许他人使用以前项手段获取的权利人的商业秘密。 （3）违反保密义务的要求，披露、使用或者允许他人使用其所掌握的商业秘密。 （4）教唆、引诱、帮助他人违反保密义务的要求，获取、披露、使用或者允许他人使用权利人的商业秘密
赔偿数额	（1）按照其因被侵权所受到的<u>实际损失</u>确定。 （2）实际损失难以计算的，按照侵权人<u>因侵权所获得的利益</u>确定。 赔偿数额还应当包括经营者为制止侵权行为所支付的合理开支

15. 给商业秘密权利人造成损害的，关于侵犯商业秘密的赔偿数额的说法，正确的是（　　）。
A. 按照其因被侵权可能受到的损失确定
B. 直接按照侵权人因侵权所获得的利益确定
C. 按照其因被侵权所受到的实际损失确定，并赔偿经营者为制止侵权行为所支付的合理开支
D. 按照侵权人因侵权所获得的利益确定，并赔偿经营者为制止侵权行为所支付的合理开支

【解析】侵犯商业秘密，给商业秘密权利人造成损害的，受到损害的商业秘密权利人的赔偿数额，按照其因被侵权所受到的实际损失确定。实际损失难以计算的，按照侵权人因侵权所获得的利益确定。赔偿数额还应当包括经营者为制止侵权行为所支付的合理开支。

16.【2024 年】关于侵犯商业秘密的说法，正确的是（　　）。
A. 第三人明知商业秘密权利人的前员工以盗窃手段获取权利人商业秘密仍获取该商业秘密的，不构成侵犯商业秘密
B. 经营者违反保密义务，披露其所掌握的商业秘密属于侵犯商业秘密
C. 受到损害的商业秘密权利人的赔偿数额，应当按照侵权人因侵权所获得的利益确定
D. 在侵犯商业秘密案件的民事审判程序中，商业秘密权利人就对方侵权承担全部举证责任

【解析】选项 A 错误，第三人明知或者应知商业秘密权利人的员工、前员工或者其他单位、个人实施上述所列违法行为，仍获取、披露、使用或者允许他人使用该商业秘密的，视为侵犯商业秘密。

选项 C 错误，侵犯商业秘密，给商业秘密权利人造成损害的，应当依法承担民事责任，受到损害的商业秘密权利人的赔偿数额，按照其因被侵权所受到的实际损失确定。实际损失难以计算的，按照侵权人因侵权所获得的利益确定。

选项 D 错误，在侵犯商业秘密的民事审判程序中，商业秘密权利人提供初步证据，证明其已经对所主张的商业秘密采取保密措施，且合理表明商业秘密被侵犯。涉嫌侵权人应当证明权利人所主张的商业秘密不属于法律规定的商业秘密。

考点五 地理标志保护产品

17. 下列关于地理标志保护产品的说法，正确的是（　　）。
A. 原材料来自外地区，在本地区按照特定工艺生产的产品
B. 原材料来自外地区，在本地区按照特定工艺加工的产品
C. 原材料来自本地区，并在本地区按照特定工艺生产的产品
D. 来自外地区的种植、养殖产品

【解析】地理标志保护产品包括：一是来自本地区的种植、养殖产品；二是原材料来自本地区，并在本地区按照特定工艺生产和加工的产品。

【本节答案】

题号	1	2	3	4	5	6	7	8	9	10
答案	C	CDE	A	D	D	C	B	D	C	B
题号	11	12	13	14	15	16	17			
答案	B	C	D	D	C	B	C			

第四节 建设工程侵权责任制度

考情分析

要点	2024 年	2023 年	2022 年
（1）侵权责任主体和损害赔偿			
（2）产品责任	1		
（3）建筑物和物件损害责任	1		
分值合计	2	0	0

考点一 损害赔偿★★

1. 【2024 年二级】 关于侵权损害赔偿的说法，正确的是（　　）。
A. 侵害他人造成他人死亡的，仅需赔偿死亡赔偿金
B. 二人以上共同实施侵权行为，造成他人损害的，应当由主要责任人承担责任
C. 二人以上分别实施侵权行为造成同一损害，应当平均承担责任
D. 二人以上依法承担连带责任的，权利人有权请求部分或者全部连带责任人承担责任

【解析】选项 A 错误，《民法典》规定，侵害他人造成人身损害的，应当赔偿医疗费、护理费、交通费、营养费、住院伙食补助费等为治疗和康复支出的合理费用，以及因误工减少的收入。造成残疾的，还应当赔偿辅助器具费和残疾赔偿金；造成死亡的，还应当赔偿丧葬费和死亡赔偿金。

选项 B 错误，《民法典》规定，二人以上共同实施侵权行为，造成他人损害的，应当承担连带责任。

选项 C 错误，《民法典》规定，分别侵权承担连带责任，二人以上分别实施侵权行为造成同一损害，每个人的侵权行为都足以造成全部损害的，行为人承担连带责任。分别侵权承担按份责任，二人以上分别实施侵权行为造成同一损害，能够确定责任大小的，各自承担相应的责任；难以确定责任大小的，平均承担责任。

选项 D 正确，《民法典》规定，二人以上依法承担连带责任的，权利人有权请求部分或者全部连带责任人承担责任。

2. 【2022 年补考】 某工程在保修期内，因施工企业未及时履行保修义务，加之建筑物所有人使用不当，导致建筑物毁损。关于损失赔偿责任承担的说法，正确的是（　　）。
A. 因在保修期内，施工企业应当承担全部损失
B. 施工企业应当与建筑物所有人各自承担相应的责任
C. 施工企业应当与建筑物所有人承担连带责任
D. 施工企业应当与建筑物所有人平均分担损失

【解析】《最高人民法院关于审理建设工程施工合同纠纷案件适用法律问题的解释（一）》规定，因保修人未及时履行保修义务，导致建筑物毁损或者造成人身损害、财产损失的，保修人应当承担赔偿责任。保修人与建筑物所有人或者发包人对建筑物毁损均有过错的，各自承担相应的责任。

考点二 产品责任★★★★

被侵权人请求赔偿的途径	因产品缺陷造成他人损害的，可以向生产者请求赔偿，也可以向销售者请求赔偿 （1）产品缺陷由生产者造成的，销售者赔偿后，有权向生产者追偿。 （2）因销售者的过错使产品存在缺陷的，生产者赔偿后，有权向销售者追偿。 （3）因运输者、仓储者等第三人的过错使产品存在缺陷，造成他人损害的，产品的生产者、销售者赔偿后，有权向第三人追偿
流通后发现有缺陷补救措施	生产者、销售者应当及时采取停止销售、警示、召回等补救措施；未及时采取补救措施或者补救措施不力造成损害扩大的，对扩大的损害也应当承担侵权责任。 生产者、销售者应当负担被侵权人因此支出的必要费用
惩罚性赔偿	明知产品存在缺陷仍然生产、销售，或者没有依据前述规定采取有效补救措施造成他人死亡或者健康严重损害的，被侵权人有权请求相应的惩罚性赔偿

3.【2024年二级】 某批冷冻海鲜由甲公司生产，乙公司运输，丙公司销售。因乙公司运输车辆冷藏设备故障造成该批海鲜变质，张某从丙公司购买食用后中毒。根据《民法典》，下列说法正确的是（　　）。

A. 张某只能向甲公司请求赔偿

B. 张某只能向乙公司请求赔偿

C. 张某只能向丙公司请求赔偿

D. 张某既可以向甲公司，也可以向丙公司请求赔偿

【解析】因产品存在缺陷造成他人损害的，被侵权人可以向产品的生产者请求赔偿，也可以向产品的销售者请求赔偿。

4.【2024年二级】 关于产品责任的说法，正确的是（　　）。

A. 缺陷产品的生产者承担责任，适用过错责任原则

B. 被侵权人只能向产品生产者要求赔偿损失

C. 产品生产者有权以未将产品投入流通进行抗辩

D. 产品责任不适用惩罚性赔偿

【解析】选项A错误，因产品存在缺陷造成他人损害的，生产者应当承担侵权责任。

选项B错误，因产品存在缺陷造成他人损害的，被侵权人可以向产品的生产者请求赔偿，也可以向产品的销售者请求赔偿。

选项 C 正确，《产品质量法》第四十一条规定，因产品存在缺陷造成人身、缺陷产品以外的其他财产损害的，生产者应当承担赔偿责任。

生产者能够证明有下列情形之一的，不承担赔偿责任：
（1）未将产品投入流通的；
（2）产品投入流通时，引起损害的缺陷尚不存在的；
（3）将产品投入流通时的科学技术水平尚不能发现缺陷的存在的。

选项 D 错误，明知产品存在缺陷仍然生产、销售，或者没有依据前述规定采取有效补救措施，造成他人死亡或者健康严重损害的，被侵权人有权请求相应的惩罚性赔偿。

5.【2024 年】关于产品责任的说法，正确的是（　　）。
A. 因产品存在缺陷造成他人损害的，被侵权人仅可向产品的销售者请求赔偿
B. 因运输者的过错使产品存在缺陷，造成他人损害的，被侵权人应当向产品的运输者请求赔偿
C. 明知产品存在缺陷仍然生产、销售，造成他人死亡的，被侵权人有权请求相应的惩罚性赔偿
D. 产品投入流通后发现存在缺陷造成他人损害的，生产者、销售者不承担责任

【解析】选项 A 错误，因产品存在缺陷造成他人损害的，被侵权人可以向产品的生产者请求赔偿，也可以向产品的销售者请求赔偿。

选项 B 错误，因运输者、仓储者等第三人的过错使产品存在缺陷，造成他人损害的，产品的生产者、销售者赔偿后，有权向第三人追偿。

选项 D 错误，产品投入流通后发现存在缺陷的，生产者、销售者应当及时采取停止销售、警示、召回等补救措施。未及时采取补救措施或者补救措施不力造成损害扩大的，对扩大的损害也应当承担侵权责任。

考点三　建筑物和物件损害责任★★★★★

建筑物倒塌、塌陷	质量缺陷	<u>建设单位和施工单位</u>连带责任；建设单位、施工单位赔偿后，有权追偿
	非质量缺陷	谁（所有人/管理人/使用人/第三人）的过错； 谁（所有人/管理人/使用人/第三人）承担
建筑物等脱落、坠落		所有人、管理人或使用人承担责任（除非证明自己没有过错）
不明抛掷物、坠落物		谁扔的谁承担，难以确定具体侵权人的，由可能加害的使用人赔偿（除能够证明自己不是侵权人外）
堆放物倒塌、滚落或滑落		（1）谁堆放的谁承担（除非证明自己没有过错）。 （2）公共道路管理人不能证明已经尽到<u>清理、防护、警示</u>等义务的，应当承担相应责任

续表

公共场所或道路上施工致害	施工人不能证明已经设置明显标志和采取安全措施的,应当承担侵权责任
窨井等地下设施致害	管理人不能证明尽到管理职责的,应承担侵权责任

6.【2022年补考】 关于堆放物倒塌、滚落或者滑落造成他人损害的侵权责任承担的说法,正确的是(   )。

　　A. 堆放人有过错的,应当承担惩罚性赔偿责任
　　B. 堆放人无过错的,可以减轻其责任
　　C. 堆放人无论是否有过错,均应当承担侵权责任
　　D. 堆放人不能证明自己没有过错的,应当承担侵权责任

【解析】《民法典》规定,堆放物倒塌、滚落或者滑落造成他人损害,堆放人不能证明自己没有过错的,应当承担侵权责任。

7.【2022年·安全工程师】 甲市政公司将道路维修工程发包给乙公司,乙公司在道路上进行挖掘活动,但未设置安全警示标志,也未采取安全措施,行人丙夜间跌入坑中受伤。根据《民法典》,关于行人丙损害赔偿的说法,正确的是(   )。

　　A. 乙公司承担赔偿责任
　　B. 甲市政公司承担赔偿责任
　　C. 甲市政公司与乙公司承担连带责任
　　D. 甲市政公司与乙公司承担按份责任

【解析】在公共场所或者道路上挖掘、修缮安装地下设施等造成他人损害,施工人不能证明已经设置明显标志和采取安全措施的,应当承担侵权责任。

8.【2023年二级】 关于从建筑物中抛掷物品造成他人损害的说法,正确的有(   )。

　　A. 工程质量监督机构应当及时调查、查清责任人
　　B. 由物品所有权人承担侵权责任
　　C. 可能加害的建筑物使用人补偿后,可以向侵权人追偿
　　D. 建筑物管理人未采取必要的安全保障措施的,应当承担相应侵权责任
　　E. 由建设单位和施工企业承担连带责任

【解析】选项A错误,公安等机关应当依法及时调查,查清责任人。
选项B、E错误,禁止从建筑物中抛掷物品,从建筑物中抛掷物品或者从建筑物上坠落的物品造成他人损害的,由侵权人依法承担侵权责任。

9.【2024年二级】 甲公司为铺设管道,在路中挖一深坑,设置了路障和警示标志。乙驾车撞倒全部标志,致丙骑摩托车路经该地时避让不及而驶向人行道,造成丁轻伤,对丁的损失,下列说法正确的是(   )。

　　A. 应由乙承担赔偿责任
　　B. 应由甲和乙共同承担赔偿责任
　　C. 应由乙和丙共同承担赔偿责任
　　D. 应由甲、乙和丙共同承担赔偿责任

【解析】《民法典》规定，在公共场所或者道路上挖坑、修缮安装地下设施等，没有设置明显标志和采取安全措施造成他人损害的，施工人应当承担侵权责任。本题中，甲公司设置了路障和警示标志，因此对丁的损失不承担赔偿责任。根据《民法典》第一百八十二条，因紧急避险造成损害的，由引起险情发生的人承担民事责任。危险由自然原因引起的，紧急避险人不承担民事责任，可以给予适当补偿。紧急避险采取措施不当或者超过必要的限度，造成不应有的损害的，紧急避险人应当承担适当的民事责任。丙驶向人行道的行为属于紧急避险，并且对丁造成的轻伤没有超过必要的限度，因此丙不承担责任。由引起险情发生的乙对丁的损失承担赔偿责任。故本题答案选 A。

10.【2024年二级】 关于建筑物倒塌致人损害责任承担的说法，正确的有（　　）。
A. 由施工单位独立承担责任
B. 由建设单位独立承担责任
C. 由建设单位与施工单位承担连带责任
D. 建设单位与施工单位能够证明建筑物不存在质量缺陷的，不承担责任
E. 因建筑物所有人的原因造成建筑物倒塌的，由所有人承担责任

【解析】建筑物、构筑物或者其他设施倒塌、塌陷造成他人损害的，由建设单位与施工单位承担连带责任，但是建设单位与施工单位能够证明不存在质量缺陷的除外。

因所有人、管理人、使用人或者第三人的原因，建筑物、构筑物或者其他设施倒塌、塌陷造成他人损害的由所有人、管理人、使用人或者第三人承担侵权责任。

【本节答案】

题号	1	2	3	4	5	6	7	8	9	10
答案	D	B	D	C	C	D	A	CD	A	CDE

第五节　建设工程税收制度

考情分析

要点	2024年	2023年	2022年
（1）企业所得税			2
（2）企业增值税	1	2	
（3）环境保护税			
（4）其他税种	1	1	5
分值合计	2	3	7

2025 百题讲坛
建设工程法规及相关知识

考点一 企业所得税 ★★★★

纳税人	我国境内企业和其他取得收入的组织。 个人独资企业、合伙企业不缴纳企业所得税，缴纳个人所得税
居民企业	依法在中国境内成立，或者依照外国法律成立但实际管理机构在中国境内的企业
非居民企业	依照外国法律成立且实际管理机构不在中国境内，但在中国境内设立机构、场所的，或者在中国境内未设立机构、场所，但有来源于中国境内所得的企业
应纳税所得额	（1）销售货物收入。 （2）提供劳务收入。 （3）转让财产收入。 （4）股息、红利等权益性投资收益。 （5）利息收入。 （6）租金收入。 （7）特许权使用费收入。 （8）接受捐赠收入。 （9）其他收入
不征税	（1）财政拨款。 （2）依法收取并纳入财政管理的行政事业性收费、政府性基金

1.【2022年】根据《企业所得税法》，我国境内的下列企业中，应当缴纳企业所得税的有（　　）。
A. 国有独资公司　　　　　　　　　B. 个人独资企业
C. 有限责任公司　　　　　　　　　D. 股份有限公司
E. 合伙企业

2.【2019年】根据《企业所得税法》，属于企业所得税不征税收入的有（　　）。
A. 依法收取并纳入财政管理的政府性基金　　B. 特许权使用费收入
C. 接受捐赠收入　　　　　　　　　　　　　D. 财政拨款
E. 股息、红利等权益性投资收益

3.【2022年】根据《企业所得税法》，企业下列收入中应当缴纳企业所得税的有（　　）。
A. 租金收入　　　　　　　　　　　B. 接受捐赠收入
C. 股息、红利等权益性投资收益　　D. 特许权使用费收入
E. 财政拨款

4.【2022年补考】根据《企业所得税法》，关于居民企业的说法，正确的是（　　）。
A. 外资企业不属于居民企业

B. 依法在中国境内成立的企业是居民企业
C. 依照外国法律成立的企业不是居民企业
D. 按照外国法律成立且有来源于中国境内所得的企业是居民企业

【解析】依法在中国境内成立，或者依照外国法律成立但实际管理机构在中国境内的企业属于居民企业，因此"含外资企业"。故选项 A、C 错误，选项 B 正确。

依照外国法律成立有来源于中国境内所得的企业，但"实际管理机构不在中国境内的"，属于非居民企业。故选项 D 错误。

考点二 企业增值税的规定 ★★★★

增值税的特点	（1）增值税只对商品在生产流通过程中的价值增值额征收，不会重复计税。 （2）实行价外税制度。 （3）征税范围具有普遍性
一般纳税人	可以领购和自行开具增值税专用发票，采用抵扣法缴纳增值税款。 应纳税额＝当期销项税额－当期进项税额
	当期销项税额小于当期进项税额不足抵扣时，其<u>不足部分可以结转下期继续抵扣</u>
	（1）纳税人兼营不同税率的项目，应当<u>分别核算</u>不同税率项目的销售额。 （2）未分别核算销售额的，<u>从高适用税率</u>
小规模纳税人	应纳税额＝销售额×征税率（不得抵扣进项税额） 小规模纳税人缴纳增值税款只能采取简易方法，不能采用抵扣法 小规模纳税人增值税征收率为3%
增值税发票	纳税人发生应税销售行为，应当开具增值税专用发票
不得开具企业增值税发票	（1）应税销售行为的购买方为<u>消费者个人的</u>。 （2）发生应税销售行为<u>适用免税规定的</u>
不得抵扣	（1）用于简易计税方法计税项目。 （2）<u>免征</u>增值税项目。 （3）集体福利或者个人消费的支出。 （4）<u>非正常损失</u>的购进货物，以及相关的劳务和交通运输服务。 （5）<u>非正常损失</u>的在产品、产成品所耗用的购进货物、劳务和交通运输服务
免征增值税	（1）农业生产者销售的自产农产品。 （2）避孕药品和用具。 （3）古旧图书。 （4）直接用于科学研究、科学试验和教学的进口仪器、设备。 （5）外国政府、国际组织无偿援助的进口物资和设备。 （6）由残疾人的组织直接进口供残疾人专用的物品。 （7）销售的自己使用过的物品

5. 下列属于增值税的特点有（   ）。
   A. 增值税只对商品在生产流通过程中的价值增值额征收，不会重复计税
   B. 实行价内税制度
   C. 计税依据的销售额中不包含增值税税额
   D. 增值税的征税范围具有普遍性
   E. 增值税计税时，有利于税负转嫁

【解析】增值税具有以下特点：
（1）增值税只对商品在生产流通过程中的价值<u>增值额征收</u>，<u>不会重复计税</u>。
（2）<u>实行价外税制度</u>。增值税是以不含税的销售额为计税依据的，增值税专用发票的开具都会分别注明商品的价格和增值税税额部分。在<u>计税时，作为计税依据的销售额中不包含增值税税额</u>，这样有利于形成均衡的生产价格，并有利于税负转嫁。
（3）从增值税的征税范围看，具有普遍性。

6. 关于增值税应纳税额计算的说法，正确的有（   ）。
   A. 纳税人兼营不同税率的项目，未分别核算销售额的，从低适用税率
   B. 当期销项税额小于当期进项税额不足抵扣时，其不足部分可以结转下期继续抵扣
   C. 应税销售行为的购买方为消费者个人的，可以开具增值税专用发票
   D. 非正常损失的在产品、产成品所耗用的购进交通运输服务的进项税额不得从销项税额中抵扣
   E. 应纳销售行为适用于免税规定的，不得开具增值税专用发票

7. 小规模纳税人增值税征收率为（   ）。
   A. 2%   B. 3%   C. 9%   D. 13%

8. 下列进项税额不得从销项税额中抵扣的是（   ）。
   A. 非正常损失的在产品、产成品所耗用的购进交通运输服务
   B. 自境外单位购进无形资产，从扣缴义务人取得的代扣代缴税款的完税凭证上注明的增值税额
   C. 从海关取得的海关进口增值税专用缴款书上注明的增值税额
   D. 从销售方取得的增值税专用发票上注明的增值税额

9. 纳税人销售建筑、不动产租赁服务，销售不动产，转让土地使用权的增值税税率为（   ）。
   A. 13%   B. 11%   C. 9%   D. 3%

10. 下列项目免征增值税的有（   ）。
   A. 提供加工和修理修配服务   B. 进口货物
   C. 销售无形资产   D. 农业生产者销售的自产农产品
   E. 销售自己使用过的物品

第一章 建设工程基本法律知识

【解析】下列项目免征增值税：（1）农业生产者销售的自产农产品；（2）避孕药品和用具；（3）古旧图书；（4）直接用于科学研究、科学试验和教学的进口仪器、设备；（5）外国政府、国际组织无偿援助的进口物资和设备；（6）由残疾人的组织直接进口供残疾人专用的物品；（7）销售自己使用过的物品。

考点三 环境保护税的规定 ★★★

纳税人	直接向环境排放应税污染物的企业事业单位和其他生产经营者	
不纳税	企业向依法设立的污水集中处理、生活垃圾集中处理场所排放应税污染物的	
	企业在符合国家和地方环境保护标准的设施、场所储存或者处置固体废物的	
应当纳税	依法设立的城乡污水、生活垃圾集中处理场所超过排放标准排放应税污染物的	
	企业储存或者处置固体废物不符合环境保护标准的	
计税依据	大气污染——污染当量	水污染——污染当量
	固体废物——排放量	噪声污染——超过规定的分贝数
不征环保税	（1）农业生产（不包括规模化养殖）排放应税污染物的。 （2）机动车、船舶和航空器等流动污染源排放应税污染物的。 （3）城乡污水、生活垃圾集中处理场所排放应税污染物，不超过排放标准的。 （4）纳税人综合利用的固体废物，符合国家和地方环境保护标准的	
减征环保税	排放大气污染物或水污染物的浓度值低于排放标准30%的，减按75%征收	
	排放大气污染物或水污染物的浓度值低于排放标准50%的，减按50%征收	

11.【2018年】根据《环境保护法》，环境保护税的计税依据有（　　）。

A. 排放量　　　　　　　　　　　　B. 个数
C. 污染当量数　　　　　　　　　　D. 超标分贝数
E. 立方米数

【解析】环境保护税中应税污染物的计税依据，按照下列方法确定：应税大气污染物、水污染物按照污染物排放量折合的污染当量数确定；应税固体废物按照固体废物的排放量确定；应税噪声按照超过国家规定标准的分贝数确定。

12. 关于环境保护税，说法正确的是（　　）。

A. 依法设立的污水集中处理、生活垃圾集中处理场所，超过国家和地方规定排放标准的，应当缴纳环境保护税
B. 农业生产中规模化养殖排放污染物的，暂免征环境保护税
C. 流动污染源排放应税污染物和应税噪声，应当缴纳环境保护税
D. 纳税人排放大气污染物浓度值低于国家或地方规定标准的30%的，减按50%征收环境保护税

【解析】选项 B 错误，农业生产中规模化养殖排放污染物的，应当征收环境保护税。

选项 C 错误，流动污染源排放应税污染物和应税噪声，暂免征环境保护税。

选项 D 错误，纳税人排放大气污染物浓度值低于国家或地方规定标准的30%的，减按70%征收环境保护税。

13. 下列有关环境保护税应税污染物计税依据的确定方法，正确的是（　　）。
A. 应税大气污染物按照大气污染物的排放量确定
B. 应税水污染物按照污染物排放量折合的污染当量数确定
C. 应税固体废物按照污染物排放量折合的污染当量数确定
D. 应税噪声按照规定的分贝数确定

【解析】环境保护税中应税污染物的计税依据，按照下列方法确定：（1）应税大气污染物按照污染物排放量折合的污染当量数确定；（2）应税水污染物按照污染物排放量折合的污染当量数确定；（3）应税固体废物按照固体废物的排放量确定；（4）应税噪声按照超过国家规定标准的分贝数确定。

考点四 个人所得税的规定★★★★

序号	征税范围	计算原则	税率
1	工资、薪金所得	1~4 合称为：综合所得 （1）居民个人按纳税年度合并计算个人所得税； （2）非居民个人按月或者按次分项计算个人所得税	适用3%~45%的超额累进税率
2	劳务报酬所得		
3	稿酬所得		
4	特许权使用费所得		
5	经营所得	依法分别计算个人所得税	适用5%~35%的超额累进税率
6	利息、股息、红利所得		适用比例税率，税率为20%
7	财产租赁所得		
8	财产转让所得		
9	偶然所得		
专项扣除	（1）子女教育；（2）继续教育；（3）大病医疗；（4）住房贷款利息；（5）住房租金；（6）赡养老人		
纳税申报	（1）取得综合所得需要办理汇算清缴；（2）取得应税所得没有扣缴义务人；（3）取得应税所得，扣缴义务人未扣缴税款；（4）取得境外所得；（5）因移居境外注销中国户籍；（6）非居民个人在中国境内从两处以上取得工资、薪金所得		

【免征个人所得税】（1）省级人民政府、国务院部委和中国人民解放军军以上单位，以及外国组织颁发的奖金；（2）国债和国家发行的金融债券利息；（3）按照国家统一规定发给的补贴、津贴；（4）福利费、抚恤金、救济金；（5）保险赔款。（简单记为"拿不到、不想要"）

14.【2022年补考】根据《个人所得税法》，下列个人所得应当缴纳个人所得税的有（   ）。
  A. 工资
  B. 偶然所得
  C. 军人的转业费
  D. 财产租赁所得
  E. 国际组织颁发的科学奖金

15. 下列所得中免纳个人所得税的是（   ）。
  A. 年终加薪
  B. 出售本人绘画的收入
  C. 个人保险所获赔偿
  D. 投资取得的派息分红

16.【2019年】某施工企业技术员王某2019年6月的财产租赁所得为10000元，国债利息收入为3000元，股息所得为2000元，保险赔款为5000元。王某6月的以上所得应当缴纳的个人所得税为（   ）元。
  A. 3000   B. 3400   C. 2400   D. 4000

【解析】王某的个人所得税征税范围为财产租赁所得及股息所得，税率为20%，所以王某所得税的计算公式是（10000+2000）×20%＝2400元。

17. 下列各项中，属于专项附加扣除的有（   ）。
  A. 失业保险
  B. 住房贷款利息
  C. 基本养老保险
  D. 基本医疗保险
  E. 子女教育

18.【2022年】根据《个人所得税法》，关于个人所得税税率说法，正确的是（   ）。
  A. 财产租赁所得，适用20%比例税率
  B. 综合所得，适用5%~35%的超额累进税率
  C. 经营所得，适用3%~45%的超额累进税率
  D. 财产转让所得享受税率减免优惠

19.【2023年】关于个人所得税的说法，正确的是（   ）。
  A. 居民个人从中国境外取得的所得，不必缴纳个人所得税
  B. 因自然灾害遭受重大损失的，免征个人所得税
  C. 个人红利所得和财产租赁所得，适用20%的比例税率
  D. 非居民个人在中国境内从两处以上取得工资、薪金所得的，不需要办理纳税申报

20. 根据新修订的《个人所得税法》，居民个人应当合并申报为综合所得的项目是（   ）。
  A. 工资薪金、劳务报酬、稿酬、特许使用权费
  B. 工资薪金、劳务报酬、经营所得、房租收入

C. 劳务报酬、经营所得、利息收入、房租收入
D. 经营所得、利息收入、偶然所得、稿酬所得

21.【2020年】下列情形中，属于居民个人所得税纳税人应当办理纳税申报的有（　　）。
A. 取得应税所得没有扣缴义务人
B. 在中国境内从两处以上取得工资、薪金所得
C. 因移居境外注销中国户籍
D. 年所得 12 万元以上的
E. 取得境外所得

【解析】居民个人所得税纳税人有下列情形之一的，纳税人应当依法办理纳税申报：（1）取得综合所得需要办理汇算清缴；（2）取得应税所得没有扣缴义务人；（3）取得应税所得，扣缴义务人未扣缴税款；（4）取得境外所得；（5）因移居境外注销中国户籍；（6）非居民个人在中国境内从两处以上取得工资、薪金所得；（7）国务院规定的其他情形。

考点五 印花税 ★★

纳税人	（1）在我国境内书立应税凭证、进行证券交易的单位和个人。 （2）在我国境外书立在境内使用的应税凭证的单位和个人
计税依据	（1）应税合同为合同所列的金额，不包括列明的增值税税款。 （2）应税产权转移书据为产权转移书据所列的金额，不包括列明的增值税税款。 （3）应税营业账簿为账簿记载的实收资本（股本）、资本公积合计金额。 （4）证券交易为成交金额
免征	（1）应税凭证的副本或者抄本。 （2）无息或者贴息借款合同。 （3）将财产赠与政府、学校、福利机构、慈善组织书立的产权转移书据。 （4）个人与电子商务经营者订立的电子订单

22. 关于印花税的说法，正确的有（　　）。
A. 印花税的纳税人为在我国境内书立应税凭证、进行证券交易的单位和个人
B. 应税合同的计税依据为合同所列的金额，包括列明的增值税税款
C. 应税凭证的正本、副本、抄本都应当缴纳印花税
D. 个人与电子商务经营者订立的电子订单免征印花税
E. 将财产赠与学校、福利机构书立的产权转移书据免征印花税

【解析】选项 A 错误，印花税的纳税人还包括在我国境外书立在境内使用的应税凭证的单位和个人。

第一章 建设工程基本法律知识

考点六 车辆购置税 ★★★

纳税人	购置汽车、有轨电车、汽车挂车、排气量超过150mL的摩托车的单位和个人
	购置指以购买、进口、自产、受赠、获奖或者其他方式取得并自用应税车辆
税率	10%
缴纳	车辆购置税实行一次性征收。 购置已征车辆购置税的车辆，不再征收车辆购置税（二手车不缴购置税）
免征	（1）外国驻华使馆、领事馆和国际组织驻华机构的车辆。【"使"牌】 （2）中国人民解放军和中国人民武装警察部队列入装备订货计划的车辆。【军车】 （3）悬挂应急救援专用号牌的国家综合性消防救援车辆。【消防车】 （4）设有固定装置的非运输专用作业车辆。【专业工程车】 （5）城市公交企业购置的公共汽电车辆【公交车】

23.【2022年补考】关于车辆购置税的说法，正确的是（　　）。
A. 车辆购置税实行一次性征收
B. 购置二手车需要征收车辆购置税
C. 受赠的车辆免征车辆购置税
D. 城市公交企业购置的公共车辆征收购置税

考点七 契税 ★★★★

纳税人	在境内转移土地、房屋权属，承受的单位和个人为契税的纳税人
转移	（1）土地使用权出让、出售、赠与、互换；房屋买卖、赠与、互换。 （2）土地使用权转让，不包括土地承包经营权和土地经营权的转移。 （3）以作价投资（入股）、偿还债务、划转、奖励等方式转移的，应当征收契税
税率	契税税率为3%~5%
免征契税	（1）国家机关、事业单位、社会团体、军事单位承受土地用于办公、军事设施。 （2）非营利性的学校、医疗机构、社会福利机构承受土地用于办公、教学、医疗。 （3）承受荒山、荒地、荒滩上使用权用于农、林、牧、渔业生产。 （4）婚姻关系存续期间夫妻之间变更土地、房屋权属。 （5）法定继承人通过继承承受土地、房屋权属。 （6）法律规定应当予以免税的外国驻华使馆承受土地、房屋权属

24.【2022年】根据《契税法》，下列转移土地、房屋权属行为中，应当缴纳契税的有（　　）。

A. 土地使用权转让

B. 土地使用权出让

C. 房屋买卖、赠与、互换

D. 以作价投资、偿还债务、划转、奖励等方式转移土地

E. 土地经营权的转移

【解析】根据《契税法》第一条，在中华人民共和国境内转移土地、房屋权属，承受的单位和个人为契税的纳税人，应当依照本法规定缴纳契税。

《契税法》第二条规定，本法所称转移土地、房屋权属，是指下列行为：（1）土地使用权出让；（2）土地使用权转让，包括出售、赠与、互换，<u>不包括土地承包经营权和土地经营权的转移</u>；（3）房屋买卖、赠与、互换。以作价投资（入股）、偿还债务、划转、奖励等方式转移土地、房屋权属的，应当依照本法规定征收契税。

25.【2024年】关于契税的说法，正确的是（　　）。

A. 契税的具体税率，由省、自治区、直辖市人民政府决定

B. 以偿还债务方式转移土地、房屋权属的，免征契税

C. 房屋互换的，契税的计税依据为所互换的房屋价格的差额

D. 婚姻关系存续期间夫妻之间变更房屋权属的，征收契税

【解析】选项A错误，由省、自治区、直辖市人民政府在规定的税率幅度内提出，报同级人民代表大会常务委员会决定，并报全国人民代表大会常务委员会和国务院备案。

选项B错误，以作价投资（入股）、偿还债务、划转、奖励等方式转移土地、房屋权属的，应当依照规定征收契税。

选项D错误，婚姻关系存续期间夫妻之间变更房屋权属的，免征契税。

【本节答案】

题号	1	2	3	4	5	6	7	8	9	10
答案	ACD	AD	ABCD	B	ACDE	BDE	B	A	C	DE
题号	11	12	13	14	15	16	17	18	19	20
答案	ACD	A	B	ABD	C	C	BE	A	C	A
题号	21	22	23	24	25					
答案	ACE	DE	A	ABCD	C					

第六节　建设工程行政法律制度

考情分析

要点	2024 年	2023 年	2022 年
（1）行政法的特征和基本原则			
（2）行政许可		1	1
（3）行政处罚	1		1
（4）行政强制	2		2
分值合计	3	1	4

考点一　行政法的基本原则

基本原则	具体规定
依法行政原则	首要原则
	基本内涵包括职权法定、法律优先和法律保留
行政合理性原则	基本内涵包括比例原则和平等对待两个方面
程序正当原则	主要体现在行政公开、程序公正和公众参与三个方面
诚信原则	（1）行政主体不得为了自身的利益欺骗行政相对人，不得"钓鱼执法"和"养鱼执法"，违反法律、法规、政策的初衷和目的。 （2）政府在制定法律、政策、决定和作出承诺前，必须充分考虑各种复杂的情形，听取多方意见，在慎重考虑的基础上作出决定。 （3）行政主体必须依法行政，不得任意反悔。 （4）法律规范应具有稳定性与不可溯及性。 （5）行政活动应具有真实性与确定性
高效便民原则	—
监督与救济原则	—

1.【2024 年二级】 关于行政法基本原则的说法，正确的是（　　）。
A. 行政合理性原则的基本内涵包括比例原则和公众参与两个方面
B. 依法行政原则是行政法的首要原则
C. 依据高效便民原则，行政主体在必要情况下可以进行"钓鱼执法"
D. 依据程序正当原则，行政主体对其作出的行政行为不得任意反悔

【解析】选项 A 错误，行政合理性的基本内涵包括比例原则和平等对待两个方面。

选项 C、D 错误，在行政法中，诚实守信意味着：（1）行政主体不得为了自身的利益欺骗行政相对人，不得"钓鱼执法"和"养鱼执法"，违反法律、法规、政策的初衷和目的。（2）政府在制定法律、政策、决定和作出承诺前必须充分考虑各种复杂的情形，听取多方意见，在慎重考虑的基础上作出决定。（3）行政主体必须依法行政，不得任意反悔。（4）法律规范应具有稳定性与不可溯及性。（5）行政活动应具有真实性与确定性。

2.【2024 年二级】行政法比例原则的含义是（　　）。
A. 行政主体的行政职权必须由法律予以规定
B. 行政主体不得为了自身的利益欺骗行政相对人
C. 实施行政行为应当兼顾行政目标的实现和适当性手段的选择
D. 行政主体应当平等地、无偏私地行使行政权

【解析】比例原则是指行政机关实施行政行为应兼顾行政目标的实现和适当性手段的选择，保障公共利益和相对人权益的均衡，如为实现行政目标可能对相对人权益造成某种不利影响时，应将这种不利影响限制在尽可能小的范围和限度内，保持二者处于适度的比例。

考点二　行政许可的设定 ★★★

概念	指行政机关根据公民、法人或者其他组织的申请，经依法审查，准予其从事特定活动的行为
特征	（1）行政许可的本质功能是事先控制一种行为范围，具有事先控制性。 （2）行政许可首先是一种行政赋权行为，赋予特定行政相对人从事某种活动的权利和资格，如施工许可证等。同时，在法规已有禁止规定的条件下，行政许可又属于解禁行为，如采矿等。 （3）行政许可是一种依申请的行政行为，行政相对人提出申请，是行政主体作出行政许可的前提
设定范围	下列事项可以不设行政许可： （1）公民、法人或者其他组织能够自主决定的。 （2）市场竞争机制能够有效调节的。 （3）行业组织或者中介机构能够自律管理的。 （4）行政机关采用事后监督等其他行政管理方式能够解决的

	法律类型	行政许可
设定权限	（1）法律	可设定
	（2）行政法规	可设定
	（3）地方性法规	没有（1）（2），可设定
	（4）省政府规章	没有（1）（2）（3），可设定

第一章 建设工程基本法律知识

3.【2023 年】关于行政许可的说法,正确的是（　　）。
A. 行政机关有权主动作出行政许可
B. 行政许可是一种要式行政行为
C. 行政许可是一种单纯的赋权性行政行为
D. 直接关系人身健康、生命财产安全等的特定活动,不得设定行政许可

【解析】选项 A 错误,行政许可是一种依申请行政行为,行政行为的作出须以行政相对人的申请为前提。

选项 B 正确,要式行政行为是指法律、法规规定必须具备某种方式或形式才能产生法律效力的行政行为。如颁布行政法规必须以国务院令这种特定形式,行政处罚须有行政处罚决定书这种法定形式。

选项 C 错误,行政许可首先是<u>一种行政赋权行为</u>,赋予特定行政相对人从事某种活动的权利和资格,如施工许可证等。同时,在法规已有禁止规定的条件下,<u>行政许可又属于解禁行为</u>,如采矿等。

选项 D 错误,直接关系人身健康、生命财产安全等的特定活动,可以设定行政许可。

4.【2019 年】下列事项中,可以设定行政许可的有（　　）。
A. 有限自然资源开发利用,需要赋予特定权利的
B. 企业或者其他组织的设立,需要确定主体资格的
C. 市场竞争机制能够有效调节的
D. 行业组织能够自律管理的
E. 行政机关采用事后监督等其他行政管理方式能够解决的

【解析】《行政许可法》规定的可以设定行政许可的事项,通过下列方式能够予以规范的,<u>可以不设行政许可</u>:(1) 公民、法人或者其他组织能够自主决定的;(2) 市场竞争机制能够有效调节的;(3) 行业组织或者中介机构能够自律管理的;(4) 行政机关采用事后监督等其他行政管理方式能够解决的。

5.【2020 年】关于行政许可设定权限的说法,正确的有（　　）。
A. 地方性法规一般情况下不得设定行政许可
B. 省、自治区、直辖市人民政府规章不得设定行政许可
C. 部门规章可以设定临时性行政许可
D. 国务院可以采用发布决定的方式设定行政许可
E. 地方性法规不得设定企业或者其他组织的设立登记及其前置性行政许可

【解析】选项 B 错误,尚未制定法律、行政法规的,地方性法规可以设定行政许可。尚未制定法律、行政法规和地方性法规的,因行政管理的需要,确需立即实施行政许可的,省、自治区、直辖市人民政府规章可以设定临时性的行政许可。

选项 D 错误,<u>部门规章不得设定行政许可</u>。

考点三 行政许可的实施程序★★

6.【2022年】 关于行政机关对申请人提出的行政许可申请的处理，正确的是（　　）。
A. 申请事项依法不属于本行政机关职权范围的，应当即时作出驳回申请的决定
B. 申请事项依法不需要取得行政许可的，应当即时告知申请人不受理
C. 申请材料存在可以更正的错误的，应当要求申请人当场更正
D. 申请材料不齐全的，应当当场或者在7日内一次告知申请人需要补正的全部内容

【解析】行政机关对申请人提出的行政许可申请，应当根据下列情况分别作出处理：
(1) 申请事项依法不需要取得行政许可的，应当即时告知申请人不受理。
(2) 申请事项依法<u>不属于本行政机关职权范围的，应当即时作出不予受理的决定</u>，并告知申请人向有关行政机关申请。故选项A错误。
(3) 申请材料存在<u>可以当场更正的错误的，应当允许</u>申请人当场更正。故选项C错误。
(4) 申请材料不齐全或者不符合法定形式的，<u>应当当场或者在5日内一次告知申请人需要补正的全部内容</u>，逾期不告知的，自收到申请材料之日起即为受理。故选项D错误。
(5) 申请事项属于本行政机关职权范围，申请材料齐全、符合法定形式，或者申请人按照本行政机关的要求提交全部补正申请材料的，应当受理行政许可申请。行政机关受理或者不予受理行政许可申请，应当出具加盖本行政机关专用印章和注明日期的书面凭证。

7.【2022年补考】 关于行政机关对施工企业提出的行政许可申请的说法，正确的是（　　）。
A. 申请事项依法不需要取得行政许可的，应当予以驳回
B. 申请材料存在可以当场更正的错误的，应当要求申请人重新申请
C. 行政机关不予受理申请的，应当出具书面凭证
D. 行政机关受理申请的，可以不出具书面凭证

【解析】选项A错误，申请事项依法不需要取得行政许可的，应当即时告知申请人不受理。
选项B错误，申请材料存在可以当场更正的错误的，应当允许申请人当场更正。
选项D错误，行政机关受理或者不予受理行政许可申请，应当出具加盖本行政机关专用印章和注明日期的书面凭证。

考点四 行政处罚的种类和设定★★

种类	(1) 警告、通报批评。 (2) <u>罚款</u>、<u>没收违法所得</u>、<u>没收非法财物</u>。 (3) <u>暂扣许可证件</u>、<u>降低资质等级</u>、<u>吊销许可证件</u>。 (4) 限制开展生产经营活动、<u>责令停产停业</u>、责令关闭、限制从业。 (5) 行政拘留。 (6) 法律、行政法规规定的其他行政处罚

续表

设定权限	法律类型	行政处罚
	（1）法律	可设所有
	（2）行政法规	可设（除限制人身自由外）
	（3）地方性法规	可设（除限制人身自由、吊销营业执照外）
	（4）部门规章	没有（1）（2），可设警告、通报批评或一定数额罚款的行政处罚
	（5）地方政府规章	没有（1）（2）（3），可设警告、通报批评或一定数额罚款的行政处罚

8.【2024年】尚未制定法律、行政法规的，国务院部门规章对违反行政管理秩序的行为可以设定的行政处罚是（　　）。

A. 行政拘留　　　　　　　　　　B. 责令停产停业

C. 警告　　　　　　　　　　　　D. 没收违法所得

9. 根据《行政处罚法》，地方性法规可以设定的行政处罚有（　　）。

A. 罚款　　　　　　　　　　　　B. 限制人身自由

C. 没收违法所得　　　　　　　　D. 暂扣许可证件

E. 吊销许可证

10. 依据《行政处罚法》的规定，下列关于行政处罚设定的说法，正确的有（　　）。

A. 限制人身自由的行政处罚，只能由法律设定

B. 行政法规可以设定除限制人身自由、吊销营业执照以外的行政处罚

C. 地方性法规可以设定除限制人身自由、吊销营业执照以外的行政处罚

D. 地方性法规必须在法律法规和规章规定的给予行政处罚的行为、种类和幅度范围内作出规定

E. 尚未制定法律、行政法规的，国务院部、委员会制定的规章对违反行政管理秩序的行为，可以设定警告或者一定数量罚款的行政处罚

考点五　行政处罚的管辖和适用 ★★★★

管辖	行政处罚由<u>县级以上</u>地方人民政府具有行政处罚权的行政机关管辖。 <u>省、自治区、直辖市</u>根据当地实际情况，可以决定将基层管理迫切需要的县级人民政府部门的行政处罚权交由能够有效承接的乡镇人民政府、街道办事处行使
一事不再罚	对当事人的同一个违法行为，不得给予两次以上罚款的行政处罚

续表

从轻或者减轻处罚	（1）已满14周岁不满18周岁的人有违法行为的。 （2）<u>主动消除或者减轻违法行为危害后果的</u>。 （3）受他人胁迫或者诱骗实施违法行为的。 （4）主动供述行政机关尚未掌握的违法行为的。 （5）配合行政机关查处违法行为有立功表现的。 （6）尚未完全丧失辨认或者控制自己行为能力的精神病人、智力残疾人有违法行为的
不予处罚	（1）不满14周岁的人有违法行为的。 （2）精神病人在不能辨认或不能控制自己行为时有违法行为的。 （3）<u>违法行为轻微并及时纠正，没有造成危害后果的</u>。 （4）初次违法且危害后果轻微并及时改正的。 （5）当事人有证据足以证明没有主观过错的。 （6）违法行为在2年内未被发现的，不再给予行政处罚
追诉时效	违法行为在2年内未被发现的，不再给予行政处罚。 涉及公民生命健康安全、金融安全且有危害后果的，延长至5年
折抵适用	拘役或者有期徒刑与行政拘留的，应当依法折抵。 罚金（国家—罪犯）与罚款（官—民）应当折抵

11. 根据《行政处罚法》，关于行政处罚管辖的说法，正确的有（　　）。
   A. 地域管辖以违法行为发生地的行政机关管辖为一般原则
   B. 对管辖发生争议的，可以直接报请共同的上一级行政机关指定管辖
   C. 行政处罚由具有行政处罚权的行政机关在法定职权范围内实施
   D. 行政处罚由违法行为发生地的县级以上人民政府具有行政处罚权的行政机关管辖
   E. 行政处罚由违法行为人所在地的县级以上人民政府具有行政处罚权的行政机关管辖

12. 根据《行政处罚法》，可以从轻或者减轻处罚的情形有（　　）。
   A. 不满14周岁的人有违法行为的
   B. 主动消除或者减轻违法行为危害后果的
   C. 受他人胁迫有违法行为的
   D. 配合行政机关查处违法行为有立功表现的
   E. 违法行为轻微并及时纠正，没有造成危害后果的

13. 依据《行政处罚法》的规定，下列有关行政处罚适用的说法，正确的有（　　）。
   A. 行政处罚的追诉时效为3年
   B. 行政处罚由违法行为发生地的乡镇人民政府行政机关管辖
   C. 行为人的违法行为受他人胁迫作出的，应当依法从轻或减轻处罚
   D. 行为人的违法行为轻微并及时纠正，没有造成危害后果的，不予行政处罚
   E. 行为人的违法行为构成犯罪，将案件移送司法机关，依法追究刑事责任

【解析】选项 A 错误，行政处罚的追诉时效为 2 年，涉及公民生命健康安全、金融安全且有危害后果的，延长至 5 年。

选项 B 错误，行政处罚由县级以上地方人民政府具有行政处罚权的行政机关管辖。

考点六　行政处罚的决定 ★★

14. 根据《行政处罚法》，执法人员可以当场作出行政处罚决定的是（　　）。
A. 降低资质等级
B. 吊销许可证件
C. 责令停产停业
D. 对法人处以 3000 元以下罚款

【解析】违法事实确凿并有法定依据，对公民处以 200 元以下、对法人或者其他组织处以 3000 元以下罚款或者警告的行政处罚的，可以当场作出行政处罚决定。

15. 根据《行政处罚法》，行政机关作出（　　）行政处罚决定前，应当告知当事人有要求举行听证的权利。
A. 警告
B. 对个人处以 200 元罚款
C. 对单位处以 3000 元罚款
D. 责令停产停业

16. 某企业因存在重大违法行为，被行政机关责令停产停业。依据《行政处罚法》的规定，下列关于行政处罚听证的说法，正确的是（　　）。
A. 该企业要求听证的，应当在行政机关告知后 7 日内提出
B. 举行听证的费用应该由行政机关和该企业合理分担
C. 行政机关应当在听证的 7 日前，通知该企业举行听证的时间、地点
D. 听证一般不会向社会公开，经该企业申请且行政机关同意的可以公开

考点七　行政处罚的执行 ★★★

17. 某行政机关给予某用人单位 2000 元罚款的行政处罚。依据《行政处罚法》的规定，下列关于行政处罚执行的说法，正确的是（　　）。
A. 该单位对行政处罚决定不服申请行政复议的，行政处罚应当停止执行
B. 执法人员应当当场收缴罚款，并出具罚款收据
C. 该单位应当自收到行政处罚决定书之日起 15 日内，到指定的银行或者通过电子支付系统缴纳罚款
D. 该单位到期未缴纳罚款，行政机关可每日按罚款数额的千分之三加处罚款

18. 根据《行政处罚法》，当事人没有正当理由逾期不履行行政处罚决定的，作出行政处罚决定的行政机关依法有权（　　）。
A. 将冻结的银行存款划拨抵缴罚款
B. 将查封的财物作价充抵罚款
C. 每日按罚款数额的 5% 加处罚款
D. 申请公安机关强制执行

考点八 行政强制的种类和设定 ★★★★

行政强制，包括行政强制措施和行政强制执行。

行政强制种类	行政强制措施（动→静）	行政强制执行（静→动）
具体情形	限制公民人身自由	加处罚款或者滞纳金
	查封	排除妨碍、恢复原状
	扣押	拍卖
	冻结存款、汇款	划拨存款、汇款
		代履行

行政强制措施的设定权，可以由法律、行政法规、地方性法规设定。

	限制人身自由	冻结存款、汇款	其他强制措施	查封、扣押
法律	√	√	√	√
行政法规	×	×	√	√
地方性法规	×	×	×	√

行政强制执行的设定权只能由法律设定。

19. 依据《行政强制法》，下列行政强制中属于行政强制措施的是（　　）。
A. 加处罚款　　　　　B. 责令停产、停业　　　　C. 查封场所　　　　D. 代履行
【解析】选项 A、D 属于行政强制执行。选项 B 属于行政处罚。

20.【2022 年】行政强制执行的方式包括（　　）。
A. 冻结存款
B. 扣押财物
C. 加处罚款或滞纳金
D. 排除妨碍、恢复原状
E. 限制公民人身自由

21.【2022 年补考】下列行为中，属于行政强制措施的有（　　）。
A. 限制公民人身自由
B. 代履行
C. 查封场所、设施或者财物
D. 拍卖查封的场所设施
E. 扣押财物

22.【2020 年二级】关于行政强制的说法，正确的是（　　）。
A. 尚未制定法律、行政法规，且属于地方性事务的，地方性法规可以规定冻结存款、汇款的行政强制措施
B. 法律、法规以外的其他规范性文件不得设定行政强制措施
C. 查封场所、设施或者财物属于行政强制执行
D. 排除妨碍、恢复原状属于行政强制措施

第一章
建设工程基本法律知识

23.【2022 年】根据《行政强制法》，关于行政强制的说法，正确的是（   ）。

A. 行政法规不得设定行政强制措施

B. 地方性法规可以设定冻结存款的行政强制措施

C. 查封场所属于行政强制措施

D. 加处罚款属于行政强制措施

【解析】选项 A 错误，行政法规不得设定限制人身自由的强制措施。

选项 B 错误，地方性法规可以设定查封、扣押的行政强制措施。冻结存款的行政强制措施由法律设定。

选项 D 属于行政强制执行。

24. 关于行政强制的说法，正确的是（   ）。

A. 行政强制包括行政强制措施和行政强制执行

B. 行政强制措施可以对公民的人身自由实施长期性限制

C. 代履行属于行政强制措施的一种

D. 行政机关作出强制执行决定前，无须事先催告当事人履行义务

【解析】选项 A 正确，行政强制，包括行政强制措施和行政强制执行。

选项 B 错误，行政强制措施是指行政机关在行政管理过程中，为制止违法行为、防止证据损毁、避免危害发生、控制危险扩大等情形，依法对公民的人身自由实施暂时性限制，或者对公民、法人或者其他组织的财物实施暂时性控制的行为。

选项 C 错误，代履行属于行政强制执行的方式。

选项 D 错误，行政机关作出强制执行决定前，应当事先催告当事人履行义务。

25【2024 年】关于行政强制的说法，正确的有（   ）。

A. 排除妨碍、恢复原状属于行政强制措施

B. 行政强制包括行政强制措施和行政强制执行

C. 尚未制定法律、行政法规，且属于地方性事务的，地方性法规可以设定扣押财物的行政强制措施

D. 尚未制定法律，且属于国务院行政管理职权事项的，行政法规可以设定限制公民人身自由的行政强制措施

E. 法律、法规以外的其他规范性文件不得设定行政强制措施

【解析】选项 A 错误，排除妨碍、恢复原状属于行政强制执行。

26. 某县应急管理部门对某化工企业进行现场执法检查时，发现该企业使用不符合保障安全生产国家标准的设备，遂予以扣押。根据《行政强制法》，关于扣押设备及相关责任的说法，正确的是（   ）。

A. 化工企业承担扣押期间设备损毁的责任

B. 化工企业承担该设备委托机构鉴定的费用

47

C. 县应急管理部门承担扣押设备的保管费用

D. 扣押设备的期限不得超过 15 日

27. 某应急管理部门在执法检查时发现甲公司使用不符合国家标准的安全设备，对其作出查封的行政强制措施，乙公司主张，该安全设备是乙公司租赁给甲公司的。所有权属于乙公司。根据《行政强制法》，关于应急管理部门采取行政强制措施的做法，正确的是（　　）。

A. 解除查封　　　　　　　　　　B. 停止执行

C. 终结执行　　　　　　　　　　D. 中止执行

【解析】选项 A 错误。《行政强制法》第二十八条规定，有下列情形之一的，行政机关应当及时作出解除查封、扣押决定：

（一）当事人没有违法行为；

（二）查封、扣押的场所、设施或者财物与违法行为无关；

（三）行政机关对违法行为已经作出处理决定，不再需要查封、扣押；

（四）查封、扣押期限已经届满；

（五）其他不再需要采取查封、扣押措施的情形。

选项 C 错误。《行政强制法》第四十条规定，有下列情形之一的，终结执行：

（一）公民死亡，无遗产可供执行，又无义务承受人的；

（二）法人或者其他组织终止，无财产可供执行，又无义务承受人的；

（三）执行标的灭失的；

（四）据以执行的行政决定被撤销的；

（五）行政机关认为需要终结执行的其他情形。

选项 D 正确。《行政强制法》第三十九条规定，有下列情形之一的，中止执行：

（一）当事人履行行政决定确有困难或者暂无履行能力的；

（二）第三人对执行标的主张权利，确有理由的；

（三）执行可能造成难以弥补的损失，且中止执行不损害公共利益的；

（四）行政机关认为需要中止执行的其他情形。

【本节答案】

题号	1	2	3	4	5	6	7	8	9	10
答案	B	C	B	AB	DE	B	C	C	ACD	ACE
题号	11	12	13	14	15	16	17	18	19	20
答案	ABCD	BCD	CDE	D	D	C	B	A	C	CD
题号	21	22	23	24	25	26	27			
答案	ACE	B	C	A	BCDE	C	D			

第七节　建设工程刑事法律制度

考情分析

要点	2024 年	2023 年	2022 年
（1）刑法的特征和基本原则			
（2）刑法种类	1		1
（3）刑法裁量			
（4）工程事故犯罪类型	1		
分值合计	2	0	1

考点一　刑法的特征和基本原则 ★★★

1. 下列原则中，属于刑法基本原则的是（　　）。
A. 公开审判原则　　　　　　　　　　B. 罪刑法定原则
C. 疑罪从无原则　　　　　　　　　　D. 认罪从宽原则
【解析】刑法的基本原则：罪刑法定原则、适用刑法人人平等原则、罪责刑相适应原则。

考点二　犯罪构成要件 ★★

2. 根据我国《刑法》的规定，犯罪构成要件包括（　　）。
A. 犯罪客体　　　　　　　　　　　　B. 犯罪客观方面
C. 犯罪主体　　　　　　　　　　　　D. 犯罪主观方面
E. 犯罪对象
【解析】犯罪构成要件包括犯罪客体、犯罪客观方面、犯罪主体和犯罪主观方面，故而也被称为四要件犯罪构成理论。

考点三　刑法种类 ★★★★

民事责任	侵权	停止侵害、排除妨碍、消除危险、返还财产、恢复原状、赔偿损失、修理、重作、更换、消除影响、恢复名誉、支付违约金、赔礼道歉
	违约	
行政责任	行政处罚	警告、<u>罚款</u>、没收违法所得、责令停产停业、暂扣或吊销执照、<u>行政拘留</u>

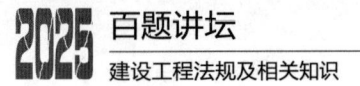

续表

刑事责任	主刑	管制、<u>拘役</u>、有期徒刑、无期徒刑、死刑
	附加刑	<u>罚金</u>、剥夺政治权利、没收财产、驱逐出境。附加刑也可以独立适用

行政处罚	刑法
<u>罚款</u>	<u>罚金</u>
没收违法所得	没收财产
拘留	拘役

3.【2021年】下列法律责任中,属于刑罚主刑的是（ ）。
A. 拘留 B. 剥夺政治权利
C. 拘役 D. 驱逐出境

【解析】主刑包括:(1)管制;(2)拘役;(3)有期徒刑;(4)无期徒刑;(5)死刑。

4.【2020年】刑罚中附加刑的种类有（ ）。
A. 罚款 B. 管制
C. 拘役 D. 剥夺政治权利
E. 没收财产

【解析】附加刑包括:(1)罚金;(2)剥夺政治权利;(3)没收财产;(4)驱逐出境。

5.下列有关刑事责任的说法,正确的是（ ）。
A. 拘役是刑罚主刑的一种
B. 罚款是刑罚附加刑的一种
C. 主刑和附加刑可以合并适用、不得独立适用
D. 没收财产是刑罚主刑的一种

考点四 刑法裁量 ★★★★

一般累犯	一般累犯认定的3个条件如下: (1)犯罪分子有前后罪,且后罪是在前罪服刑完毕或者特赦后5年内再犯。 (2)前罪和后罪都是处有期徒刑以上的刑罚。 (3)前罪和后罪都是故意犯罪,犯罪分子要年满18周岁
特殊累犯	(1)前罪和后罪都必须是危害国家安全犯罪、恐怖活动犯罪、黑社会性质的组织犯罪。 (2)后罪必须发生在前罪刑罚执行完毕或者赦免以后
量刑	对累犯应当从重处罚,<u>不得缓刑、不得假释</u>(可以减刑)

6. 根据刑事法律制度的规定，下列有关一般累犯的说法，正确的有（　　）。

A. 过失犯罪不可以构成一般累犯

B. 不满18周岁的人犯罪可以构成累犯

C. 可以适用缓刑

D. 累犯不得假释

E. 应当从重处罚

【解析】选项 A 正确，选项 B 错误，<u>一般累犯的前罪和后罪都是故意犯罪，犯罪分子要年满18周岁</u>。选项 C 错误，选项 D、E 正确，<u>对累犯应当从重处罚，不得缓刑、不得假释</u>。

考点五　减刑与缓刑★★★★

缓刑	<u>可以宣告缓刑</u>	缓刑对于被判处拘役、3年以下有期徒刑的犯罪分子，同时符合下列条件的，可以宣告缓刑： （1）犯罪情节较轻。 （2）有悔罪表现。 （3）没有再犯罪的危险。 （4）宣告缓刑对所居住社区没有重大不良影响
	<u>应当宣告缓刑</u>	（1）不满18周岁的人。 （2）怀孕的妇女。 （3）已满75周岁的人
	特别规定	（1）被宣告缓刑的犯罪分子，如果被判处附加刑，<u>附加刑仍须执行</u>。 （2）对于<u>累犯和犯罪集团的首要分子</u>，<u>不适用缓刑</u>。 （3）<u>对累犯应当从重处罚，不得缓刑、不得假释</u>（可以减刑）
减刑	<u>可以减刑</u>	认真遵守监规，接受教育改造，确有悔改表现的，可以减刑
	<u>应当减刑</u>	有下列重大立功表现之一的，应当减刑： （1）<u>阻止他人重大犯罪活动</u>的。 （2）<u>检举监狱内外重大犯罪活动</u>，经查证属实的。 （3）有<u>发明创造</u>或者重大技术革新的。 （4）在日常生产、生活中<u>舍己救人</u>的。 （5）在<u>抗御自然灾害或者排除重大事故</u>中，有突出表现的。 （6）对<u>国家和社会有其他重大贡献</u>的

7. 对于被判处拘役的犯罪分子，可以宣告缓刑时应当同时符合的条件有（　　）。

A. 犯罪情节较轻

B. 有悔罪表现

C. 没有再犯罪的危险

D. 宣告缓刑对所居住社区没有重大不良影响

E. 已满75周岁的人

【解析】对于被判处拘役、3年以下有期徒刑的犯罪分子，同时符合下列条件的，可以宣告缓刑，对其中不满18周岁的人、怀孕的妇女和已满75周岁的人，应当宣告缓刑：(1) 犯罪情节较轻；(2) 有悔罪表现；(3) 没有再犯罪的危险；(4) 宣告缓刑对所居住社区没有重大不良影响。选项E属于"应当"缓刑。

8. 【2024年二级】对于被判处拘役依法可以宣告缓刑的某犯罪分子，具有下列情形，应当宣告缓刑的是（　　）。

　　A. 有发明创造的　　　　　　　　B. 接受教育改造的
　　C. 没有再犯罪的危险　　　　　　D. 已满75周岁

【解析】选项A、B、C属于"可以"宣告缓刑。

9. 被判处管制、拘役、有期徒刑、无期徒刑的犯罪分子，在执行期间有下列重大立功表现中，应当减刑的有（　　）。

　　A. 阻止他人重大犯罪活动的
　　B. 检举监狱内外重大犯罪活动，经查证属实的
　　C. 有发明创造或者重大技术革新的
　　D. 在日常生产、生活中舍己救人的
　　E. 有悔罪表现的

【解析】被判处管制、拘役、有期徒刑、无期徒刑的犯罪分子，在执行期间，如果认真遵守监规，接受教育改造，确有悔改表现的，或者有立功表现的，可以减刑；有下列重大立功表现之一的，应当减刑：(1) 阻止他人重大犯罪活动的；(2) 检举监狱内外重大犯罪活动，经查证属实的；(3) 有发明创造或者重大技术革新的；(4) 在日常生产、生活中舍己救人的；(5) 在抗御自然灾害或者排除重大事故中，有突出表现的；(6) 对国家和社会有其他重大贡献的。选项E属于"可以"减刑。

10. 下列关于假释的说法，正确的有（　　）。

　　A. 被判处无期徒刑的犯罪分子不得假释
　　B. 对犯罪分子决定假释时，应当考虑其假释后对所居住社区的影响
　　C. 有期徒刑的假释考验期限，为没有执行完毕的刑期
　　D. 无期徒刑的假释考验期限为10年
　　E. 经最高人民法院核准，累犯可以假释

【解析】《刑法》第八十一条规定，被判处有期徒刑的犯罪分子，执行原判刑期二分之一以上，被判处无期徒刑的犯罪分子，实际执行13年以上，如果认真遵守监规，接受教育改造，确有悔改表现，没有再犯罪的危险的，可以假释。对累犯以及因故意杀人、强奸、抢劫、绑架、放火、爆炸、投放危险物质或者有组织的暴力性犯罪被判处10年以上有期徒刑、无期徒刑的犯罪分子，不得假释。因此选项A、E错误。

第一章 建设工程基本法律知识

11. 关于附加刑的说法，正确的是（　　）。

A. 驱逐出境可以适用中国人
B. 附加刑应当与主刑合同适用
C. 被宣告缓刑的犯罪分子，如果被判处附加刑，附加刑缓期执行
D. 数罪中有判处附加刑的，其中附加刑种类相同的，合并执行

【解析】选项 A 错误，对于犯罪的外国人，可以独立适用或者附加适用驱逐出境。
选项 B 错误，附加刑也可以独立适用。
选项 C 错误，被宣告缓刑的犯罪分子，如果被判处附加刑，附加刑仍须执行。

考点六　工程事故犯罪类型 ★★★★

罪名	构成要件	犯罪主体
重大劳动安全事故罪	安全设施或条件不合规定（物的因素）	单位犯罪 罚直接负责的主管人员和其他责任人
重大责任事故罪	生产中违反安全规定（人的因素）	自然人犯罪
强令、组织他人违章冒险作业罪	强令他人违章冒险作业，或者明知存在重大事故隐患而不排除，仍冒险组织作业	自然人犯罪
工程重大安全事故罪	降低质量标准（永久工程）	单位犯罪 罚直接责任人 （仅限于建设、设计、施工、监理）

【重大伤亡事故】造成死亡 1 人以上，或者重伤 3 人以上的，或造成直接经济损失 100 万元以上。

12. 在生产、作业中违反有关安全管理的规定，因而发生重大伤亡事故或者造成其他严重后果，应受刑罚处罚的，构成（　　）。

A. 工程重大安全事故罪　　　　　　B. 重大劳动安全事故罪
C. 以危险方法危害公共安全罪　　　D. 重大责任事故罪

【解析】重大责任事故罪，是指在生产、作业中违反有关安全管理规定，因而发生重大伤亡事故或者造成其他严重后果的行为。

13. 两家施工企业协商后同时参加一个项目的投标，给建设单位造成重大损失，则该两家施工企业直接责任人应承担的刑事责任是（　　）。

A. 徇私舞弊罪　　　　　　　　　　B. 玩忽职守罪
C. 串通投标罪　　　　　　　　　　D. 重大责任事故罪

【解析】串通投标罪，是指投标人相互串通投标报价，损害招标人或者其他投标人利益，或者投标人与招标人串通投标，损害国家、集体、公民的合法权益，情节严重的行为。

14. 明知存在重大事故隐患而不排除，仍冒险组织作业，因而发生重大伤亡事故，构成（　　）。

A. 重大责任事故罪
B. 工程重大安全事故罪
C. 重大劳动安全事故罪
D. 强令、组织他人违章冒险作业罪

【解析】强令、组织他人违章冒险作业罪，是指强令他人违章冒险作业，或者明知存在重大事故隐患而不排除，仍冒险组织作业，因而发生重大伤亡事故的行为。

15.【2024年】 某施工企业在施工中偷工减料，降低工程质量标准，造成重大安全事故，该施工企业的行为构成（　　）。

A. 重大劳动安全事故罪
B. 强令违章冒险作业罪
C. 重大责任事故罪
D. 工程重大安全事故罪

【解析】工程重大安全事故罪，是指建设单位、设计单位、施工单位、工程监理单位违反国家规定，降低工程质量标准，造成重大安全事故的行为。

16.【2022年补考】 关于工程重大安全事故罪的说法，正确的是（　　）。

A. 工程监理单位不是本罪的犯罪主体
B. 造成死亡2人的，应当认定为"造成重大安全事故"
C. 造成直接经济损失50万元的，应当认定为"造成重大安全事故"
D. 该罪惩罚的是违反国家规定，降低工程质量标准，造成重大安全事故的行为

【解析】工程重大安全事故罪，是指建设单位、设计单位、施工单位、工程监理单位违反国家规定，降低工程质量标准，造成重大安全事故的行为。发生安全事故，具有下列情形之一的，应当认定为"造成重大安全事故"，对直接责任人员，处5年以下有期徒刑或者拘役，并处罚金：（1）造成死亡1人以上，或者重伤3人以上的；（2）造成直接经济损失100万元以上的；（3）其他造成严重后果或者重大安全事故的情形。

17.【2019年】 关于建设工程刑事责任的说法，正确的是（　　）。

A. 刑事责任是法律责任中最严重的一种，不包括没收财产
B. 造成直接经济损失50万元，应当追究刑事责任
C. 强令他人违章冒险作业，造成重大伤亡事故的，应当承担刑事责任
D. 投标人相互串通投标报价，损害招标人利益的，应当单处罚金

【解析】选项A错误，没收财产是刑罚中的附加刑。

选项B错误，根据《最高人民法院、最高人民检察院关于办理危害生产安全刑事案件适用法律若干问题的解释》（法释〔2015〕22号），发生安全事故，造成直接经济损失100万元以上的，应当追究刑事责任。

选项C正确，强令他人违章冒险作业，造成重大伤亡事故的，应当认定为刑法规定的"强令他人违章冒险作业"罪。

选项D错误，《刑法》第二百二十三条规定，投标人相互串通投标报价，损害招标人或者其他投标人利益，情节严重的，处3年以下有期徒刑或者拘役，并处或者单处罚金。

【本节答案】

题号	1	2	3	4	5	6	7	8	9	10
答案	B	ABCD	C	DE	A	ADE	ABCD	D	ABCD	BCD
题号	11	12	13	14	15	16	17			
答案	D	D	C	D	D	D	C			

第二章 建筑市场主体制度

第一节 建筑市场主体的一般规定

考情分析

要点	2024 年	2023 年	2022 年
(1) 法人的条件和分类		2	
(2) 企业法人与项目经理部的关系			1
(3) 非法人组织			
(4) 代理的特征	1	1	
(5) 代理的设立与终止		1	
(6) 表见代理与无权代理			1
(7) 代理过错责任			
分值合计	1	4	2

考点一 法人与非法人组织 ★★★★

成立条件	(1) 依法成立。 (2) 有名称（区分的标志）、组织机构、住所（主要办事机构所在地）、财产或者经费（物质基础）。 (3) 能够独立承担民事责任（法人以其全部财产独立承担）。 (4) 有法定代表人（以法人名义从事的活动，后果由法人承受；法人章程或者法人权利机构对代表权的限制，不得对抗善意相对人）。	
分类	营利法人	各类公司
	非营利法人（不向出资人分红）	事业单位、社会团体、基金会、社会服务机构等
	特别法人	机关法人、城镇农村的合作社、村委会、居委会等

续表

工程运用	施工、勘察、设计、监理单位必须是独立法人。建设单位可以是法人，也可以不是法人
	工地的项目部是施工企业设置的一个一次性的现场生产组织机构
	大中型施工项目应当设立项目经理部，小型施工项目可以不设立，但每个项目上必须有一个项目经理
	项目经理、项目经理部不具备法人资格，其行为的法律后果将由企业法人承担
	项目经理签字的材料款，如果不按时付款，材料供货商应以施工企业为被告起诉
非法人组织	非法人组织不具有法人资格，但是能够依法以自己的名义从事民事活动的组织
	非法人组织包括个人独资企业、合伙企业、不具有法人资格的专业服务机构（律师事务所、会计师事务所）等
	在建设工程中，非法人组织可以作为建设单位、设计单位、监理单位等参与项目
★	补充：子公司（具有法人资格）≠分公司（无法人资格）

1.【2020年】某施工企业是法人，关于该施工企业应当具备条件的说法，正确的是（　　）。

A. 该施工企业能够自然产生

B. 该施工企业能够独立承担民事责任

C. 该施工企业的法定代表人是法人

D. 该施工企业不必有自己的住所、财产

【解析】法人，是依法成立，有自己的名称、组织机构、住所、财产或者经费，能够独立承担民事责任的组织。

2. 下列主体中，属于非法人组织的有（　　）。

A. 合伙企业　　　　　　　　　　B. 律师事务所

C. 社会团体　　　　　　　　　　D. 基金会

E. 农村集体经济组织

【解析】选项C、D属于非营利法人。选项E属于特别法人。

3. 关于法人类型的说法，正确的是（　　）。

A. 法人分为营利法人、非营利法人和特别法人

B. 营利法人的设立无须登记

C. 特别法人是指农村集体经济组织法人

D. 非营利法人包括机关法人、事业单位、社会团体

【解析】选项A正确，法人分为营利法人、非营利法人和特别法人三大类。

选项B错误，营利法人应依法登记。

选项C错误，机关法人、农村集体经济组织法人、城镇农村的合作经济组织法人、基层群众性自治组织属于特别法人。

选项D错误，非营利法人包括事业单位、社会团体、基金会、社会服务机构。

4.【2017年】下列主体中，属于法人的是（　　）。
A. 某施工企业项目部
B. 某施工企业分公司
C. 某大学建筑学院
D. 某乡人民政府

【解析】选项A、B、C错误，施工企业项目部、企业分公司、大学的二级学院均不是法人，上述主体都不完全具备法人的特征，都不能独立承担民事责任。

5.【2023年】关于法人分类的说法，正确的有（　　）。
A. 某基层群众性自治组织属于非营利法人
B. 法人分为营利法人、非营利法人和特别法人
C. 某基金会属于非营利法人
D. 某县人民政府属于机关法人
E. 某设计院有限责任公司属于事业单位法人

【解析】选项A错误，基层群众性自治组织法人为特别法人。
选项E错误，设计院有限责任公司属于营利法人。

6. 关于项目经理部的说法，正确的是（　　）。
A. 项目经理部是施工企业的常设下属机构
B. 施工项目无论规模大小，均应当设立项目经理部
C. 项目经理部可以独立承担民事责任
D. 施工企业应当明确项目经理部的职责

【解析】选项A错误，项目经理部不具备法人资格，而是施工企业根据建设工程施工项目而组建的非常设的下属机构。
选项B错误，对于大中型施工项目，施工企业应当在施工现场设立项目经理部。小型施工项目，可以由施工企业根据实际情况选择适当的管理方式。
选项C错误，由于项目经理部不具备独立的法人资格，无法独立承担民事责任。

7.【2022年】由甲施工企业设立的乙项目经理部订立采购合同，未能按时支付合同价款，应当承担违约责任的主体是（　　）。
A. 乙
B. 甲
C. 甲的法定代表人
D. 乙的项目经理

【解析】由于项目经理部不具备独立的法人资格，无法独立承担民事责任。所以，项目经理部行为的法律后果将由企业法人承担。

8.【2021年】关于法人在建设工程中地位的说法，正确的是（　　）。
A. 建设单位应当具备法人资格
B. 建设工程中的法人可以不具有民事行为能力
C. 非营利单位可以成为建设法人
D. 建设单位应当独立承担民事责任

【解析】选项 A 错误，建设单位可以不是法人。
选项 B 错误，法人应当具有民事权利能力和民事行为能力。
选项 D 错误，建设单位可以不是法人，因此，无须独立承担民事责任。

9. 关于施工企业法人与项目经理部法律关系的说法，正确的是（ ）。
A. 项目经理部具备法人资格
B. 项目经理是企业法定代表人授权在建设工程施工项目上的管理者
C. 项目经理部行为的法律后果由其自己承担
D. 项目经理部是施工企业内部常设机构
【解析】选项 A、D 错误，项目经理部是施工企业内部非常设的、一次性项目管理机构，不具备法人资格。选项 C 错误，项目经理部行为的法律后果由企业法人承担。

考点二 代理的法律特征、设立和终止 ★★★

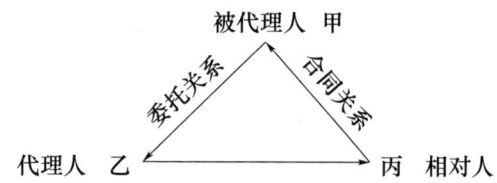

特征		在代理权限内，以<u>被代理人名义</u>实施的民事法律行为，其法律后果由<u>被代理人</u>承担
法定代理		根据法律的规定而发生的代理，是为精神病人、未成年人而设置的
委托代理	设立	<u>应当由本人亲自实施</u>的民事法律行为，<u>不得代理</u>。建设工程的承包不得委托代理
委托代理	法律规定	（1）可以用书面形式，<u>也可以用口头形式</u>。 （2）数人为同一代理事项的代理人的，应当<u>共同行使代理权</u>。 （3）建设工程活动中的代理一般都是委托代理。 （4）代理人在被代理人的授权范围内独立地表现自己的意志
	诉讼代理人	（1）律师、基层法律服务工作者。 （2）当事人的近亲属或者工作人员。 （3）当事人所在社区、单位及有关社会团体推荐的公民
	终止	（1）代理期间届满<u>或者代理事务完成</u>。 （2）被代理人取消委托或者代理人<u>辞去</u>委托。（<u>均不必经过对方同意</u>） （3）<u>代理人</u>丧失民事行为能力。 （4）代理人或者被代理人死亡。 （5）作为被代理人或者代理人的法人、非法人组织终止（单位或律所倒闭）

续表

委托代理	代理过错责任	代理人和相对人串通，损害被代理人利益的	两方都有错，负连带责任
		相对人知道行为人没有代理权还实施民事行为的	
		代理人知道代理事项违法仍进行代理活动的	
		被代理人知道代理人的代理行为违法而不反对的	
		委托书授权不明的	被代理人应当向第三人承担民事责任，代理人负连带责任

10.【2023年】关于代理法律特征的说法，正确的是（　　）。

A. 代为传达当事人的意思表示或者接受意思表示可以构成代理

B. 代理行为必须是具有法律意义的行为

C. 代理人实施代理活动的直接依据是法律规定

D. 被代理人与代理人对代理行为承担连带责任

【解析】选项 A 错误，选项 B 正确，代理行为必须是与第三人发生权利义务关系、具有法律意义的行为。

选项 C 错误，代理人实施代理活动的直接依据是"代理权"，而不是"法律规定"。

选项 D 错误，代理行为的法律后果由被代理人承担责任，代理人自己不承担责任。

11.【2020年】关于代理的说法，正确的是（　　）。

A. 代理人实施代理行为时有独立进行意思表示的权利

B. 代理人知道代理事项违法仍然实施代理行为，其代理行为后果由被代理人承担

C. 代理人完全履行职责造成被代理人损害的，代理人对该代理行为承担民事责任

D. 代理人可以对被代理人的任何民事法律行为进行代理

【解析】代理是指代理人以被代理人的名义，在代理权限范围内与第三人为法律行为，其法律后果直接由被代理人承受的民事法律制度。代理的法律特征如下：（1）代理人必须在代理权限范围内实施代理行为，代理人实施代理行为时有独立进行意思表示的权利；（2）代理人一般应该以被代理人的名义实施代理行为；（3）代理行为必须是具有法律意义的行为，代理人为被代理人实施的是能够产生法律上的权利义务关系；（4）代理行为的法律后果归属于被代理人。

选项 B 错误，由被代理人和代理人承担连带责任。

选项 C 错误，应由被代理人承担。

选项 D 错误，不是"任何"，应为"在代理权限范围内"实施代理行为。

12.【2020年二级】关于承担代理责任的说法，正确的是（　　）。

A. 代理行为的法律后果由被代理人和代理人共同承担

B. 被代理人应当知道代理人的代理行为违法未作反对表示的，由被代理人承担责任

C. 代理人不完全履行职责，造成被代理人损害的，应当承担民事责任

D. 代理人和相对人恶意串通，损害被代理人合法权益的，代理人和相对人应当承担按份责任

【解析】选项 A 错误，法律后果由被代理人承担。

选项 B 错误，由被代理人和代理人承担连带责任。

选项 D 错误，代理人和相对人承担连带责任。

13.【2020年二级】导致委托代理终止的情形是（　　）。
A. 代理期间届满但代理事务未能完成　　　B. 被代理人丧失民事行为能力
C. 因防疫需要被隔离观察　　　　　　　　D. 作为被代理人的法人进入破产程序

【解析】《民法典》规定，有下列情形之一的，委托代理终止：
（1）代理期间届满或者代理事务完成；
（2）被代理人取消委托或者代理人辞去委托；
（3）代理人丧失民事行为能力；
（4）代理人或者被代理人死亡；
（5）作为被代理人或者代理人的法人、非法人组织终止。

考点三　转代理、无权代理与表见代理 ★★★★★

特殊代理	表现形式	法律责任
转代理	被代理人同意或者追认	（1）被代理人可以直接指示转委托的第三人。 （2）代理人对第三人的选任承担责任。 （3）代理人对第三人的指示承担责任
	拒绝追认	代理人对第三人的行为承担责任
	在紧急情况下，为了维护被代理人的利益转托第三人代理的，由被代理人承担	
无权代理（效力待定）	（1）没有代理权。 （2）超越代理权。 （3）代理权终止	经追认，被代理人承担责任； 拒绝追认，代理人自行承担责任； 被代理人未作表示的，视为拒绝追认
表见代理（无权有效）	行为人无代理权，但相对人有理由相信行为人有代理权的	代理行为有效，由被代理人承担责任； 事后可以向行为人追加过错责任

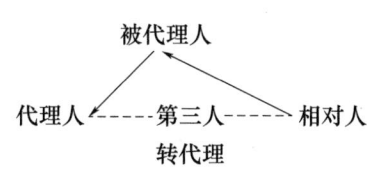
转代理

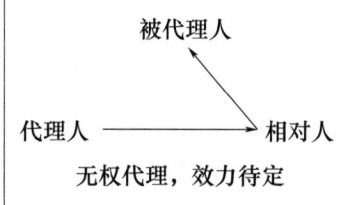
无权代理，效力待定

表见代理，无权有效

14.【2014年】甲公司的业务员张某被开除后,为报复甲公司,用盖有甲公司公章的空白合同书与乙公司订立一份建材购销合同。乙公司并不知情,并按时将货物送至甲公司所在地,甲公司拒绝接收,引起纠纷,关于该案代理与合同效力的说法,正确的是（　　）。
  A. 张某的行为为无权代理,合同无效
  B. 张某的行为为表见代理,合同无效
  C. 张某的行为为委托代理,合同有效
  D. 张某的行为为表见代理,合同有效
  【解析】 张某实质上无代理权,但是有使第三人相信其有代理权的表征,因此构成表见代理,选项A、C错误。在表见代理中,本人表见代理人与相对人之间实施的法律行为约束,签订的合同有效,因此选项B错误。

15.【2018年】关于表见代理的说法,正确的是（　　）。
  A. 表见代理属于无权代理,对本人不发生法律效力
  B. 本人承担表见代理产生的责任后,可以向无权代理人追偿因代理行为而遭受的损失
  C. 表见代理中,由行为人和本人承担连带责任
  D. 第三人明知行为人无代理权仍与之实施民事行为,构成表见代理
  【解析】 表见代理对本人产生有权代理的效力,即在相对人与本人之间产生民事法律关系。本人受表见代理人与相对人之间实施的法律行为的约束,享有该行为设定的权利和履行该行为约定的义务,本人不能以无权代理为抗辩。本人在承担表见代理行为所产生的责任后,可以向无权代理人追偿因代理行为而遭受的损失。

16. 关于无权代理的说法,正确的是（　　）。
  A. 无权代理人实施的行为,对被代理人一律不发生效力
  B. 无权代理发生后,相对人可以催告被代理人,被代理人未作表示的,视为追认
  C. 表见代理属于有权代理
  D. 无权代理一般有自始未经授权、超越代理权和代理权已终止三种表现形式
  【解析】 无权代理是指行为人不具有代理权,但以他人的名义与相对人进行法律行为。无权代理一般存在三种表现形式:(1)自始未经授权。如果行为人自始至终没有被授予代理权,就以他人的名义进行民事行为,属于无权代理。(2)超越代理权。代理权限是有范围的,超越了代理权限,依然属于无权代理。(3)代理权已终止。行为人虽曾得到被代理人的授权,但该代理权已经终止的,行为人如仍以被代理人的名义进行民事行为,则属无权代理。

17.【2018年二级】甲委托乙采购一种新材料并签订了材料采购委托合同,经甲同意,乙将新材料采购事务转委托给丙。关于该转委托中责任承担的说法,正确的是（　　）。
  A. 乙对丙的行为承担责任
  B. 乙仅对丙的选任及其对丙的指示承担责任
  C. 甲与乙对丙的行为承担连带责任
  D. 乙对丙的选任及其对丙的指示,由甲与乙承担连带责任

18.【2022年】 甲施工企业委托其员工李某从乙公司订购一批空调,李某与乙私下商定将每台空调的售价比正常售价提高 1000 元,乙给李某每台 500 元的回扣。下列说法正确的是（ ）。

A. 李某的行为属于表见代理,买卖合同有效
B. 李某的行为属于无权代理,买卖合同效力待定
C. 李某作为代理人未能尽职,应当独立对甲承担责任
D. 李某与乙恶意串通损害甲的利益,应当和乙承担连带责任

【解析】本题属于代理人与相对人串通行为,由代理人和相对人承担连带责任。

19.【2019年】 关于建设工程代理的说法,正确的是（ ）。

A. 建设工程合同诉讼只能委托律师代理
B. 建设工程中的代理主要是法定代理
C. 建设工程中应当由本人实施的民事法律行为,不得代理
D. 建设工程中为了被代理人的利益,代理人可以直接转托他人代理

【解析】选项 A 错误,委托代理人不仅可以是律师,下列人员可以被委托为诉讼代理人:(1) 律师、基层法律服务工作者;(2) 当事人的近亲属或者工作人员;(3) 当事人所在社区、单位以及有关社会团体推荐的公民。

选项 B 错误,建设工程中多为委托代理。

选项 D 错误,紧急情况下,为了被代理人的利益,代理人可以直接转托他人代理。

【本节答案】

题号	1	2	3	4	5	6	7	8	9	10
答案	B	AB	A	D	BCD	D	B	C	B	B
题号	11	12	13	14	15	16	17	18	19	
答案	A	C	A	D	B	D	B	D	C	

第二节　建筑业企业资质制度

考情分析

要点	2024 年	2023 年	2022 年
(1) 企业资质条件		2	
(2) 施工企业资质序列			
(3) 资质申请、许可、延续和变更	2	1	1
(4) 禁止无资质或以他人名义承揽工程	1		
分值合计	3	3	1

考点一 企业资质证书的申请、延续和变更 ★★★★

资质条件	（1）有符合规定的净资产。 （2）有符合规定的主要人员。 （3）有符合规定的已完成工程业绩。 （4）有符合规定的技术装备
资质序列	施工资质分为<u>综合资质</u>、施工总承包资质、专业承包资质、<u>专业作业资质</u>
	综合资质和专业作业资质不分等级
申请	（1）可以申请一项或多项企业资质。 （2）首次或增项申请，应当申请最低资质
	实行告知承诺审批的，办理相关资质审批手续，不再要求企业提交证明材料
	企业资质情况可通过扫描建筑业企业资质证书复印件的二维码查询
特别规定	专业作业资质由审批制改为<u>备案制</u>。建筑业企业完成备案手续并<u>取得施工劳务资质证书后</u>，即可承接施工劳务作业。 具有法人资格的企业<u>可直接申请施工总承包、专业承包二级资质</u>。 持有施工总承包、专业承包三级资质的企业，<u>可按照现行二级资质</u>标准要求申请升级，也可按照要求直接申请二级资质
延续	<u>有效期为5年。期满3个月前申请延续。</u> 许可机关逾期未作出决定，<u>视为准予延续</u>
变更	名称、地址、注册资本、法定代表人等发生变更的，应当在工商部门办理变更手续后1个月内办理资质证书变更手续（先工商，后资质）
	由住房城乡建设部颁发的企业资质证书的变更，企业应向企业工商注册所在地省住房城乡建设厅提出变更申请，省住房城乡建设厅自受理之日起2日内报住房城乡建设部，由住房城乡建设部2日内办理变更手续。 简记为"<u>由住房城乡建设部颁发的资质证书，由住房城乡建设部负责变更</u>"
	除由住房城乡建设部变更以外的资质证书的变更，由企业工商注册所在地的省级住房城乡建设部门或市级住房城乡建设部门依法另行规定，变更结果应当在资质证书变更后15日内，报住房城乡建设部门备案。 简记为"<u>不是由住房城乡建设部颁发的资质证书，由省级或市级住房城乡建设部门负责变更，报住房城乡建设部备案</u>"
	企业发生合并、分立、重组以及改制等事项，需承继原资质的，应当申请<u>重新核定资质等级</u>
遗失补办	由申请人告知资质许可机关，由资质许可机关在官网发布信息

第二章 建筑市场主体制度

1.【2023年】关于建筑业企业资质标准中净资产的说法，正确的有（　　）。
A. 企业净资产是指企业的资产总额减去负债以后的净额
B. 净资产是属于企业所有并由股东自由支配的资产
C. 净资产即所有者权益
D. 净资产应当大于注册资本
E. 企业申请资质时，净资产以前一年度或者当期合法的财务报表中净资产指标为准

【解析】选项A正确，企业净资产是指企业的资产总额减去负债以后的净额。

选项B错误、选项C正确，净资产是属于企业所有并可以自由支配的资产，即所有者权益。相对于注册资本而言，它能够更准确地体现企业的经济实力。

选项D错误，企业净资产是指企业的资产总额减去负债以后的净额，净资产可以大于注册资本，也可以小于注册资本。

选项E正确，企业净资产以企业申请资质前一年度或当期合法的财务报表中净资产指标为准考核。

2.【2019年】关于建筑企业资质证书的申请和延续的说法，正确的有（　　）。
A. 企业首次申请或增项申请资质，应当申请最低等级资质
B. 申请人以书面形式承诺符合审批条件的，行政审批机关根据申请人的承诺直接作出行政批准决定
C. 建筑业企业只能申请一项建筑业企业资质
D. 建筑业企业资质证书有效期届满前6个月，企业应向原资质许可机关提出延续申请
E. 企业按规定提出延续申请后，资质许可机关未在资质证书有效期届满前作出是否准予延续决定的，视为准予延续

【解析】选项A正确，选项C错误，建筑业企业可以申请一项或多项建筑业企业资质。企业首次申请或增项申请资质，应当申请最低等级资质。

选项B正确，告知承诺制的内涵。

选项D错误，建筑业企业应当于资质证书有效期届满3个月前，向原资质许可机关提出延续申请。

选项E正确，资质许可机关应当在建筑业企业资质证书有效期届满前作出是否准予延续的决定。逾期未作出决定的，视为准予延续。

3.【2024年二级】关于建筑业企业资质申请流程的说法，正确的是（　　）。
A. 企业首次申请或者增项申请资质，可以申请最高等级资质
B. 持有施工总承包、专业承包三级资质的企业，可直接申请二级资质
C. 施工劳务企业完成备案手续后，即可承接施工劳务作业
D. 具有法人资格的企业可直接申请施工总承包、专业承包一级资质

【解析】选项A错误，企业首次申请或增项申请资质，应当申请最低等级资质。

选项B正确，持有施工总承包、专业承包三级资质的企业，可按照现行二级资质标准要求申请升级，也可按照要求直接申请二级资质。

选项 C 错误，企业完成备案手续并取得资格证书后，即可承接施工劳务作业。
选项 D 错误，具有法人资格的企业可直接申请施工总承包、专业承包二级资质。

4.【2023 年】关于建筑业企业资质证书变更的说法，正确的是（　　）。
　　A. 建筑业企业应当在资质证书变更后将变更结果报住房城乡建设主管部门备案
　　B. 建筑业企业资质证书遗失补办，申请人应当按照资质许可机关要求在企业官网发布信息
　　C. 在建筑业企业资质有效期内，法定代表人变更的，应当办理资质证书变更手续
　　D. 企业发生合并，需承继原建筑业企业资质的，可以直接承继原企业资质

【解析】选项 A 错误，除由住房城乡建设部变更以外的资质证书的变更，由企业工商注册所在地的省级住房城乡建设主管部门或市级住房城乡建设主管部门依法另行规定，变更结果应当在资质证书变更后 15 日内，报住房城乡建设主管部门备案。

选项 B 错误，建筑业企业资质证书遗失补办，由申请人告知资质许可机关，由许可机关在官网发布信息。

选项 C 正确，企业在建筑业资质证书有效期内名称、地址、注册资本、法定代表人等发生变更的，应当在工商部门办理变更手续后 1 个月内办理资质证书变更手续。

选项 D 错误，企业发生合并、分立、重组以及改制等事项，需承继原建筑业企业资质的，应当申请重新核定建筑业企业资质等级。

5.【2022 年补考】根据《建筑业企业资质管理规定》，关于企业资质变更的说法，正确的有（　　）。
　　A. 企业合并的，可以直接承接合并后各方中最高的资质等级
　　B. 企业分立的，应当申请重新核定资质等级
　　C. 企业注册资本发生变更的，应当办理资质证书变更手续
　　D. 企业资质证书的变更，应当由住房城乡建设主管部门负责办理
　　E. 企业资质证书的变更，应当报住房城乡建设主管部门备案

【解析】选项 A 错误。企业发生合并、分立、重组以及改制等事项，需承继原建筑业企业资质的，应当申请重新核定建筑业企业资质等级。

选项 D、E 错误，《建筑业企业资质管理规定》要求，除由住房城乡建设部变更以外的资质证书的变更，由企业工商注册所在地的省级住房城乡建设主管部门或市级住房城乡建设主管部门依法另行规定，变更结果应当在资质证书变更后 15 日内，报住房城乡建设部备案。即"由住房城乡建设部颁发的资质证书，由住房城乡建设部负责变更，无须报住房城乡建设部备案"；"不是由住房城乡建设部颁发的资质证书，由省级或市级住房城乡建设部门负责变更，报住房城乡建设部备案"。

6.【2022 年补考】根据《建筑业企业资质管理规定》，关于建筑业企业资质证书的说法，正确的是（　　）。
　　A. 被撤回资质证书的建筑业企业可以在资质被撤回后 3 个月内，向资质许可机关提出

核定低于原等级同类别资质的申请
B. 资质许可机关收到延续申请后，未在企业资质证书有效期届满前作出是否准予延续资质证书决定的，视为不准延续
C. 取得企业资质证书承揽业务受地区、行业限制
D. 资质证书有效期届满，未依法申请延续的，资质许可机关应当撤回其资质证书

7.【2024年】 企业申请建筑业企业资质升级，资质许可机关不予批准其建筑业企业资质升级申请的情形有（   ）。
A. 超越本企业资质等承揽工程
B. 未依法纳税
C. 未依法履行工程质量保修义务
D. 未取得施工许可证擅自施工
E. 未按照规定缴纳社会保障资金

【解析】有下列情形之一的，资质许可机关不予批准其建筑业企业资质升级申请和增项申请：
（1）超越本企业资质等级或以其他企业的名义承揽工程，或允许其他企业或个人以本企业的名义承揽工程的。
（2）与建设单位或企业之间相互串通投标，或以行贿等不正当手段谋取中标的。
（3）未取得施工许可证擅自施工的。
（4）将承包的工程转包或违法分包的。
（5）违反国家工程建设强制性标准施工的。
（6）恶意拖欠分包企业工程款或者劳务人员工资的。
（7）隐瞒或谎报、拖延报告工程质量安全事故，破坏事故现场、阻碍对事故调查的。
（8）按照国家法律、法规和标准规定需要持证上岗的现场管理人员和技术工种作业人员未取得证书上岗的。
（9）未依法履行工程质量保修义务或拖延履行保修义务的。
（10）伪造、变造、倒卖、出租、出借或者以其他形式非法转让建筑业企业资质证书的。
（11）发生过较大以上质量安全事故或者发生过两起以上一般质量安全事故的。
（12）其他违反法律、法规的行为。

考点二　企业资质证书的撤回、撤销、吊销和注销 ★★★

撤回	合法取得后，企业不再具备相应条件。整改不超过3个月；期间不得升级、增项、承揽新的工程；逾期未达标撤回	可以在被撤回3个月内，申请低于原等级同类别资质
撤销	不具备相应条件非法取得（许可机关的过错）	3年内不得再申请
吊销	合法取得，违法被吊销	—
注销	有效期满不续期，企业依法终止，被撤销、撤回、吊销的	证书作废
不批准升级、增项	申请前1年至决定作出前信用档案上有不良行为记录	—

8.【2017 年】可以撤销建筑业企业资质的情形是（　　）。

A. 企业取得资质后不再符合相应资质条件的

B. 企业取得资质后发生重大安全事故的

C. 资质许可机关违反法定程序准予资质许可的

D. 资质证书有效期到期后未及时办理续期手续的

【解析】撤销资质主要是由于行政机关的责任，导致给不具备条件的单位发了证。选项 A 属于撤回。选项 B 属于影响增项和升级。选项 D 属于注销。

9. 某工程由甲施工企业承包，施工现场检查发现项目部的项目经理、技术负责人、质量管理人员和安全管理人员都是乙施工企业职员，则甲的行为视同（　　）。

A. 违法分包　　　　　　　　　　B. 使用其他企业名义承揽工程

C. 允许他人使用本企业名义承揽工程　　D. 与他人联合承揽

【解析】分包工程发包人没有将其承包的工程进行分包，在施工现场所设项目管理机构的项目负责人、技术负责人、质量管理人员、安全管理人员不是工程承包人本单位人员的，视同允许他人以本企业名义承揽工程。

10.【2018 年】根据《建筑法》，以欺骗手段取得资质证书的需承担的法律责任是（　　）。

A. 资质许可由原资质许可机关予以撤回

B. 吊销资质证书，并处罚款

C. 给予警告，或处罚款

D. 申请企业 5 年内不得再次申请建筑业企业资质

【解析】以欺骗手段取得资质证书的，吊销资质证书，处以罚款；构成犯罪的，依法追究刑事责任。

11. 建筑施工企业资质证书被撤回后，建筑施工企业可以（　　）。

A. 在 3 个月内进行整改

B. 提出资质增项

C. 依法申请延续

D. 提出核定低于原等级同类别的资质申请

【解析】本题容易错选 A，被撤回资质证书的建筑业企业可以在资质被撤回后 3 个月内，向资质许可机关提出核定低于原等级同类别资质的申请，因此选项 D 正确。

【本节答案】

题号	1	2	3	4	5	6	7	8	9	10
答案	ACE	ABE	B	C	BC	A	ACD	C	C	B
题号	11									
答案	D									

第三节　建造师注册执业制度

考情分析

要点	2024 年	2023 年	2022 年
（1）建造师注册和受聘	1	2	
（2）建造师执业范围			1
（3）建造师的权利和义务	1		
（4）法律责任	2		
分值合计	4	2	1

考点一　建造师注册和受聘 ★★★★

注册流程	取得一级建造师资格证书并受聘于一个建设工程勘察、设计、施工、监理、招标代理、造价咨询等单位的人员，应当通过聘用单位提出注册申请，并可以向单位工商注册所在地的省住房城乡建设主管部门提交申请材料，报住房城乡建设主管部门审批。符合条件的，由住房城乡建设主管部门核发一级建造师注册证书，并核定执业印章编号
初始注册	可自资格证书签发之日起 3 年内提出申请。注册证书与执业印章有效期为 3 年
延续注册	有效期届满 30 日前申请延续，延续注册有效期为 3 年
变更注册	（1）变更注册后仍延续原注册有效期。 （2）应当在与新聘用企业签订合同后的 1 个月内，由新聘用企业申请办理变更手续。 （3）因变更注册申报不及时，由新聘用企业承担责任，并以不良行为记入企业信用档案
不予注册	（1）不具有完全民事行为能力的。 （2）申请在两个或者两个以上单位注册的。 （3）未达到注册建造师继续教育要求的（初始注册除外）。 （4）受到刑事处罚，刑事处罚尚未执行完毕的。 （5）执业活动受到刑事处罚，自刑事处罚执行完毕之日起至申请注册之日止不满 5 年的。 （6）非执业活动受到刑事处罚，自处罚决定之日起至申请注册之日止不满 3 年的。 （7）被吊销注册证书，自处罚决定之日起至申请注册之日止不满 2 年的。 （8）在申请注册之日前 3 年内担任项目经理期间，所负责项目发生过重大质量和安全事故的。 （9）申请人的聘用单位不符合注册单位要求的。 （10）年龄超过 65 周岁的

1.【2023年】关于一级建造师注册的说法，正确的有（　　）。
A. 取得一级建造师资格证书的人员可以自行提出注册申请
B. 取得一级建造师资格证书的人员可以受聘于招标代理机构，提出注册申请
C. 自一级建造师资格证书签发之日起超过3年的，不得申请注册
D. 注册建造师的聘用单位可以根据工程施工需要扣押建造师的注册证书
E. 未取得注册证书的，不得以注册建造师的名义从事相关活动

【解析】选项A错误，《注册建造师管理规定》要求，取得一级建造师资格证书并受聘于一个建设工程勘察、设计、施工、监理、招标代理、造价咨询等单位的人员，应当通过聘用单位提出注册申请。

选项C错误，初始注册者，可自资格证书签发之日起3年内提出申请。

选项D错误，注册建造师注册证书和执业印章由本人保管，任何单位（发证机关除外）和个人不得扣押注册建造师注册证书或执业印章。

2.【2024年】关于申请建造师初始注册的说法，正确的是（　　）。
A. 应当通过聘用单位提出申请
B. 初始注册的条件与建造师资格考试的条件相同
C. 取得证书的人员可以受聘于2个相关单位
D. 建造师初始注册通过备案完成

【解析】选项B错误，初始注册的条件与建造师资格考试的条件不同。

选项C错误，取得证书的人员不得受聘于2个或以上相关单位。

选项D错误，取得一级建造师资格证书并受聘于一个建设工程勘察、设计、施工、监理、招标代理、造价咨询等单位的人员，应当通过聘用单位提出注册申请，并可以向单位工商注册所在地的省、自治区、直辖市住房城乡建设主管部门提交申请材料。

3.【2019年】关于建造师不予注册的说法，正确的是（　　）。
A. 因执业活动之外的原因受到刑事处罚，自刑事处罚执行完毕之日起至申请注册之日不满5年的
B. 被吊销注册证书，自处罚决定之日起申请注册之日止不满3年的
C. 年龄超过60周岁的
D. 申请在两个或者两个以上单位注册的

【解析】选项A错误，因执业活动受到刑事处罚，自刑事处罚执行完毕之日起至申请注册之日止不满5年的，因其他原因受到刑事处罚，自处罚决定之日起至申请注册之日止不满3年的。

选项B错误，被吊销注册证书，自处罚决定之日起至申请注册之日止不满2年的。

选项C错误，年龄超过65周岁的。

选项D正确，申请在两个或者两个以上单位注册的。

4.关于注册建造师注册证书失效及注销的说法，正确的是（　　）。
A. 注册建造师聘用单位破产的，其注册证书应依法被吊销

B. 注册建造师年龄超过60周岁的，其注册证书应依法被撤销

C. 注册建造师受到刑事处罚的，其注册证书和执业印章由注册机关收回并办理注销手续

D. 注册建造师注册有效期满未延续注册的，其注册证书应依法被吊销

【解析】选项A、D的情形属于注册建造师的注册证书和执业印章失效。

选项B错误，注册建造师年龄超过65周岁的，注册建造师的注册证书和执业印章失效。

选项C正确，注册建造师有下列情形之一的，由注册机关办理注销手续，收回注册证书和执业印章或者公告其注册证书和执业印章作废：①有法律、法规规定的注册证书和执业印章失效情形发生的；②依法被撤销注册的；③依法被吊销注册证书的；④受到刑事处罚的；⑤法律、法规规定应当注销注册的其他情形。

考点二　建造师执业岗位范围★★★

受聘单位	可以受聘在施工单位从事施工活动的管理工作。 也可以在勘察、设计、监理、招标代理、造价咨询等单位执业。 担任施工单位项目负责人的，应当受聘并注册于一个具有施工资质的企业	
执业	不得同时担任两个及以上施工项目负责人	
	可以同时担任两个项目的负责人	（1）同一工程相邻分段发包或分期施工的。 （2）合同约定的工程验收合格的。 （3）因非承包方原因停工超过120天（含），经建设单位同意的
更换项目经理	施工项目负责人期间原则上不得更换。下列情形之一的除外： （1）发包方与注册建造师受聘企业已解除承包合同的。 （2）发包方同意更换项目负责人的。 （3）因不可抗力等特殊情况必须更换的	

5.【2022年】 一级注册建造师李某担任某施工项目负责人，在该项目竣工验收手续办结前，李某可以变更注册到另一施工企业的情形是（　　）。

A. 建设单位与李某受聘企业已经解除施工合同的

B. 因不可抗力暂停施工的

C. 李某受聘企业同意更换项目负责人的

D. 建设单位与李某受聘企业发生了合同纠纷的

【解析】建设单位与施工企业解除施工合同，则施工企业中的项目经理可以变更注册到其他单位。

6.【2024年二级】 根据《注册建造师执业管理办法（试行）》，注册建造师可同时担任两个项目的负责人的情形是（　　）。

A. 同一工程分段包发的

B. 合同约定的工程验收合格的

C. 工程项目停工超过 120 天（包含），施工单位同意的
D. 建设工程规模较小的

7. 关于一级建造师执业范围的说法，正确的是（   ）。
A. 注册建造师不得同时担任两个以上建设工程项目负责人，所有项目均为小型工程施工项目的除外
B. 注册建造师担任施工项目负责人，在其承建的建设工程项目竣工验收或移交项目手续办结前，经受聘企业同意的，可以变更注册至另一家企业
C. 注册建造师担任施工项目负责人期间，若发包方与注册建造师受聘企业已解除承包合同的，应当更换施工项目负责人
D. 一级建造师只能注册到施工单位

【解析】选项 A 错误，注册建造师不得同时担任两个及以上建设工程施工项目负责人，发生下列情形之一的除外：（1）同一工程相邻分段发包或分期施工的；（2）合同约定的工程验收合格的；（3）<u>因非承包方原因</u>致使工程项目<u>停工超过 120 天</u>（含），经建设单位同意的。

选项 B 错误，注册建造师担任施工项目负责人期间原则上不得更换，如确需更换需<u>经发包人同意</u>，而不是受聘企业。

选项 D 错误，建造师可在施工单位担任项目经理，也可以在勘察、设计、监理、招标代理、造价咨询等单位执业。

> 考点三　建造师的权利和义务 ★★

8.【2022 年】关于施工管理文件签章的说法，正确的是（   ）。
A. 分包单位签署质量合格的文件上，必须由担任总承包项目负责人的注册建造师签章
B. 分包工程的施工管理文件，应当由总承包单位的注册建造师签章
C. 修改注册建造师已经签章的施工管理文件，可以由其本人自行修改
D. 修改注册建造师已经签章的施工管理文件，注册建造师本人不能进行修改的，所在单位可以直接修改

【解析】分包工程施工管理文件应当由分包企业注册建造师签章。分包企业签署质量合格的文件，必须由担任总包项目负责人的注册建造师<u>签章</u>。修改注册建造师签字并加盖执业印章的工程施工管理文件，应当征得所在企业同意后，由注册建造师本人进行修改；注册建造师本人不能进行修改的，应当由企业指定同等资格条件的注册建造师修改，并由其签字并加盖执业印章。

【本节答案】

题号	1	2	3	4	5	6	7	8
答案	BE	A	D	C	A	B	C	A

第四节　建筑市场主体信用体系建设

考情分析

要点	2024 年	2023 年	2022 年
（1）建筑市场各方主体信用信息分类			
（2）建筑市场各方主体信用信息公开	1		1
（3）施工单位不良行为记录认定标准	2	3	
分值合计	3	3	1

考点一　建筑市场各方主体信用信息分类★★

1.【2024 年二级】关于建筑市场信用信息的说法，正确的是（　　）。

A. 建筑市场信用信息仅在全国建筑市场信息平台公开，各省市无权搜集和公开

B. 建筑市场信用信息由基本信息和优良信息构成，不包括不良信息

C. 建筑市场优良信息是指建筑市场主体获得的县级以上行政机关或群团组织表彰奖励等信息

D. 建筑市场基本信息是指注册登记信息、资质信息、工程项目信息、注册执业人员信息、奖惩信息等

【解析】选项 A 错误，建筑市场的信用信息在省级建筑市场平台或者全国市场建筑平台进行公开。

选项 B 错误，建筑市场信用信息由基本信息、优良信用信息、不良信用信息构成。

选项 C 正确，优良信用信息是指建筑市场各方主体在工程建设活动中获得的县级以上行政机关或群团组织表彰奖励等信息。

选项 D 错误，基本信息是指注册登记信息、资质信息、工程项目信息、注册执业人员信息等。

考点二　建筑市场诚信行为的公布时间★★★★

项目	建筑市场诚信行为
基本信息公告期	长期公开
优良信用公告期	一般为 3 年
不良记录公告期	6 个月至 3 年（整改有效可缩短，但不得少于 3 个月）
范围	全国公布，公布期限应相同； 不得泄露国家秘密、商业秘密和个人隐私； 不得涉及国家安全、公共安全、经济安全和社会稳定

续表

项目	建筑市场诚信行为
变更	行政处理决定在被行政复议或行政诉讼期间，公告部门依法<u>不停止</u>对违法行为记录的公告，但行政处理决定被依法停止执行的除外

2.【2021年改】关于建筑市场各方主体信用信息公开期限的说法，正确的是（　　）。

A. 建筑市场各方主体的基本信息永久公开

B. 建筑市场各方主体的优良信用信息公布期限一般为6个月

C. 对整改确有实效的，经批准，可缩短其不良行为记录信息公布期限为1个月

D. 不良信用信息公开期限一般为6个月至3年，不得低于相关行政处罚期限

【解析】选项A错误，建筑市场各方主体的基本信息"长期"公开。

选项B错误，优良信用信息公布期限一般为"3年"。

选项C错误，对整改确有实效的，经批准，可缩短其不良行为记录信息公布期限，但公布期限最短不得少于3个月。

3.【2016年】关于建筑市场行为公布的说法，正确的是（　　）。

A. 行政处理决定的被行政复议或者行政诉讼期间，公告部门应当停止对违法行为记录的公告

B. 招标投标违法行为记录公告涉及国家秘密、商业秘密和个人隐私的记录一律不得公开

C. 原行政处理决定被依法变更或撤销的，公告部门应当及时对公告记录予以变更或撤销，无须在公告平台上予以声明

D. 企业整改经审核确有实效的，可以缩短其不良行为记录信息公布期限，但公布期限最短不得少于3个月

【解析】选项A错误，行政处理决定在被行政复议或行政诉讼期间，公告部门依法不停止对违法行为记录的公告，但行政处理决定被依法停止执行的除外。

选项B错误，招标投标违法行为记录公告不得公开涉及国家秘密、商业秘密、个人隐私的记录，但是经权利人同意公开或者行政机关认为不公开可能对公共利益造成重大影响的涉及商业秘密、个人隐私的违法行为记录，可以公开。

选项C错误，原行政处理决定被依法变更或撤销的，公告部门应当及时对公告记录予以变更或撤销，并在公告平台上予以声明。

4.【2022年补考】关于建筑市场诚信行为信息公告变更的说法，正确的是（　　）。

A. 行政处罚决定变更后，信息公告内容并不必然变更

B. 信息公告内容如果有误，由被公告单位自行变更

C. 应当根据被公告单位对不良行为的整改情况调整其信息公布期限

D. 被公告单位要求变更公告内容，应当由发布信息的单位提供证据

第二章 建筑市场主体制度

考点三 "黑名单" ★★★★★

拖欠农民工工资	(1) 克扣、无故拖欠农民工工资达到认定拒不支付劳动报酬罪数额标准的。 (2) 因拖欠农民工工资违法行为引发群体性事件、极端事件造成严重不良社会影响的
建筑市场主体"黑名单"	(1) 利用虚假材料、以欺骗手段取得企业资质的。 (2) 发生转包、出借资质，受到行政处罚的。（没有违法分包） (3) 发生重大及以上工程质量安全事故，受到行政处罚的。 (4) 1年内累计发生2次及以上较大工程质量安全事故，受到行政处罚的。 (5) 发生性质恶劣、危害性严重、社会影响大的较大工程质量安全事故，受到行政处罚的。 (6) 经法院判决或仲裁机构裁决，认定为拖欠工程款，且拒不履行生效法律文书的义务

5.【2023年】 根据《建筑市场信用管理暂行办法》，建筑市场各方主体存在的下列情形中，应当被列入建筑市场主体"黑名单"的有（　　）。

A. 利用虚假材料取得企业资质的
B. 出借资质，受到行政处罚的
C. 发生工程质量安全事故的
D. 因转包受到行政处罚的
E. 经人民法院判决认定为拖欠工程款，且拒不履行生效法律文书确定的义务的

【解析】《建筑市场信用管理暂行办法》规定，县级以上住房城乡建设主管部门按照"谁处罚、谁列入"的原则，将存在下列情形的建筑市场各方主体，列入建筑市场主体"黑名单"：
(1) 利用虚假材料、以欺骗手段取得企业资质的。
(2) 发生转包、出借资质，受到行政处罚的。
(3) 发生重大及以上工程质量安全事故，或1年内累计发生2次及以上较大工程质量安全事故，或发生性质恶劣、危害性严重、社会影响大的较大工程质量安全事故，受到行政处罚的。
(4) 经法院判决或仲裁机构裁决，认定为拖欠工程款，且拒不履行生效法律文书确定的义务的。

6.【2022年】 国务院严格依法依规推动社会信用体系建设，依法依规严格规范信用信息采集共享公开范围，下列行为会进入建筑市场"黑名单"的是（　　）。

A. 经仲裁或诉讼结果公布的，拖欠农民工工资的企业
B. 承包单位将其承包的工程转包或违法分包受到行政处罚的
C. 允许其他单位或个人以单位名义承揽工程受到行政处罚的
D. 在生产期间发生过两起较大的安全事故

【解析】选项A错误，经法院判决或仲裁机构裁决，认定为拖欠工程款，且拒不履行生效法律文书确定的义务的。

选项B错误，发生转包、出借资质，受到行政处罚的，没有违法分包。

选项D错误，发生重大及以上工程质量安全事故，或1年内累计发生2次及以上较大工程质量安全事故，或发生性质恶劣、危害性严重、社会影响大的较大工程质量安全事故，受到行政处罚的。

考点四 建筑市场施工单位不良行为记录认定标准★★★★

资质不良	无资质、超越资质、骗取资质、到期未办理资质变更、伪造、出借、转让资质证书；允许其他单位或个人以本单位名义承揽工程的（借出资质）
承揽业务不良	串通投标、行贿中标、骗取中标的，转包或违法分包的；不按合同履行义务，情节严重的；以他人名义投标，骗取中标的（借入资质）
质量不良	使用不合格材料和设备的、不按设计或标准施工、不出保修书、不保修、拖延保修等
安全不良	生产条件、发生事故、安全费用投入、委托不具有资质的单位承担施工现场安装、拆卸施工起重机械等自升式架设设施的

7.【2023年】 下列行为中，属于工程质量不良行为的是（　　）。

A. 使用国家明令淘汰、禁止使用的危及施工安全的工艺、设备、材料的

B. 在尚未竣工的建筑物内设置员工集体宿舍的

C. 对建筑安全事故隐患不采取措施予以消除的

D. 未对涉及结构安全的试块取样检测的

【解析】选项A、B、C属于工程安全不良行为。

8.【2017年】 根据《全国建筑市场各方主体不良行为记录认定标准》，关于施工企业不良行为记录的说法，正确的是（　　）。

A. 超越本单位资质承揽工程的行为属于承揽业务不良行为

B. 工程竣工验收后，不向建设单位出具质量保证书的行为属于工程安全不良行为

C. 委托不具有相应资质的单位承担施工现场拆卸施工起重机械的行为属于资质不良行为

D. 将承包的工程转包或违法分包的行为属于承揽业务不良行为

【解析】选项A属于资质不良。选项B属于工程质量不良。选项C属于工程安全不良。

9.【2024年】 下列不良行为记录中，属于施工企业资质不良行为的有（　　）。

A. 未取得资质证书承揽工程的

B. 以欺骗手段取得资质证书承揽工程的

C. 以他人名义投标或者以其他方式弄虚作假，骗取中标的

D. 不按照与中标人订立的合同履行义务，情节严重的

E. 将承包的工程转包或者违法分包的

【解析】选项C、D、E属于承揽业务不良。

【本节答案】

题号	1	2	3	4	5	6	7	8	9
答案	C	D	D	C	ABDE	C	D	D	AB

第五节 营商环境制度

考 情 分 析

要点	2024 年
（1）营商环境优化	
（2）中小企业款项支付保障	1
分值合计	1

考点一 营商环境优化★★★

1. 根据《优化营商环境条例》，加强法治保障，关于制定与市场主体生产经营活动密切相关的行政法规、规章、行政规范性文件，说法正确的是（　　）。

A. 应当充分采纳市场主体、行业协会商会的意见

B. 应当通过报纸、网络等向社会公开征求意见

C. 意见采纳情况严格保密

D. 向社会公开征求意见的期限一般不少于 30 日

【解析】选项 A 错误，制定与市场主体生产经营活动密切相关的行政法规、规章、行政规范性文件，应当按照国务院的规定，充分"听取"市场主体、行业协会商会的意见，而不是"采纳"。

选项 B、C 错误，除依法需要保密外，制定与市场主体生产经营活动密切相关的行政法规、规章行政规范性文件，应当通过报纸、网络等向社会公开征求意见，并建立健全意见采纳情况反馈机制。

选项 D 正确，向社会公开征求意见的期限一般不少于 30 日。

2.【2023 年】 根据《优化营商环境条例》，关于工程建设项目审批事项行政许可的说法，正确的是（　　）。

A. 通过事中、事后监管能够解决的事项，一律不得设立行政许可

B. 可以以年检、年报的形式设定或者实施行政许可

C. 对相关管理事项尚未制定法律、行政法规的，地方不得就该事项设定行政许可

D. 已经取消的行政许可，可以转由行业协会组织实施

【解析】选项 B 错误，不得以年检、年报的形式设定或者实施行政许可。

选项 C 错误，对相关管理事项尚未制定法律、行政法规的，地方可以依法就该事项设定行政许可。

选项 D 错误，对已取消的行政许可，行政机关不得继续实施或者变相实施，不得转由行业协会、商会或者其他组织实施。

考点二 工程项目招投标领域营商环境专项整治工作方案★★★★

3. 根据《工程项目招投标领域营商环境专项整治工作方案》的规定，下列属于招投标中的限制和壁垒的有（   ）。

  A. 要求投标人在本地注册设立子公司、分公司，在本地缴纳社会保险
  B. 要求投标人必须提供原件，不接受复印件
  C. 在开标环节要求投标人的法定代表人必须到场
  D. 采用抽签、摇号等方式直接确定中标候选人
  E. 对不同的所有制投标人采取相同的资格审查标准

【解析】选项 E 属于合法，不属于限制和壁垒。

4.【2024 年二级】根据《工程项目招投标领域营商环境专项整治工作方案》，属于重点整治问题的是（   ）。

  A. 设置企业资产总额、净资产规模、营业收入、授信额度等财务指标
  B. 违法限定潜在投标人或者投标人的所有制形式或者组织形式
  C. 将资质资格作为投标条件、加分条件、中标条件
  D. 在开标环节要求投标人的法定代表人或者经授权委托的投标人代表到场

考点三 中小企业款项支付条例★★★★

5. 根据《保障中小企业款项支付条例》的规定，说法正确的是（   ）。

  A. 机关、事业单位从中小企业采购货物的，自货物交付之日起 6 个月内支付款项
  B. 合同约定采取履行进度结算方式的，付款期限应当自验收合格之日起算
  C. 机关、事业单位与中小企业约定以货物交付后验收合格作为支付中小企业款项条件的，付款期限应当自检验或者验收合格之日起算
  D. 机关、事业单位和大型企业拖延检验或者验收的，付款期限自工程通过竣工验收之日起算

【解析】选项 A 错误，机关、事业单位从中小企业采购货物、工程、服务，应当自货物、工程、服务交付之日起"30 日内"支付款项；合同另有约定的，付款期限"最长不得超过 60 日"。

选项 B 错误，合同约定采取履行进度结算、定期结算等结算方式的，付款期限应当自"双方确认结算金额之日"起算。

选项 D 错误，机关、事业单位和大型企业拖延检验或者验收的，付款期限"自约定的检验或者验收期限届满之日"起算。

6.【2024 年】根据保障中小企业款项支付案例,机关、事业单位从中小企业采购货物、工程、服务,应当自(   )之日起 30 日内支付款项。

A. 货物、工程、服务交付 B. 采购合同生效
C. 保修期满 D. 双方确认结算金额

7.【2023 年】根据《国务院办公厅关于清理规范工程建设领域保证金的通知》,工程建设项目中可以设立的保证金有(   )。

A. 投标保证金 B. 履约保证金
C. 工程质量保证金 D. 农民工工资保证金
E. 信用保证金

【解析】《国务院办公厅关于清理规范工程建设领域保证金的通知》(国办发〔2016〕49 号)规定,对建筑业企业在工程建设中需缴纳的保证金,除依法依规设立的<u>投标保证金</u>、<u>履约保证金</u>、<u>工程质量保证金</u>、<u>农民工工资保证金</u>外,其他保证金一律取消。

【本节答案】

题号	1	2	3	4	5	6	7
答案	D	A	ABCD	B	C	A	ABCD

第三章 建设工程许可法律制度

第一节 建设工程规划许可

考情分析

要点	2024 年
（1）规划许可证的申请	3
（2）规划许可证的变更	
分值合计	3

考点一 规划许可证的申请★★★★

领证主体		建设单位或个人	
提交材料		（1）使用土地的有关证明文件。 （2）建设工程设计方案。 （3）需要编制修建性详细规划的项目，还应当提交修建性详细规划	
核发		城乡规划主管部门不得在城乡规划确定的建设用地范围以外作出规划许可	
	城镇规划区	市、县政府城乡规划主管部门或者省级政府确定的镇人民政府	建设工程规划许可证
	乡村规划区	乡镇政府报市、县政府城乡规划主管部门	乡村建设规划许可证
		建设单位或者个人在取得乡村建设规划许可证后，方可办理用地审批手续	
	临时建设	由市、县政府城乡规划主管部门批准	
		影响近期建设规划或控制性详细规划的实施以及交通、市容、安全等的，不得批准	

第三章 建设工程许可法律制度

1. 在城市规划区内，可以核发建设工程规划许可证的有（　　）。
A. 市县规划主管部门
B. 市县国土主管部门
C. 市县建设行政主管部门
D. 省政府确定的镇人民政府
E. 省级人大常委会

【解析】由市、县人民政府城乡规划主管部门或省级政府确定的镇人民政府核发建设工程规划许可证。

2.【2024年二级】需要建设单位编制修建性详细规划的建设项目申请办理建设工程规划许可证，应当提交的材料有（　　）。
A. 使用土地的有关证明文件
B. 建设工程设计方案
C. 修建性详细规划
D. 控制性详细规划
E. 建设工程施工图设计文件

3.【2024年】关于乡村建设规划许可证的说法，正确的是（　　）。
A. 在村庄规划区内进行公益事业建设，申请乡村建设规划许可证的可以是个人
B. 在村庄规划区内进行乡镇企业建设，不必申请乡村建设规划许可证
C. 在乡规划区内使用原有宅基地进行农村村民住宅建设的，统一由城市、县人民政府核发乡村建设规划许可证
D. 在乡规划区内占用农用地进行乡村公共设施建设，直接核发乡村建设规划许可证

【解析】选项B错误，在乡、村庄规划区内进行乡镇企业、乡村公共设施和公益事业建设的，建设单位或者个人应当向乡、镇人民政府提出申请，由乡、镇人民政府报城市、县人民政府城乡规划主管部门核发乡村建设规划许可证。

选项C错误，在乡、村庄规划区内使用原有宅基地进行农村村民住宅建设的规划管理办法，由省、自治区、直辖市制定。

选项D错误，在乡、村庄规划区内进行乡镇企业、乡村公共设施和公益事业建设，以及农村村民住宅建设，不得占用农用地。确需占用农用地的，应当依照《土地管理法》有关规定办理农用地转用审批手续后，由城市、县人民政府城乡规划主管部门核发乡村建设规划许可证。

4. 根据《城乡规划法》，关于建设工程规划许可证的说法，正确的有（　　）。
A. 在城市、镇规划区内进行工程建设的，建设单位或者个人应当向规划行政主管部门申请办理建设工程规划许可证
B. 申请办理建设工程规划许可证，应当提交使用土地的有关证明文件、建设工程设计方案、修建性详细规划等材料
C. 对符合控制性详细规划和规划条件的，由规划行政主管部门核发建设工程规划许可证

D. 规划行政主管部门应当依法将经审定的修建性详细规划、建设工程设计方案的总平面图予以公布

E. 城乡规划主管部门不得在城乡规划确定的建设用地范围以外作出规划许可

【解析】选项 B 错误，依据《城乡规划法》第四十条规定，申请办理建设工程规划许可证，应当提交使用土地的有关证明文件、建设工程设计方案等材料。需要建设单位编制修建性详细规划的建设项目，还应当提交修建性详细规划。

5. 根据《城乡规划法》，关于乡村建设规划许可证的说法，正确的有（　　）。

A. 在乡、村庄规划区内进行建设的，建设单位或者个人应当提出申请，由规划行政主管部门核发乡村建设规划许可证

B. 在乡、村庄规划区内进行乡镇企业、乡村公共设施和公益事业建设以及农村村民住宅建设，不得占用农用地

C. 在乡、村庄规划区内，确需占用农用地进行建设的，应当依法办理农用地转用审批手续后，核发乡村建设规划许可证

D. 在乡、村庄规划区内使用原有宅基地进行农村村民住宅建设的，无须申请工程建设规划许可证

E. 建设单位或者个人在办理用地审批手续后，方可取得乡村建设规划许可证

【解析】选项 D 错误，在乡、村庄规划区内使用原有宅基地进行农村村民住宅建设的规划管理办法，由省、自治区、直辖市制定。即应当取得工程建设规划许可证。

选项 E 错误，应当取得乡村建设规划许可证后，方可办理用地审批手续。

考点二　规划条件的变更★★★

变更申请	建设单位向市、县政府城乡规划主管部门申请变更
不得批准	变更内容不符合控制性详细规划的
通报和公示	城乡规划主管部门应当及时将变更后的规划条件通报同级土地主管部门并公示
变更备案	建设单位应当及时将依法变更后的规划条件报有关人民政府土地主管部门备案
验收	未经核实或者经核实不符合规划条件的，建设单位不得组织竣工验收
	竣工验收后 6 个月内向城乡规划主管部门报送有关竣工验收资料
修改	经依法审定的修建性详细规划、建设工程设计方案的总平面图不得随意修改，确需修改的，城乡规划主管部门应当采取听证会等形式，听取利害关系人的意见

6. 建设单位应当及时将依法变更后的规划条件报有关人民政府（　　）备案。

A. 投资主管部门　　　　　　　　B. 生态环境部门
C. 土地主管部门　　　　　　　　D. 住房城乡建设主管部门

【解析】建设单位应当及时将依法变更后的规划条件报有关人民政府土地主管部门备案。

7. 建设单位应当在竣工验收后（　　）内向城乡规划主管部门报送有关竣工验收的资料。

　　A. 15 天　　　　　　　B. 30 天　　　　　　　C. 3 个月　　　　　　　D. 6 个月

【解析】建设单位应当在竣工验收后 6 个月内向城乡规划主管部门报送有关竣工验收资料。

8.【2024 年二级】某大学在建新校区因情况变化涉及规划变更。关于该新校区规划变更的说法，正确的有（　　）。

　　A. 该大学应当向城乡规划主管部门提出变更申请

　　B. 变更内容不符合控制性详细规划的，城乡规划主管部门不得批准

　　C. 该大学应当及时将依法变更后的规划条件报有关人民政府土地主管部门备案

　　D. 该大学应当组织听证会，听取利害关系人对规划变更的意见

　　E. 城乡规划主管部门应当及时将依法变更后的规划条件报告上一级土地主管部门并公示

【解析】选项 A 正确，建设单位应当按照规划条件进行建设，确需变更的，必须向城市、县人民政府城乡规划主管部门提出申请。

选项 B 正确，变更内容不符合控制性详细规划的，城乡规划主管部门不得批准。

选项 E 错误，城市、县人民政府城乡规划主管部门应当及时将依法变更后的规划条件通报同级土地主管部门并公示。

选项 C 正确，建设单位应当及时将依法变更后的规划条件报有关人民政府土地主管部门备案。

选项 D 错误，《城乡规划法》第五十条规定，经依法审定的修建性详细规划、建设工程设计方案的总平面图不得随意修改，确需修改的，城乡规划主管部门应当采取听证会等形式，听取利害关系人的意见。

9.【2024 年】根据《城乡规划法》，关于规划条件的说法，正确的有（　　）。

　　A. 变更规划条件必须向城市、县人民政府城乡规划主管部门提出申请

　　B. 规划条件的变更内容不符合控制性详细规划的，城乡规划主管部门不得批准

　　C. 县级以上地方人民政府城乡规划主管部门对建设工程是否符合规划条件予以核实

　　D. 经城乡规划主管部门核实不符合规划条件的，建设单位不得组织竣工验收

　　E. 建设单位应当参照规划条件进行建设

【解析】选项 E 错误，建设单位应当按照规划条件进行建设。

10.【2024 年二级】根据《城乡规划法》，关于规划验收的说法，正确的是（　　）。

　　A. 建设工程是否符合规划条件，应当由县级人民政府城乡规划主管部门按规定予以核实

　　B. 经核实不符合规划条件的建设工程，建设单位获得有关人民政府土地主管部门批准后可以组织竣工验收

C. 规划条件未经核实的建设工程，建设单位不得组织竣工验收

D. 施工单位应当在竣工验收后向城乡规划主管部门报送有关竣工验收资料

【解析】选项 A 错误，"县级以上"地方人民政府城乡规划主管部门按照国务院规定对建设工程是否符合规划条件予以核实。

选项 B 错误，选项 C 正确，未经核实或者经核实不符合规划条件的，建设单位不得组织竣工验收。

选项 D 错误，"建设单位"应当在竣工验收后 6 个月内向城乡规划主管部门报送有关竣工验收资料。

【本节答案】

题号	1	2	3	4	5	6	7	8	9	10
答案	AD	ABC	A	ACDE	ABC	C	D	ABC	ABCD	C

第二节 建设工程施工许可

考情分析

要点	2024 年	2023 年	2022 年
（1）施工许可证和开工报告的适用范围			
（2）施工许可证的申请	1	2	3
（3）延期开工、核验和重新办理	1		
分值合计	2	2	3

考点一 施工许可证和开工报告的适用范围 ★★★★

谁申请	建设单位在开工前，向工程所在地的县级以上住房城乡建设主管部门申请
适用范围	（1）从事各类房屋建筑及其附属设施的建造。 （2）装修装饰和与其配套的线路、管道、设备的安装。 （3）城镇市政基础设施工程的施工。 （4）工程总承包项目及政府采购工程项目，符合条件的应当颁发施工许可证

续表

不需要申请施工许可证	作为文物保护的纪念建筑物和古建筑的修缮	
	军用房屋建筑工程	国务院、中央军事委员会依据《建筑法》制定
	限额以下的小型工程	（1）投资额30万元以下或建筑面积300m²以下。（2）根据需要，省住房城乡建设厅可以对限额进行调整，并报住房城乡建设部备案
	抢险救灾	
	临时性房屋建筑	不适用《建筑法》
	农民自建低层住宅	
	批准开工报告的建筑工程	—

1.【2020年二级】关于施工许可证适用范围的说法，正确的是（　　）。

A. 实行开工报告批准制度的建设工程，不再领取施工许可证

B. 工程投资额在50万元以下的建筑工程，可以不申请办理施工许可证

C. 房屋建筑配套的线路、管道、设备的安装工程，无须申请办理施工许可证

D. 建筑面积超过300m²的临时性房屋建筑需办理施工许可证

【解析】选项B错误，工程投资额在30万元以下或者建筑面积在300m²以下的建筑工程，可以不申请办理施工许可证。

选项C错误，房屋建筑配套的线路、管道、设备的安装工程，应当按照规定申请办理施工许可证。

选项D错误，抢险救灾及其他临时性房屋建筑和农民自建低层住宅的建筑活动，不适用《建筑法》，无须申请办理施工许可证。

2.【2022年补考】根据《建筑工程施工许可管理办法》，下列建设工程中，需要办理施工许可证的有（　　）。

A. 工程投资额为50万元的建筑工程　　B. 抢险救灾工程

C. 建筑面积为500m²的建筑工程　　D. 农民自建低层住宅

E. 按照国务院规定的权限和程序批准开工报告的建筑工程

【解析】不需要办理施工许可证和开工报告的情形：（1）作为文物保护的纪念建筑物和古建筑等的修缮；（2）军用房屋建筑工程建筑活动；（3）限额以下的小型工程（工程投资额在30万元以下或者建筑面积在300m²以下的建筑工程，可以不申请办理施工许可证）；（4）抢险救灾及其他临时性房屋建筑和农民自建低层住宅的建筑活动。

3.【2021 年改】根据相关规定，下列需要办理施工许可证的建设工程有（　　）。

A. 古建筑的修缮

B. 按照国务院规定的权限和程序批准开工报告的建筑工程

C. 建筑面积为 500m² 的建筑工程

D. 抢险救灾及其他临时性房屋建筑

E. 依法通过竞争性谈判确定供应商的建筑面积为 1000m² 的政府采购工程建设项目

【解析】选项 A 错误，作为文物保护的纪念建筑物和古建筑等的修缮。

选项 B 错误，批准开工报告的项目不需要重复办理施工许可证。

选项 D 错误，抢险救灾及其他临时性房屋建筑和农民自建低层住宅的建筑活动，不需要办理施工许可证。

4. 下列工程项目中，开工前需要申请办理施工许可证的是（　　）。

A. 抢险救灾工程

B. 作为文物保护的纪念建筑物和古建筑的修缮

C. 投资额在 30 万元以上的建筑工程

D. 临时性房屋建筑工程

【解析】不需要办理施工许可证和开工报告的情形：（1）作为文物保护的纪念建筑物和古建筑等的修缮；（2）军用房屋建筑工程建筑活动；（3）限额以下的小型工程（工程投资额在 30 万元以下或者建筑面积在 300m² 以下的建筑工程，可以不申请办理施工许可证）；（4）抢险救灾及其他临时性房屋建筑和农民自建低层住宅的建筑活动。

考点二　申请领取施工许可证应当具备的条件★★★

5.【2023 年】申请领取施工许可证，应当具备的条件有（　　）。

A. 已经办理该建筑工程用地批准手续

B. 需要征收房屋的，其进度符合施工要求

C. 已经确定建筑施工企业

D. 已经委托监理

E. 有保证工程质量和安全的具体措施

【解析】《建筑法》规定，申请领取施工许可证，应当具备下列条件：

（1）已经办理该建筑工程用地批准手续。

（2）依法应当办理建设工程规划许可证的，已经取得建设工程规划许可证。

（3）需要拆迁的，其拆迁进度符合施工要求。

（4）已经确定建筑施工企业。

（5）有满足施工需要的资金安排、施工图纸及技术资料。

（6）有保证工程质量和安全的具体措施。

第三章 建设工程许可法律制度

考点三 延期开工、核验和重新办理 ★★★★

	开工报告	施工许可证
开工期限	获批后 6 个月内开工	领证后 3 个月内开工
不能按期开工	报告	申请延期
延期	不予延期	可申请延期 2 次，每次不得超过 3 个月
停工	停工要报告	停工后，1 个月内向发证机关报告
复工	复工也要报告，但无须再核验	少于 1 年的，报告后可立即复工 超过 1 年的，报告后需核验复工
重新申请	不能按期开工超过 6 个月的	核验不合格，收回许可证，不允许复工，待条件符合后，重新申请

6. 【2022 年补考】 建设单位领取施工许可证后，因故不能按期开工又不申请延期或者超过延期时限的，关于后果的说法，正确的是（　　）。

A. 施工许可证需要重新核验　　　B. 须报告发证机关并交回施工许可证
C. 施工许可证仍有效　　　　　　D. 施工许可证自行废止

【解析】《建筑法》规定，建设单位应当自领取施工许可证之日起 3 个月内开工。因故不能按期开工的，应当向发证机关申请延期；延期以两次为限，每次不超过 3 个月。既不开工又不申请延期或者超过延期时限的，施工许可证自行废止。

7. 【2020 年二级】 某建设项目于 6 月 7 日领取施工许可证，开工后因地震导致该工程在次年 3 月 23 日中止施工，建设单位应当向发证机关报告中止施工的最迟期限是次年（　　）。

A. 3 月 28 日　　　B. 4 月 7 日　　　C. 4 月 23 日　　　D. 6 月 23 日

【解析】《建筑法》规定，在建的建筑工程因故中止施工的，建设单位应当自中止施工之日起 1 个月内，向发证机关报告，并按照规定做好建筑工程的维护管理工作。

8. 【2019 年】 关于核验施工许可证的说法，正确的是（　　）。

A. 中止施工经核验符合条件期间，由建设单位做好建设工程的维护管理工作
B. 在建的建筑工程因故中止施工的，施工企业应当自中止之日起 3 个月内报发证机关核验
C. 中止施工满 6 个月的，在建筑工程恢复施工前，应当报发证机关核验施工许可证
D. 经核验不符合条件的，不允许其恢复施工，待条件具备后再申请核验

【解析】《建筑法》规定，在建的建筑工程因故中止施工的，建设单位应当自中止施工之日起 1 个月内，向发证机关报告，并按照规定做好建筑工程的维护管理工作。建筑工程恢复施工时，应当向发证机关报告；中止施工满 1 年的工程恢复施工前，建设单位应当报发证机关核验施工许可证。

9.【2018年改】 2024年1月15日,某建设单位为其工程领取了施工许可证,因未能按期开工,建设单位于2024年3月10日、5月10日两次向发证机关报告了工程准备的进展情况,直到2024年7月1日才开工建设。关于该工程施工许可证的说法,正确的有( )。

A. 该工程施工许可证自行废止

B. 延期开工未超过6个月,施工许可证继续有效

C. 应当在2024年4月15日前申请延期

D. 不能按时开工,应当在1个月内报告

E. 2024年7月1日开工之前,需要重新申领施工许可证

【解析】《建筑法》规定,建设单位应当自领取施工许可证之日起3个月内开工。因故不能按期开工的,应当向发证机关申请延期;延期以两次为限,每次不超过3个月。既不开工又不申请延期或者超过延期时限的,施工许可证自行废止。

10.【2024】 关于建筑工程中止施工的说法,正确的是( )。

A. 中止施工满1年的工程恢复施工前,建设单位应当报发证机关核验施工许可证

B. 在建的建筑工程因故中止施工的,建设单位应当自中止施工之日起3个月内,向发证机关报告

C. 施工企业应当按照规定做好建筑工程的维护管理工作

D. 建筑工程恢复施工时,应当经发证机关批准

【解析】选项B错误,建设单位应当自中止施工之日起1个月内,向发证机关报告。

选项C错误,建筑工程中止施工的,建设单位应当按照规定做好建筑工程的维护管理工作。

选项D错误,建筑工程恢复施工时,应当向发证机关报告。

【本节答案】

题号	1	2	3	4	5	6	7	8	9	10
答案	A	AC	CE	C	ABCE	D	C	A	ACE	A

第四章 建设工程发承包法律制度

第一节 建设工程发承包的一般规定

考情分析

要点	2024 年	2023 年	2022 年
（1）工程总承包的规定		2	1
（2）建设工程分包、转包和挂靠	1	1	1
分值合计	1	3	2

考点一 工程总承包的规定 ★★★★

规定	发包单位可以将工程的勘察、设计、施工、设备采购一并发包给一个工程总承包单位，也可以将工程勘察、设计、施工、设备采购的一项或多项发包给一个工程总承包单位
资质	同时具有与工程规模相适应的<u>工程设计资质和施工资质</u>，或者具有相应资质的设计单位和施工单位组成联合体
限制	工程总承包单位<u>不得</u>是工程总承包项目的<u>代建单位、项目管理单位、监理单位、造价咨询单位、招标代理单位</u>
	政府投资项目的项目建议书、可行性研究报告、初步设计文件编制单位及其评估单位，<u>一般不得成为该项目的工程总承包单位</u>
直取资质	鼓励设计单位申请取得施工资质，已取得<u>工程设计综合资质、行业甲级资质、建筑工程专业甲级资质</u>的单位，可以直接申请相应类别施工总承包一级资质
	鼓励施工单位申请取得工程设计资质，具有<u>一级及以上</u>施工总承包资质的单位可以直接申请相应类别的<u>工程设计甲级资质</u>

1.【2023 年】 下列单位中，可以担任政府投资项目工程总承包单位的是（　　）。

A. 初步设计文件已经公开的该项目的设计文件编制单位

B. 该项目的代建单位

C. 该项目的项目管理单位

D. 该项目的造价咨询单位

【解析】工程总承包单位不得是工程总承包项目的代建单位、项目管理单位、监理单位、造价咨询单位、招标代理单位。

2.【2021 年二级】 根据《房屋建筑和市政基础设施项目工程总承包管理办法》，关于工程总承包单位的说法，正确的有（　　）。

A. 工程总承包单位应当同时具有与工程规模相适应的工程设计资质和施工资质

B. 工程总承包单位可以由具有相应资质的设计单位和施工企业组成联合体

C. 工程总承包单位应当具有相应的项目管理体系和项目管理能力、财务和风险承担能力

D. 工程总承包单位应当具有与发包工程相类似的设计、施工或工程总承包业绩

E. 工程总承包单位可以是工程总承包项目的代建单位或者造价咨询单位

【解析】工程总承包单位应当具有相应的项目管理体系和项目管理能力、财务和风险承担能力，以及与发包工程相类似的设计、施工或者工程总承包业绩。工程总承包单位不得是工程总承包项目的代建单位、项目管理单位、监理单位、造价咨询单位、招标代理单位。

3.【2021 年二级】 已经取得下列资质的设计单位，可以直接申请相应类别施工总承包一级资质的有（　　）。

A. 工程设计综合资质

B. 行业乙级资质

C. 行业甲级资质

D. 建筑工程行业乙级资质

E. 建筑工程专业甲级资质

【解析】鼓励设计单位申请取得施工资质，已取得工程设计综合资质、行业甲级资质、建筑工程专业甲级资质的单位，可以直接申请相应类别施工总承包一级资质。

4【2024 年】 关于工程总承包的说法，正确的是（　　）。

A. 工程总承包单位不得是工程总承包项目的代建单位

B. 建设内容不明确，技术方案不成熟的项目，适宜采用工程总承包的方式

C. 工程总包单位只能由同时具有与工程规模相适应的工程设计资质和施工资质的单位承担

D. 工程总承包单位不得采用直接发包的方式进行分包

【解析】选项 B 错误，《建筑法》规定，提倡对建筑工程实行总承包。建设内容明确、技术方案成熟的项目，适宜采用工程总承包方式。

选项 C 错误，工程总承包单位应当同时具有与工程规模相适应的工程设计资质和施工资质，或者由具有相应资质的设计单位和施工单位组成联合体。

选项 D 错误，工程总承包单位可以采用直接发包的方式进行分包。

5.【2022年补考】关于施工合同约定建筑材料由施工企业采购的说法，正确的是（　　）。

A. 建设单位不得指定供应商

B. 施工企业应当通过招标方式确认采购供应商

C. 建设单位、施工企业应当共同与供应商订立合同

D. 建设单位不得对建筑材料的技术指标提出要求

【解析】选项 B 错误，"应当"应为"可以"。

选项 C 错误，应为施工企业与供应商订立合同。

选项 D 错误，建设单位应当按照国家有关标准和规定，对建筑材料的技术指标提出要求。要求不得违反法律、法规的规定。

6.【2023年】下列情形中，属于违法发包的有（　　）。

A. 建设单位将工程发包给个人

B. 建设单位将工程发包给不具有相应资质单位的

C. 建设单位将建筑工程的设计、采购、施工一并发包给一个工程总承包单位的

D. 依法应当招标未招标的

E. 建设单位将一个单位工程的施工分解成若干部分发包给不同的专业承包单位的

【解析】存在下列情形之一的，属于违法发包：（1）建设单位将工程发包给个人的；（2）建设单位将工程发包给不具有相应资质的单位的；（3）依法应当招标未招标或未按照法定招标程序发包的；（4）建设单位设置不合理的招标投标条件，限制、排斥潜在投标人或者投标人的；（5）建设单位将一个单位工程的施工分解成若干部分发包给不同的施工总承包或专业承包单位的。

7.【2022年】关于工程总承包项目发承包的说法，正确的是（　　）。

A. 工程总承包单位为联合体的，联合体各方应当就合同履行过程中的过错承担按份责任

B. 建设单位应当将建筑工程的勘察、设计、施工、设备采购一并发包给一个工程总承包单位

C. 设计单位可以在订立工程承包合同后与施工企业组成联合体

D. 政府投资项目的招标人公开已经完成的项目建议书、可行性研究报告的，其编制单位可以参与该工程总承包项目的投标

【解析】选项 A 错误，应承担连带责任。

选项 B 错误，"应当"应为"可以"。

选项 C 错误，联合体在资格预审之前就已组成。

考点二 建设工程联合共同承包 ★★

8.【2020年二级】关于建设工程联合共同承包的说法，正确的有（　　）。
A. 对于中小型或者结构不复杂的工程，无须采用联合共同承包方式
B. 两个以上不同资质等级的单位实行联合共同承包的，可以按照资质等级高的单位的业务许可范围承揽工程
C. 两个以上具备承包资格的单位共同组成的联合体不具有法人资格
D. 联合共同承包的各方应当与建设单位分别订立合同
E. 联合共同承包的各方对承包合同的行为承担连带责任

【解析】选项A正确，"<u>大型</u>"或"<u>结构复杂</u>"工程，可以接受联合体投标。

选项B错误，两个以上不同资质等级的单位实行联合共同承包的，应当按照资质等级"<u>低</u>"的单位的业务许可范围承揽工程。

选项D错误，联合共同承包的各方应当与建设单位"<u>共同</u>"订立合同。

考点三 建设工程分包、转包和挂靠 ★★★★

9.【2016年】关于施工企业分包工程的说法，正确的有（　　）。
A. 在总承包合同中规定分包的内容
B. 由建设单位指定分包，分包人与总承包单位签约
C. 由建设单位推荐分包人
D. 劳务分包合同，也应由建设单位确认
E. 总承包合同没有规定分包内容时，事先征得建设单位同意

【解析】选项B错误，建设单位不得指定分包。

选项C错误，建设单位不得主动推荐分包人。

选项D错误，<u>劳务分包无须经建设单位同意</u>。

10.【2019年】关于工程分包的说法，正确的是（　　）。
A. 分包单位应当具有相应的资质条件
B. 中标人可以将中标项目肢解后分别向他人分包
C. 专业分包工程可以再次分包
D. 分包单位就分包工程承担按份责任

【解析】选项B属于转包。

选项C属于违法分包。

选项D错误，分包单位就分包工程按照合同约定向<u>总包单位负责，依照法律规定，总包单位和分包单位就分包工程向建设单位承担连带责任</u>。

第四章 建设工程发承包法律制度

11.【2019 年】 施工企业征得建设单位同意后,将部分非主体工程分包给具有相应资质条件的分包单位,关于该工程分包行为的说法,正确的是( )。

A. 分包合同因指定分包而无效
B. 分包单位应当按照分包合同的约定,对施工企业负责
C. 建设单位必须另行为分包工程办理施工许可证
D. 施工企业必须将分包合同报上级主管部门批准备案

【解析】选项 A 属于合法分包,合同有效。
选项 C 施工许可证是批准给整个建设项目的许可手续,不需要为分包工程办理。
选项 D 错误,只需要建设单位认可,不需要报上级主管部门批准备案。

12.【2022 年】 根据《建筑工程施工发包与承包违法行为认定查处管理办法》,下列情形中,属于转包的是( )。

A. 有资质的施工企业相互借用资质承揽工程的
B. 母公司承接建筑工程后将所承接工程交由其子公司施工的
C. 施工总承包单位将合同范围内的建设工程主体结构施工分包给其他单位的
D. 没有资质的单位借用其他施工企业的资质承揽工程的

【解析】选项 A、D 属于挂靠。选项 C 属于违法分包。

13.【2023 年】 下列情形中,属于违法分包的是( )。

A. 施工总承包单位将施工总承包合同中的幕墙工程分包给具有相应资质单位的
B. 施工总承包单位将施工总承包合同中的钢结构工程分包给具有相应资质单位的
C. 专业分包单位将其承包的专业工程中的劳务作业部分分包的
D. 专业作业承包人除计取劳务作业费用外,还计取主要建筑材料款和大中型施工机械设备、主要周转材料费用的

【解析】存在下列情形之一的,属于违法分包:(1)承包单位将其承包的工程分包给个人的;(2)施工总承包单位或专业承包单位将工程分包给不具备相应资质单位的;(3)施工总承包单位将施工总承包合同范围内工程主体结构的施工分包给其他单位的,钢结构工程除外;(4)专业分包单位将其承包的专业工程中非劳务作业部分再分包的;(5)专业作业承包人将其承包的劳务再分包的;(6)专业作业承包人除计取劳务作业费用外,还计取主要建筑材料款和大中型施工机械设备、主要周转材料费用的。
选项 A、B、C 均属于合法分包。

14.【2024 年】 下列行为中,属于违法分包的是( )。

A. 专业承包单位未派项目负责人、技术负责人、质量管理负责人、安全管理负责人等主要管理人员的
B. 专业作业承包人承的范围是承包单位承包的全部工程,专业作业承包人计取的是除上缴给承包单位的"管理费"之外的全部工程价款的
C. 专业作业的发包单位不是该工程承包单位的

D. 专业作业承包人除计劳务作业费用外，还计取主要建筑材料款和大中型施工机械设备、主要周转材料费用的

【解析】选项 A、B、C 属于转包。

【本节答案】

题号	1	2	3	4	5	6	7	8	9	10
答案	A	ABCD	ACE	A	A	ABDE	D	ACE	AE	A
题号	11	12	13	14						
答案	B	B	D	D						

第二节 建设工程招标投标制度

考情分析

要点	2024年	2023年	2022年
（1）招标的范围、招标方式和交易场所	1	1	3
（2）建设工程招标		1	
（3）建设工程投标		2	3
（4）建设工程开标、评标和中标	1	2	3
（5）招标投标异议、投诉处理	3		2
分值合计	5	6	11

考点一 建设工程法定招标的范围和规模标准 ★★★★★

招标范围＋规模＝必须招标

范围	规模
全部或部分使用国有资金	施工单项合同估算价≥400万元
大型基础设施、公用事业工程	重要材料设备采购单项合同估算价≥200万元
外国政府或国际援建	勘察设计监理单项合同估算价≥100万元

1.【2022年】下列建设工程项目可以不需要招标的是（　　）。
A. 民营企业开发的商品住宅项目　　B. 公立医院建设项目
C. 使用世界银行援助资金的项目　　D. 主要使用国有资金投资的项目

第四章 建设工程发承包法律制度

【解析】必须进行招标：(1) 大型基础设施、公用事业等关系社会公共利益、公众安全的项目；(2) 全部或者部分使用国有资金投资或者国家融资的项目；(3) 使用国际组织或者外国政府贷款、援助资金的项目。

2.【2024年二级】下列项目，依法必须进行招标的是（　　）。
A. 施工单项合同估算价为8000万元的民营企业厂房项目
B. 施工单项合同估算价为3000万元的某公路建设施工项目
C. 监理单项合同估算价为50万元的房屋建筑项目
D. 与某防洪项目有关的100万元的重要设备采购项目
【解析】招标范围+规模＝必须招标。

考点二 邀请招标与可以不进行招标的建设工程项目★★★★★

公开招标	国有资金占控股或者主导地位的依法必须进行招标的项目
邀请招标	(1) 技术复杂、有特殊要求或者受自然环境限制，<u>只有少量潜在投标人可供选择</u>。 (2) 采用公开招标方式的费用占项目合同金额的比例过大。 (3) 国家发展计划部门（国家重点）或省政府（地方重点）确定，<u>经批准</u>的项目
可以不招标	(1) 需要采用<u>不可替代</u>的专利或者专有技术。 (2) 采购人<u>依法</u>能够自行建设、生产或者提供。 (3) 已通过招标方式选定的特许经营项目投资人<u>依法能够自行建设</u>。 (4) <u>需要向原中标人采购，否则将影响施工或者功能配套要求</u>。 (5) 承包商、供应商或服务提供者少于3家。 (6) 涉及国家安全、国家秘密、抢险救灾或者属于利用扶贫资金实行以工代赈、使用农民工等特殊情况，<u>不适宜进行招标的项目</u>

3.【2020年】根据《招标投标法实施条例》，国有资金占控股或者主导地位的依法必须进行招标的项目，可以邀请招标的有（　　）。
A. 技术复杂，只有少量潜在投标人可供选择的项目
B. 国务院发展改革部门确定的国家重点项目
C. 受自然环境限制，只有少量潜在投标人可供选择的项目
D. 采用公开招标方式的费用占项目合同金额的比例过大的项目
E. 省、自治区、直辖市人民政府确定的地方重点项目
【解析】国务院发展计划部门确定的国家重点项目和省、自治区、直辖市人民政府确定的地方重点项目不适宜公开招标的，<u>经国务院发展计划部门或者省、自治区、直辖市人民政府批准</u>，可以进行邀请招标。

4. 下列情形中，依法可以不招标的项目有（　　）。

A. 需要使用不可替代的施工专有技术的项目

B. 采购人的全资子公司能够自行建设的

C. 需要向原中标人采购工程，否则将影响施工或者功能配套要求的

D. 只有少量潜在投标人可供选择的项目

E. 已通过招标方式选定的特许经营项目投资人依法能够自行建设的

【解析】选项 B 错误，采购人依法能够自行建设、生产或者提供，"子公司"与"母公司"属于两个独立的法人。选项 D 错误，满足条件后属于可以邀请招标的项目。

5. 根据《招标投标法》及相关规定，关于邀请招标的说法，正确的是（　　）。

A. 受自然环境限制不适宜公开招标的省级重点项目，建设单位可自行决定邀请招标

B. 由于资金条件限制，只有少量潜在投标人可供选择的项目，可采取邀请招标

C. 由于技术复杂导致公开招标程序复杂的项目，可采取邀请招标

D. 采用公开招标方式的费用占合同金额比例过大的项目，可采取邀请招标

【解析】选项 A 错误，不宜公开招标的"省级重点项目"，应经省、自治区、直辖市人民政府批准，可以进行邀请招标。

选项 B 错误，技术复杂、有特殊要求或者受自然环境限制，只有少量潜在投标人可供选择。

选项 C 错误，缺少"只有少量潜在投标人可供选择"。

6.【2022 年】关于招标方式的说法，正确的有（　　）。

A. 国有资金占控股或者主导地位的依法必须进行招标的项目，应当公开招标

B. 邀请招标是指招标人以招标公告的方式邀请特定的法人或者其他组织投标

C. 邀请招标是指招标人以投标邀请书的方式邀请不特定的法人或者其他组织投标

D. 招标方式包括公开招标、邀请招标和议标

E. 国务院发展改革部门确定的国家重点项目和省、自治区、直辖市人民政府确定的地方重点项目不适宜公开招标的，经批准可以进行邀请招标

【解析】选项 B、C 错误，邀请招标是指招标人以投标邀请书的方式邀请特定的法人或者其他组织投标。

选项 D 错误，招标分为公开招标和邀请招标。

7.【2023 年】国有资金占控股地位的依法必须进行招标的下列项目中，可以邀请招标的是（　　）。

A. 工期紧张的

B. 技术复杂，只有少量潜在投标人可供选择的

C. 采用公开招标方式所需时间过长的

D. 采购时无法精确拟定技术规格的

【解析】国有资金占控股或者主导地位的依法必须进行招标的项目，应当公开招标。但有下列情形之一的，可以邀请招标：

第四章 建设工程发承包法律制度

(1) 技术复杂、有特殊要求或者受自然环境限制，只有少量潜在投标人可供选择。
(2) 采用公开招标方式的费用占项目合同金额的比例过大。

考点三 工程招标投标交易场所 ★★

8.【2021年二级】 关于建设工程招标投标交易场所的内容，正确的是（　　）。
　A. 县级以上地方人民政府可以建立招标投标交易场所
　B. 招标投标交易场所不得以营利为目的
　C. 招标投标交易场所应当隶属于行政监督部门
　D. 招标投标交易场所应当按照不同行业分别设立

【解析】《招标投标法实施条例》规定，设区的市级以上地方人民政府可以根据实际需要，建立统一规范的招标投标交易场所，为招标投标活动提供服务。招标投标交易场所不得与行政监督部门存在隶属关系，不得以营利为目的。

考点四 建设工程招标 ★★★

9.【2014年】 根据《招标投标法实施条例》，按照国家有关规定需要履行项目审批的依法进行招标的项目，其（　　）应当报项目审批核准。
　A. 招标范围
　B. 招标文件
　C. 招标方式
　D. 招标组织形式
　E. 招标代理机构

【解析】按照国家有关规定需要履行项目审批、核准手续的依法必须进行招标的项目，其招标范围、招标方式、招标组织形式应当报项目审批、核准部门审批、核准。

10.【2018年】 关于招标文件的说法，正确的是（　　）。
　A. 招标文件的要求不得高于法律规定
　B. 潜在投标人对招标文件有异议的，招标人作出答复前，招标投标活动继续进行
　C. 招标文件中载明的投标有效期从提交投标资格预审文件之日起算
　D. 招标人修改已发出的招标文件，应当以书面形式通知所有招标文件收受人

【解析】选项 A 错误，国家对招标项目的技术、标准有规定的，招标人应当按照其规定在招标文件中提出相应要求。
选项 B 错误，作出答复前，应当暂停招标投标活动。
选项 C 错误，投标有效期从提交投标文件的截止之日起算。

11. 关于编制招标文件的说法，正确的有（　　）。
　A. 招标文件可以规定最高投标限价和最低投标限价

B. 招标人应当根据招标项目的特点和需要编制招标文件
C. 国家对招标项目的技术、标准有规定的，招标人应当按照其规定在招标文件中提出相应要求
D. 招标文件中不得要求或者标明特定的生产供应者，以及含有倾向或者排斥潜在投标人的其他内容
E. 招标人对已发出的招标文件进行必要的澄清或者修改的内容为招标文件的组成部分

【解析】选项 A 错误，招标文件可以规定最高投标限价，但不得规定最低投标限价。

考点五 招标投标的时间要求★★★★

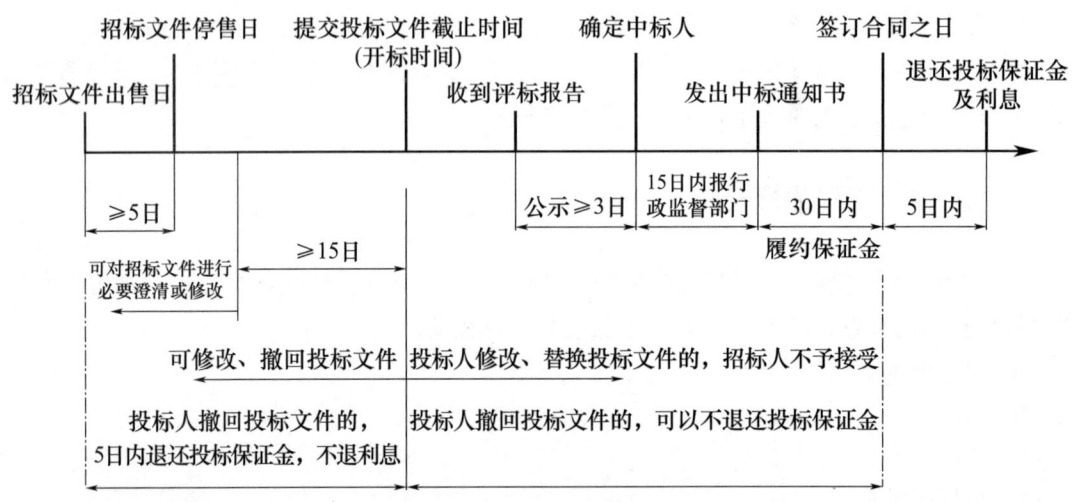

注：潜在投标人或者其他利害关系人对招标文件有异议的，应当在投标截止时间10日前提出。

12. 根据《招标投标法实施条例》，投标申请人对资格预审文件有异议的，应在递交资格预审文件截止时间（　　）日前向招标人提出。

A. 7　　　　　　B. 5　　　　　　C. 3　　　　　　D. 2

13. 根据《招标投标法》，自招标文件开始发出之日起，至投标人提交投标文件截止之日止，最短不得少于（　　）日。

A. 10　　　　　B. 15　　　　　C. 20　　　　　D. 30

14. 招标人组织施工现场踏勘后，需要对招标文件进行澄清修改的，招标人应在招标文件要求提交投标文件的截止时间至少（　　）日前，以书面形式通知所有招标文件收受人。

A. 2　　　　　　B. 5　　　　　　C. 10　　　　　D. 15

15.【2018 年】根据《招标投标法实施条例》，依法必须进行招标的项目，招标人应当组建资格审查委员会审查资格预审申请文件。自资格预审文件停止发售之日起不得少于（　　）日。
A. 3　　　　　　B. 5　　　　　　C. 7　　　　　　D. 10

16.【2017 年】根据《招标投标法实施条例》，潜在投标人或者其他利害关系人对招标文件有异议的，应在投标截止时间（　　）日前提出。
A. 2　　　　　　B. 3　　　　　　C. 7　　　　　　D. 10

考点六　资格预审与资格后审★★★

资格预审	一般招标项目	招标人审查
	国有资金占控股或主导地位的依法必须进行招标的项目	资格审查委员会审查
资格后审	所有招标项目	评标委员会审查

17. 根据《招标投标法实施条例》，对投标申请人的资格预审文件，招标人应组建资格审查委员会进行审查的是（　　）。
A. 无法精确拟定技术规格的项目
B. 所有依法必须招标的项目
C. 国际金融机构贷款项目
D. 国有资金占控股的依法必须招标项目

【解析】国有资金占控股或者主导地位的依法必须进行招标的项目，招标人应当组建资格审查委员会审查资格预审申请文件。

18.【2018 年】关于投标人资格审查的说法，正确的有（　　）。
A. 资格审查分为资格预审、资格中审和资格后审
B. 资格预审结束后，评标委员会应当及时向资格预审申请人发出资格预审结果通知书
C. 招标人采用资格预审的应当发布资格预审公告
D. 国有资金占控股或主导地位的依法必须招标的项目，招标人应当组建资格审查委员会
E. 资格后审在开标后由招标人按照招标文件的标准和方法对投标人资格进行审查

【解析】选项 A 错误，资格审查分为资格预审和资格后审。

选项 B 错误，资格预审结束后，招标人应当及时向资格预审申请人发出资格预审结果通知书。

选项 E 错误，资格后审在开标后由评标委员会按照招标文件的标准和方法对投标人资格进行审查。

考点七 两阶段招标★★

适用范围	对<u>技术复杂</u>或者<u>无法精确拟定技术规格</u>的项目，可以分两阶段进行招标
第一阶段 （技术标）	投标人按照招标公告或者投标邀请书的要求提交<u>不带报价</u>的技术建议，招标人据此编制招标文件
第二阶段 （商务标）	招标人向在第一阶段提交技术建议的投标人提供招标文件，投标人按照招标文件的要求提交包括最终技术方案和<u>投标报价</u>的投标文件
	招标人要求投标人<u>提交投标保证金</u>的，应当在<u>第二阶段提出</u>

19. 根据《招标投标法实施条例》及相关规定，关于两阶段招标基本程序的说法，正确的有（　　）。

A. 招标人要求提交投标保证金的，应当在第二阶段提出
B. 招标人应根据投标人第一阶段提交的技术建议确定技术标准和要求
C. 对无法精确拟定技术规格的项目，招标人必须分两阶段进行招标
D. 招标人应向在第一阶段提交技术建议的投标人提供招标文件
E. 投标人在第一阶段应当提交技术建议和投标报价

【解析】选项 C 错误，对技术复杂或者无法精确拟定技术规格的项目，招标人可以分两阶段进行招标。

选项 E 错误，第一阶段，投标人按照招标公告或者投标邀请书的要求提交不带报价的技术建议，招标人根据投标人提交的技术建议确定技术标准和要求，编制招标文件。

考点八 投标保证金★★★★

数额	投标保证金不得超过招标项目估算价的 2%。 施工、货物招标的，投标保证金最高不得超过 80 万元人民币。 <u>勘察、设计等服务招标的，投标保证金最高不得超过 10 万元人民币</u>
期限	<u>投标保证金有效期应当与投标有效期一致</u>
提交	实行两阶段招标的，应当在<u>第二阶段提出</u>
退还	投标人撤回（开标前）投标文件的，应当自收到投标人书面<u>撤回通知之日起 5 日内</u>退还
	投标人撤销（开标后）投标文件的，招标人可以不退还投标保证金
	招标人最迟应当在"<u>书面合同签订后</u>"5 日内向"中标人和未中标的投标人"退还投标保证金及银行同期"存款"利息

第四章 建设工程发承包法律制度

三种保证金的区别

区别	投标保证金	履约保证金	质量保证金
作用	约束所有投标人	约束中标人	约束承包人
提交时间	投标时	中标后签合同前	工程款中预留
份额	≤项目估算价的2%	≤中标价的10%	≤项目结算价的3%

20. 关于施工项目投标保证金的说法，正确的有（　　）。
A. 招标人在招标文件中可以要求投标人提交投标保证金
B. 投标保证金有效期应当与投标有效期一致
C. 中标人无正当理由不与招标人订立合同，取消其中标资格，投标保证金不予退还
D. 两阶段进行招标的项目，投标保证金应当在第一阶段提出
E. 投标保证金不得超过招标项目估算价的2%，但最高不得超过80万元人民币

【解析】实行两阶段招标的，招标人要求投标人提交投标保证金的，应当在<u>第二阶段</u>提出。

21. 某工程项目进行勘察设计招标，勘察设计费估算价为2000万元。依据《工程建设项目勘察设计招标办法》规定，招标人要求提交的投标保证金额度应不超过（　　）万元。
A. 10　　　　　　　　　　　　　B. 20
C. 40　　　　　　　　　　　　　D. 60

【解析】保证金数额一般不超过<u>勘察设计估算费用的2%</u>，<u>最多不超过10万元人民币</u>。

22.【2022年】 关于投标保证金的说法，正确的是（　　）。
A. 招标人取消招标活动，招标人不退还投标保证金
B. 投标人在投标截止时间后撤销投标文件的，招标人应予退还投标保证金
C. 投标保证金有效期无须与投标有效期一致
D. 实行两阶段招标的，招标人要求投标人提交投标保证金的，应当在第二阶段提出

【解析】选项A错误，招标人终止招标，已经收取投标保证金的，招标人应当及时退还所收取的投标保证金及银行同期存款利息。
选项B错误，投标截止后投标人撤销投标文件的，招标人可以不退还投标保证金。
选项C错误，投标保证金有效期应当与投标有效期一致。

考点九　招标人不得设定不合理的条件 ★★★★

23.【2023年】 招标人的下列行为中，属于以不合理条件限制、排斥潜在投标人或者投标人的是（　　）。
A. 组织投标人踏勘现场　　　　　B. 要求提供类似业绩
C. 指定特定的专利　　　　　　　D. 对投标人进行资格预审

24.【2022 年补考】下列情形中，属于招标人以不合理条件限制、排斥潜在投标人或者投标人的有（   ）。

A. 就同一招标项目向潜在投标人或者投标人提供无差别的项目信息
B. 依法必须进行招标的项目以特定行业的业绩作为加分条件
C. 指定特定的专利、商标、品牌、原产地或者供应商
D. 设定的资格、技术、商务条件与招标项目的具体特点和实际需要相适应
E. 依法必须进行招标的项目限定潜在投标人或者投标人的组织形式

【解析】选项 A、D 属于合法行为。选项 E 容易错选，依法必须进行招标的项目非法限定潜在投标人或者投标人的所有制形式或者组织形式。

考点十　招标人终止招标★★

25. 关于招标人终止招标要求的说法，正确的是（   ）。

A. 应当及时发布公告
B. 以口头形式通知被邀请的或者已经获取资格预审文件、招标文件的潜在投标人
C. 已发售的资格预审文件、招标文件，招标人无须退还所收取的资格预审文件、招标文件的费用
D. 已经收取投标保证金的，应当及时退还投标保证金，但不必退还银行同期存款利息

【解析】选项 B 错误，招标人终止招标的，应当及时发布公告，或者以书面形式通知被邀请的或者已经获取资格预审文件、招标文件的潜在投标人。

选项 C、D 错误，已经发售资格预审文件、招标文件或已经收取投标保证金的，招标人应当及时退还所收取的资格预审文件、招标文件的费用，以及所收取的投标保证金及银行同期存款利息。

考点十一　投标人和投标文件的要求★★★

投标人破产	投标人发生合并、分立、破产等重大变化的，应当及时书面告知招标人
投标限制	单位负责人为同一人或者存在控股、管理关系的不同单位，不得参加同一标段投标或者未划分标段的同一招标项目投标。违反以上规定的，相关投标均无效
修改与撤回	(1) 投标人在提交投标文件的截止时间前，可以补充、修改或者撤回。 (2) 补充、修改或者撤回投标文件的，应当书面通知招标人。 (3) 在提交投标文件的截止时间后，撤销投标文件的，不予退还投标保证金
送达与签收	(1) 投标人应当在提交投标文件的截止时间前，将投标文件送达投标地点。 (2) 招标人收到投标文件后，应当签收保存，不得开启。 (3) 投标人少于 3 个的，招标人应当依法重新招标。 (4) 在投标截止后或未按要求密封的投标文件，招标人应当拒收

第四章 建设工程发承包法律制度

26.【2023年】根据《招标投标法实施条例》，属于两个单位不得参加同一标段投标的是（　　）。
A. 丙公司及其控股子公司
B. 甲公司及其上游供应商
C. 乙公司下属两家相互无控股管理关系的子公司
D. 注册地址在同一园区的丁、戊两公司

【解析】单位负责人为同一人或者存在控股、管理关系的不同单位，不得参加同一标段投标或者未划分标段的同一招标项目投标。违反以上规定的，相关投标均无效。

27.【2015年二级】关于投标人的说法，正确的有（　　）。
A. 投标人发生合并、分立、破产等重大变化时，其投标无效
B. 投标人参加依法必须进行招标的项目投标，不受地区或部门限制
C. 存在控股关系的不同单位，不得参加同一招标项目的投标
D. 单位负责人为同一人的不同单位参加同一标段投标的，相关投标无效
E. 两个以上法人或者组织可以组成一个联合体投标

【解析】选项A错误，投标人发生合并、分立、破产等重大变化的，应当及时书面告知招标人。只有其不再具备资格预审文件、招标文件规定的资格条件或者其投标影响招标公正性的，其投标才无效。

选项C错误，单位负责人为同一人或存在控股、管理关系的不同单位，不得参加同一标段投标或未划分标段的同一招标项目投标，所以选项表述不准确，如果划分了标段，可以参加同一项目不同标段投标。

28.【2021年】关于投标文件的说法，正确的有（　　）。
A. 对未通过资格预审的申请人提交的投标文件，招标人应当签收保存，不得开启
B. 投标人在招标文件要求提交投标文件的截止时间前，可以补充、修改或者撤回已提交的投标文件，并书面通知招标人
C. 在招标文件要求提交投标文件的截止时间后送达的投标文件，招标人应当拒收
D. 投标人提交的投标文件中的投标报价可以低于工程成本
E. 投标文件应当对招标文件提出的实质性要求与条件作出响应

【解析】选项A错误，未通过资格预审的申请人提交的投标文件，招标人应当拒收。
选项D错误，投标报价不得低于工程成本，不得高于最高投标限价。

29.根据《招标投标法》，关于投标人提交投标文件的说法，正确的是（　　）。
A. 在招标文件要求提交投标文件的截止时间后送达的投标文件，招标人可以拒收
B. 投标人少于5个的，招标人应当重新招标
C. 招标人收到投标文件后，应当开启检查并签收保存
D. 投标截止后，投标人撤销投标文件的，招标人可以不退还投标保证金

【解析】选项A错误，在招标文件要求提交投标文件的截止时间后送达的投标文件，招

标人应当拒收。

选项 B 错误，投标人少于 3 个的，招标人应当依法重新招标。

选项 C 错误，招标人收到投标文件后，应当签收保存，不得开启。

考点十二 联合体投标★★★★

适用范围	大型或结构复杂的项目
具体规定	（1）两个以上法人或其他组织可以组成一个联合体，以一个投标人身份共同投标。 （2）由同一专业的单位组成的联合体，按照资质等级较低的单位确定资质等级。 （3）招标人接受联合体投标并进行资格预审的，联合体应在资格预审申请前组成。 （4）资格预审后联合体增减、更换成员的，其投标无效。 （5）招标人应在资格预审公告、招标公告或投标邀请书中载明是否接受联合体。 （6）联合体各方应签订共同投标协议，连同投标文件一并提交招标人。 （7）联合体以牵头人的名义提交投标保证金。 （8）联合体中标后各方应当共同与招标人签订合同，就中标项目向招标人承担连带责任。 （9）联合体各方在同一项目中以自己名义单独投标或者参加其他联合体投标的，相关投标均无效。

30. 联合体资质等级的确定（　　）。
A. 由多家单位组成的联合体，按资质等级较低的确定
B. 由多家单位组成的联合体，按资质等级较高的确定
C. 由同一专业的单位组成的联合体，按资质等级较低的确定
D. 由同一专业的单位组成的联合体，按资质等级较高的确定

【解析】由同一专业的单位组成的联合体，按照资质等级较低的单位确定资质等级。

31. 某施工项目，单位甲和单位乙组成联合体投标，其中单位甲投入编制投标文件人手多，单位乙承担投标施工项目工作量大，则该联合体投标后，其履约担保应由（　　）递交。
A. 单位甲　　　　　　　　　　　　B. 单位乙
C. 单位甲乙共同　　　　　　　　　D. 联合体牵头单位

【解析】联合体中标的，其履约担保由牵头人递交，并应符合招文件的金额、担保形式和招标文件规定的履约担保格式要求。

32.【2023 年】关于联合体投标的说法，正确的是（　　）。
A. 由同一专业的单位组成的联合体，按照资质等级较低的单位确定资质等级
B. 招标人可以要求投标人必须组成联合体共同投标
C. 联合体中标的，联合体各方按照联合体协议就中标项目分别向招标人承担责任
D. 联合体各方可以在同一招标项目中以自己名义再进行单独投标

【解析】 选项 B 错误，招标人不得强制投标人组成联合体共同投标，不得限制投标人之间的竞争。

选项 C 错误，联合体中标的，联合体各方应当共同与招标人签订合同，就中标项目向招标人承担连带责任。

选项 D 错误，联合体各方在同一招标项目中以自己名义单独投标或者参加其他联合体投标的，相关投标均无效。

33. 某联合体投标，通过资格预审后，增加了一家资质等级更高的企业形成新的联合体。根据《招标投标法实施条例》，关于原联合体投标的说法，正确的是（   ）。
A. 可以直接认定投标有效
B. 应当认定投标无效
C. 经评标委员会同意后，认定投标有效
D. 经招标人同意后，认定投标有效

【解析】 资格预审后联合体增减、更换成员的，其投标无效。

34. 关于联合体投标的说法，正确的有（   ）。
A. 联合体投标一般适用于大型的或者结构复杂的建设项目
B. 联合体中至少一方应当具备承担招标项目的相应能力
C. 联合体中标的，联合体各方应当共同与招标人订立合同
D. 由同一专业的单位组成的联合体，按照资质等级较高的单位确定资质等级
E. 联合体中标的，联合体各方就中标项目向招标人承担按份责任

【解析】 选项 B 错误，联合体各方均应当具备承担招标项目的相应能力。

选项 D 错误，由同一专业的单位组成的联合体，按照资质等级较低的单位确定资质等级。

选项 E 错误，联合体中标的，联合体各方应当共同与招标人签订合同，就中标项目向招标人承担连带责任。

考点十三 属于串通投标与"视为"串通投标 ★★★★★

投标人相互串通	具体情形
属于串通 （有联合）	（1）投标人之间协商投标报价等投标文件的实质性内容。 （2）投标人之间约定中标人。 （3）投标人之间约定部分投标人放弃投标或者中标。 （4）属于同一集团、协会、商会等组织成员的投标人按照该组织要求协同投标。 （5）投标人之间为谋取中标或者排斥特定投标人而采取的其他<u>联合行动</u>。
"视为"串通 （不一定有联合）	（1）<u>不同投标人</u>的投标文件由<u>同一单位或者个人</u>编制。 （2）<u>不同投标人</u>委托<u>同一单位或者个人</u>办理投标事宜。 （3）<u>不同投标人</u>的投标文件载明的项目管理成员为同一人。 （4）<u>不同投标人</u>的投标文件异常一致或者投标报价<u>呈规律性</u>差异。 （5）<u>不同投标人</u>的投标文件相互混装。 （6）<u>不同投标人</u>的投标保证金从<u>同一单位</u>或者个人的账户转出

35.【2022 年】下列情形中，视为投标人相互串通投标的有（　　）。

A. 不同投标人的投标文件由同一单位或者个人编制

B. 属于同一集团的投标人按照该组织要求协同投标

C. 不同投标人的投标保证金从同一金融机构转出

D. 不同投标人的投标文件载明的项目管理成员为同一人

E. 不同投标人的投标文件异常一致或者投标报价呈规律性差异

【解析】选项 B 属于串通。选项 C"同一金融机构"如同一家银行，这不是串通。

36.【2021 年】招标人与投标人串通投标的情形有（　　）。

A. 招标人在开标前开启投标文件并将有关信息泄露给其他投标人

B. 招标人直接或者间接向投标人泄露标底、评标委员会成员等信息

C. 招标人明示或者暗示投标人为特定投标人中标提供方便

D. 投标人在开标后撤销投标文件，与招标人协商退还投标保证金

E. 招标人分别组织投标人踏勘现场

【解析】有下列情形之一的，属于招标人与投标人串通投标：(1) 招标人在开标前开启投标文件并将有关信息泄露给其他投标人；(2) 招标人直接或者间接向投标人泄露标底、评标委员会成员等信息；(3) 招标人明示或者暗示投标人压低或者抬高投标报价；(4) 招标人授意投标人撤换、修改投标文件；(5) 招标人明示或者暗示投标人为特定投标人中标提供方便；(6) 招标人与投标人为谋求特定投标人中标而采取的其他串通行为。

37. 下列投标行为中，属于弄虚作假骗取中标的有（　　）。

A. 使用伪造、变造的许可证件

B. 提供虚假的财务状况或者业绩

C. 提供虚假的信用状况

D. 提供虚假的项目负责人或者主要技术人员简历、劳动关系证明

E. 不同投标人的投标文件相互混装

【解析】选项 E 不是弄虚作假，而是"视为投标人相互串通投标"的情形。

38. 下列投标人的情形中，属于以他人名义投标的是（　　）。

A. 使用通过受让或者租借的方式获取的资质证书投标

B. 使用伪造、变造的许可证件投标

C. 提供虚假的财务状况或者业绩投标

D. 提供虚假的信用状况投标

【解析】使用通过受让或者租借等方式获取的资格、资质证书投标的，属于《招标投标法》规定的以他人名义投标。本题要与上一题弄虚作假进行区分。

考点十四 开标 ★★

39.【2022年补考】 根据《招标投标法实施条例》，关于开标的说法，正确的是（   ）。

A. 投标人少于5个的，不得开标

B. 投标人对开标有异议的，应当在开标结束后及时提出

C. 招标人对在招标文件确定的提交投标文件截止时间后收到的投标文件也应当予以拆封并宣读

D. 招标人应当按照招标文件规定的时间、地点开标

【解析】选项A错误，投标人少于3个的，不得开标。

选项B错误，投标人对<u>开标有异议的</u>，应当在<u>开标现场</u>提出，招标人应当当场作出答复，并制作记录。

选项C错误，在招标文件要求提交投标文件的截止时间后送达的投标文件，招标人<u>应当拒收</u>。

40.【2019年】 关于开标的说法，正确的是（   ）。

A. 投标文件经确定无误后，由招标监管部门人员当众拆封

B. 开标时只能由投标人或者其推选的代表检查投标文件的密封情况

C. 开标过程应当及时向社会公布

D. 开标地点应当为招标文件中预先确定的地点

【解析】开标时，由投标人或者其推选的代表检查投标文件的密封情况，也可以由招标人委托的公证机构检查并公证。经确认无误后，由工作人员当众拆封，宣读投标人名称、投标价格和投标文件的其他主要内容。开标过程应当记录，并存档备查。

考点十五 评标 ★★★★

拒收（不开标就能发现）	废标（开标后才发现）	澄清
未按要求密封	没有单位盖章和单位负责人签字	含义不明确的内容
未送达指定地点	联合投标没有共同协议	明显文字或者计算错误
逾期送达的	资格不符	
未通过资格预审	提交两份标书或报价（未说明哪一个有效）	
	低于成本价或高于限价竞标	
	未对招标文件实质问题作出响应	
	串通、弄虚作假、行贿等	

41.【2023年】根据《招投标法实施条例》，下列情况中，评标委员会应当否决投标的有（　　）。

　　A. 投标文件有明显计算错误

　　B. 投标文件有含义不明确的内容的

　　C. 投标文件未经投标单位盖章和单位负责人签字的

　　D. 投标联合体没有提交共同投标协议的

　　E. 投标报价低于成本

【解析】选项A、B属于细微偏差，评标委员会应当要求投标人进行澄清说明，而不是直接否决。

42. 关于评标委员会组成的说法，正确的是（　　）。

　　A. 招标人代表2人，专家6人　　　　B. 招标人代表2人，专家5人

　　C. 招标人代表2人，专家4人　　　　D. 招标人代表2人，专家3人

【解析】评标委员会由招标人代表和有关专家组成。评标委员会人数为5人以上单数，其中技术和经济方面的专家不得少于成员总数的2/3。

43.【2022年】关于评标的说法，正确的是（　　）。

　　A. 评标委员会完成评标后应当向投标人提出书面评标报告

　　B. 评标应当公开进行

　　C. 评标委员会可以对招标文件确定的评标标准和方法进行补充和完善

　　D. 评标由招标人依法组建的评标委员会负责

【解析】选项A错误，评标委员会完成评标后，应当向招标人提出书面评标报告，并推荐合格的中标候选人。

选项B错误，招标人应当采取必要的措施，保证评标在严格保密的情况下进行。

选项C错误，招标文件没有规定的评标标准和方法不得作为评标的依据。

44.【2022年补考】下列情形中，评标委员会应当否决其投标的有（　　）。

　　A. 投标报价超过标底上下浮动范围

　　B. 投标联合体没有提交共同投标协议

　　C. 投标报价高于招标文件设定的最高投标限价

　　D. 投标文件未经投标单位盖章和单位负责人签字

　　E. 投标文件没有对招标文件的实质性要求和条件作出响应

【解析】招标人设有标底的，标底在评标时作为评标的参考，不得以投标报价超过标底上下浮动范围为由否决投标。

45. 关于评标的说法，正确的是（　　）。

　　A. 投标报价低于成本或者高于招标文件设定的最高投标限价时，评标委员会应当否决其投标

B. 招标人可以不向评标委员会提供评标所必需的信息
C. 投标文件未经投标单位盖章和单位负责人签字，评标委员会不应当直接否决其投标
D. 评标过程中，评标委员会成员不能继续评标被更换后，由更换后的评标委员会成员继续进行评审

【解析】选项 B 错误，招标人应向评标委员会提供评标所必需的信息。

选项 C 错误，投标文件未经投标单位盖章和单位负责人签字，评标委员会应当否决其投标。

选项 D 错误，评标过程中，评标委员会成员不能继续评标被更换后，被更换的成员所作的评审结论无效，由更换后的评标委员会成员重新评审。

46. 关于评标过程中，对投标文件澄清、说明或者补正的说法，正确的是（　　）。
A. 评标委员会可以口头形式要求投标人对投标文件中含义不明确的内容作必要的澄清、说明或者补正
B. 投标文件中的总价金额与单价金额不一致的，以总价金额为准
C. 澄清或者说明不得超出投标文件的范围或者改变投标文件的实质性内容
D. 投标文件中的大写与小写金额不一致的，以小写金额为准

【解析】选项 A 错误，评标委员会可以书面方式要求投标人对投标文件中含义不明确、对同类问题表述不一致或者有明显文字和计算错误的内容作必要的澄清、说明或者补正。

选项 B 错误，总价金额与单价金额不一致的，以单价金额为准，但单价金额小数点有明显错误的除外。

选项 D 错误，投标文件中的大写金额和小写金额不一致的，以大写金额为准。

47. 下列情况属于重大偏差的有（　　）。
A. 投标文件没有投标人授权代表签字或加盖公章
B. 投标文件载明的招标项目完成期限未超过招标文件规定的期限
C. 明显不符合技术规格、技术标准的要求
D. 投标文件载明的货物包装方式、检验标准和方法等符合招标文件的要求
E. 投标文件附有招标人不能接受的条件

【解析】下列情况属于重大偏差：（1）没有按照招标文件要求提供投标担保或者所提供的投标担保有瑕疵；（2）投标文件没有投标人授权代表签字和加盖公章；（3）投标文件载明的招标项目完成期限超过招标文件规定的期限；（4）明显不符合技术规格、技术标准的要求；（5）投标文件载明的货物包装方式、检验标准和方法等不符合招标文件的要求；（6）投标文件附有招标人不能接受的条件；（7）不符合招标文件中规定的其他实质性要求。

选项 A 错误，应为投标文件没有投标人授权代表签字"和"加盖公章。

选项 B 错误，投标文件载明的招标项目完成期限超过招标文件规定的期限。

选项 D 错误，投标文件载明的货物包装方式、检验标准和方法等不符合招标文件的要求。

考点十六　经评审的最低投标价法与综合评估法的适用范围★★★★

评标方法	适用范围
最低评标价法	一般适用于具有<u>通用</u>技术、性能标准或者招标人对其技术、性能标准<u>没有特殊要求</u>的招标项目
综合评估法	一般适用于招标人对招标项目的技术、性能有<u>专门要求</u>的招标项目

48. 某大型复杂工程，施工技术要求高，对性能有特殊要求，则施工招标适宜采用的评标方法是（　　）。

A. 综合评估法　　　　　　　　B. 综合评标价法
C. 最低评标价法　　　　　　　D. 最低投标价法

【解析】最低评标价法一般适用于具有通用技术、性能标准或者招标人对其技术、性能标准没有特殊要求的招标项目。

49. 对于具有通用技术和性能标准、大多数施工单位均能承担的施工项目，宜采用的评标方法是（　　）。

A. 经评审的最低投标价法　　　B. 有限数量评审法
C. 最低投标价法　　　　　　　D. 综合评估法

【解析】经评审的最低投标价法一般适用于具有通用技术、性能标准或者招标人对其技术、性能标准没有特殊要求的招标项目。

50. 某工程，施工招标文件规定的评标方法为最低评标价法。现有三家单位投标，甲投标报价 6050 万元，评标价 6000 万元；乙投标报价 6200 万元，评标价 5950 万元；丙投标报价 5950 万元，评标价 6050 万元。则中标单位及签约合同价分别为（　　）。

A. 乙，5950 万元　　B. 乙，6200 万元　　C. 丙，5950 万元　　D. 丙，6050 万元

【解析】评标价格为折算后的评标价最低者（评标价 5950 万元）中标，而签约合同价仍然是投标报价（6200 万元）。

考点十七　确定中标人与签订合同★★★

51. 某政府投资项目，采用公开招标方式选择施工承包商，招标文件规定的开标日为 2021 年 6 月 1 日，投标有效期至 2021 年 8 月 30 日止。该项目如期开标并于 2021 年 6 月 7 日完成评标，6 月 11 日向中标人发出中标通知书，则招标人与中标人最迟应在 2021 年（　　）订立书面合同。

A. 6 月 27 日　　　　B. 7 月 11 日　　　　C. 8 月 1 日　　　　D. 8 月 30 日

【解析】招标人和中标人应当自<u>中标通知书发出</u>之日起 <u>30 日内</u>，按照招标文件和中标人的投标文件订立书面合同。

第四章 建设工程发承包法律制度

52. 国有资金控股必须依法招标的项目，招标人可以选择排名第二的中标候选人为中标人的情形有（ ）。

A. 排名第一的中标候选人放弃中标

B. 排名第一的中标候选人因不可抗力提出不能履行合同

C. 招标人认为排名第一的中标候选人价格提高

D. 第一中标候选人未按招标文件要求提交履约保证金

E. 第一中标候选人未接受招标人提出缩短工期要求

【解析】国有资金占控股或者主导地位的项目，招标人应当确定排名第一的中标候选人为中标人。排名第一的中标候选人<u>放弃中标</u>、<u>因不可抗力提出不能履行合同</u>，或者<u>招标文件规定应当提交履约保证金而在规定的期限内未能提交</u>，或者<u>被查实存在影响中标结果的违法行为</u>等情形，不符合中标条件的，招标人可以按照评标委员会提出的中标候选人名单排序依次确定其他中标候选人为中标人。

53.【2022年】关于中标和订立合同的说法，正确的是（ ）。

A. 招标人不得授权评标委员会直接确定中标人

B. 中标人应当自中标通知书送达之日起30日内与招标人订立合同

C. 招标人和中标人订立书面合同后，不得再行订立背离合同实质性内容的其他协议

D. 中标人应当按照合同示范文本与招标人订立合同

【解析】《招标投标法》规定，招标人根据评标委员会提出的书面评标报告和推荐的中标候选人确定中标人。招标人<u>也可以授权评标委员会直接确定中标人</u>。

招标人和中标人应当自中标通知书发出之日起30日内，按照招标文件和中标人的投标文件订立书面合同。招标人和中标人不得再行订立背离合同实质性内容的其他协议。

54. 在建设工程招标投标中，关于中标的说法，正确的是（ ）。

A. 国有资金占控股或者主导地位的依法必须进行招标的项目，招标人应当确定排名第一的中标候选人为中标人

B. 招标人应当授权评标委员会直接确定中标人

C. 评标委员会推荐的中标候选人不得少于3人，并标明排列顺序

D. 排名第一的中标候选人放弃中标的，招标人应当重新招标

【解析】选项B错误，招标人可以授权评标委员会直接确定中标人。

选项C错误，评标委员会推荐的中标候选人应当限定在1~3人，并标明排列顺序。

选项D错误，招标人可以按照评标委员会提出的中标候选人名单排序依次确定其他中标候选人为中标人，也可以重新招标。

55. 关于中标的说法，正确的有（ ）。

A. 中标人确定后，招标人应当公示中标通知书

B. 中标人确定后，招标人无须将中标结果通知所有未中标的投标人

C. 在确定中标人前，招标人不得与投标人就投标价格、投标方案等实质性内容进行谈判

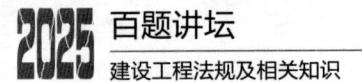

D. 中标人确定后，招标人应当向中标人发出中标通知书

E. 中标通知书对招标人和中标人具有法律效力

【解析】中标人确定后，招标人应当向中标人发出中标通知书，并同时将中标结果通知所有未中标的投标人。中标通知书对招标人和中标人具有法律效力。

56. 根据《招标投标法实施条例》，招标文件要求中标人提交履约保证金的，履约保证金不得超过中标合同金额的（   ）。

A. 10%　　　　　　B. 8%　　　　　　C. 5%　　　　　　D. 3%

考点十八　招标投标异议、投诉处理★★★★

异议事项	提出异议的时间	处理	
资格预审文件	最迟在提交资格预审文件截止日 2 日前	收到异议 3 日内答复	应当依法先向招标人提出异议，其异议答复期间不计算在上述规定的期限内
招标文件	最迟在提交投标文件截止日 10 日前		
评标结果	中标候选人公示期间提出		
开标	开标现场当场提出	当场答复	
其他违法行为	自知道或者应当知道之日起 10 日内向有关行政监督部门投诉		
投诉的其他规定	（1）同一事项向两个以上有权受理的行政监督部门投诉的，由最先收到投诉的部门负责处理。 （2）行政监督部门应当自收到投诉之日起 3 个工作日内决定是否受理投诉。 （3）自受理投诉之日起 30 个工作日内作出书面处理决定。 （4）需要检验、检测、鉴定、专家评审的，所需时间不计算在内		

57. 关于潜在投标人或者其他利害关系人对招标文件有异议的说法，正确的是（   ）。

A. 异议应当在投标截止时间 7 日前提出

B. 对招标人的异议答复不服的，可以向有关行政监督部门投诉

C. 招标人应当自收到异议之日起 7 日内作出答复

D. 招标人作出答复前，可以继续进行招标投标活动

【解析】选项 A 错误，潜在投标人或者其他利害关系人对招标文件有异议的，应当在投标截止时间 10 日前提出。

选项 C 错误，招标人应当自收到异议之日起 3 日内作出答复，作出答复前，应当停止招标投标活动。

58. 关于依法必须招标的项目公示中标候选人的说法，正确的有（   ）。

A. 中标候选人公示期不得少于 3 日

B. 招标人应当自收到评标报告之日起 5 日内公示中标候选人

C. 投标人对评标结果有异议，应当在中标候选人公示期间提出

D. 招标人应当自收到对评标结果的异议之日起 5 日内作出答复

E. 招标人在对评标结果的异议作出答复前，可以暂停招标投标活动

【解析】选项 B 错误，依法必须进行招标的项目，招标人应当自收到评标报告之日起 3 日内公示中标候选人，公示期不得少于 3 日。

选项 D、E 错误，招标人应当自收到异议之日起 3 日内作出答复，作出答复前，应当暂停招标投标活动。

59.【2022 年】关于招标投标投诉及其处理的说法，正确的有（　　）。

A. 投诉人就同一事项向两个以上有权受理的行政监督部门投诉的，由收到的部门组成调查组负责处理

B. 行政监督部门应当自收到投诉之日起 3 个工作日内决定是否受理投诉，并自受理投诉之日起 30 个工作日内作出书面处理决定

C. 为了保证招投标活动的秩序，调查期间行政监督部门不得要求暂停招投标活动

D. 行政监督部门在调查过程中需要检验、检测、鉴定、专家评审的，所需时间不计算在投诉处理期限内

E. 行政监督部门的工作人员对监督检查过程中知悉的国家秘密、商业秘密，应当依法予以保密

【解析】选项 A 错误，投诉人就同一事项向两个以上有权受理的行政监督部门投诉的，由最先收到投诉的行政监督部门负责处理。

选项 C 错误，调查期间暂停招标投标活动。

【本节答案】

题号	1	2	3	4	5	6	7	8	9	10
答案	A	B	ACD	ACE	D	AE	B	B	ACD	D
题号	11	12	13	14	15	16	17	18	19	20
答案	BCDE	D	C	D	B	D	D	CD	ABD	ABCE
题号	21	22	23	24	25	26	27	28	29	30
答案	A	D	C	BC	A	A	BDE	BCE	D	C
题号	31	32	33	34	35	36	37	38	39	40
答案	D	A	B	AC	ADE	ABC	ABCD	A	D	D
题号	41	42	43	44	45	46	47	48	49	50
答案	CDE	B	D	BCDE	A	C	CE	A	A	B
题号	51	52	53	54	55	56	57	58	59	
答案	B	ABD	C	A	CDE	A	B	AC	BDE	

第三节 非招标采购制度

考情分析

要点	2024 年
（1）竞争性谈判	
（2）询价	
（3）单一来源采购	2
（4）框架协议采购	1
分值合计	3

考点一 政府采购可采用的法定方式★★★★

1. 根据《政府采购法》，政府采购方式主要是公开招标。依法不招标的政府采购，应当使用其他的法定方式有（　　）。

A. 邀请招标　　　　　　　　　B. 成本加酬金

C. 竞争性谈判　　　　　　　　D. 单一来源采购

E. 询价

【解析】根据《政府采购法》，政府采购方式主要是公开招标。在特定情况下，经法定机关批准可以转为邀请招标。依法不招标的政府采购，应当使用其他法定方式，包括：（1）竞争性谈判；（2）竞争性磋商；（3）单一来源采购；（4）询价；（5）框架性协议采购；（6）其他。

2. 根据《政府采购法》，政府采购方式中，同时适用于采购货物、工程和服务的采购方式有（　　）。

A. 公开招标　　　　　　　　　B. 询价

C. 竞争性磋商　　　　　　　　D. 单一来源采购

E. 框架性协议采购

【解析】根据《政府采购法》，政府采购方式主要是公开招标。在特定情况下，经法定机关批准也可以采用邀请招标。依法不招标的政府采购，应当使用其他法定方式，包括：（1）竞争性谈判（适用于工程、货物、服务）；（2）竞争性磋商（适用于服务、艺术品专利专有技术采购、科技项目、非招标工程）；（3）单一来源采购（适用于工程、货物、服务）；（4）询价（仅适用于货物）；（5）框架性协议采购（仅适用于货物、服务）；（6）其他。

第四章 建设工程发承包法律制度

考点二 竞争性谈判 ★★★★

适用范围 （无法招标的）	（1）招标后没有供应商投标或者没有合格标的或者重新招标未能成立的。 （2）技术复杂或者性质特殊，不能确定详细规格或者具体要求的。 （3）采用招标所需时间不能满足用户紧急需要的。 （4）不能事先计算出价格总额的
成立谈判小组	采购人的代表和有关专家共3人以上的单数组成，其中专家的人数不得少于成员总数的2/3
制定谈判文件	有实质性变动的，谈判小组应以书面形式通知所有参加谈判的供应商
确定邀请谈判名单	不少于3家，只有2家时，经本级财政部门批准后方可谈判
谈判	采购谈判小组所有成员集中与单一供应商分别进行谈判
确定成交供应商	采购人从成交候选人中根据符合采购需求、质量和服务相等且报价最低的原则确定成交供应商，并将结果通知所有参加谈判的未成交的供应商，并在成交通知书发出之日起30日内签订合同

3. 竞争性谈判主要适用的采购项目有（　　　）。

A. 招标后没有供应商投标或者没有合格标的或者重新招标未能成立的
B. 技术复杂或者性质特殊，不能确定详细规格或者具体要求的
C. 需要采用不可替代的专利技术的
D. 不能事先计算出价格总额的
E. 技术复杂，只有少量供应商可供选择的

【解析】竞争性谈判主要适用于不能或者不宜采用招标方式的采购项目，具体为：（1）招标后没有供应商投标、没有合格标的或者重新招标未能成立的；（2）技术复杂或者性质特殊，不能确定详细规格或者具体要求的；（3）采用招标所需时间不能满足用户紧急需要的；（4）不能事先计算出价格总额的。

4. 下列关于竞争性谈判的说法，正确的有（　　　）。

A. 采购标的是依法必须招标的货物、工程和服务
B. 采用招标所需时间不能满足用户紧急需要的可以采取竞争性谈判
C. 由2名采购人代表和3名有关专家组成的谈判小组符合法定要求
D. 为节省采购时间和费用，谈判小组成员应单独与单一供应商分别进行谈判
E. 谈判小组对采购需求中的技术要求进行实质性变动的，须经采购人代表确认

【解析】选项A错误，公开招标应作为政府采购的主要采购方式，竞争性谈判主要适用于不能或者不宜采用招标方式采购的货物、工程和服务。

选项B正确，采用招标所需时间不能满足用户紧急需要的，可以采取竞争性谈判。

选项C错误，谈判小组由采购人的代表和有关专家共3人以上的单数组成，其中专家的

人数不得少于成员总数的 2/3。本题 5 人的谈判小组应满足有关专家至少 4 人。

选项 D 错误，谈判小组所有成员集中与单一供应商分别进行谈判。

选项 E 正确，在谈判过程中，谈判小组可以根据谈判文件和谈判情况实质性变动采购需求中的技术、服务要求以及合同草案条款，但不得变动谈判文件中的其他内容。实质性变动的内容，须经采购人代表确认。

考点三 询价 ★★★

5. 采购的货物规格标准统一，现货充足且价格变化幅度小的政府采购方式是（　　）。
　　A. 框架协议采购　　　　B. 竞争性谈判　　　　C. 单一来源采购　　　　D. 询价
【解析】采购的货物规格、标准统一、现货货源充足且价格变化幅度小的政府采购项目，可以采用询价方式采购。

6. 采用询价方式采购的，应当遵循下列程序（　　）。
　　A. 发出询价单、邀请供应商报价、分别谈判磋商、供应商二次修改报价、确定成交供应商
　　B. 成立询价小组、直接向意向供应商询价、压价、确定成交供应商
　　C. 成立询价小组、确定被询价的供应商名单、分别询价、确定成交供应商
　　D. 成立询价小组、邀请几个供应商集体开会、当面讨价还价、确定成交供应商
【解析】采取询价方式采购的，应当遵循下列程序：(1) 成立询价小组；(2) 确定被询价的供应商名单；(3) 询价；(4) 确定成交供应商。

考点四 单一来源采购 ★★★★

7. 根据《政府采购法》，采用单一来源方式采购货物或者服务的，必须保证原有采购项目一致性或者服务配套的要求，需要继续从原供应商处添购，且添购资金总额不超过原合同采购金额的（　　）。
　　A. 3%　　　　　　B. 5%　　　　　　C. 10%　　　　　　D. 20%
【解析】根据《政府采购法》，采用单一来源方式采购货物或者服务的，必须保证原有采购项目一致性或者服务配套的要求，需要继续从原供应商处添购，且添购资金总额不超过原合同采购金额 10%。

8. 根据《政府采购法》，应当采用单一来源方式采购的货物或者服务有（　　）。
　　A. 只能从唯一供应商处采购的
　　B. 采用招标所需时间不能满足用户紧急需要的
　　C. 必须保证原有采购项目一致性的要求，需要继续从原供应商处添购的
　　D. 货物规格、标准统一、现货货源充足且价格变化幅度小的政府采购项目
　　E. 发生了不可预见的紧急情况不能从其他供应商处采购的

第四章 建设工程发承包法律制度

【解析】本题难度较大，需要精准掌握单一来源方式采购的适用范围。根据《政府采购法》，符合下列情形之一的货物或者服务，可以采用单一来源方式采购：（1）只能从唯一供应商处采购的；（2）发生了不可预见的紧急情况不能从其他供应商处采购的；（3）必须保证原有采购项目一致性或者服务配套的要求，需要继续从原供应商处添购，<u>且添购资金总额不超过原合同采购金额10%的</u>。选项 B 可以采用竞争性谈判方式，选项 D 可以采用询价方式。

9.【2024年】关于单一来源采购的说法，正确的有（　　）。
A. 采用单一来源采购方式公示期不得少于 3 个工作日
B. 单一来源采购方式适用于工程采购
C. 拟采用单一来源采购方式的，在报批之前，应当在省级以上财政部门指定媒体上公示，并将公示情况一并报财政部门
D. 对采用单一来源采购方式公示有异议的，可以在公示期内将书面意见反馈给采购人、采购代理机构，并同时抄送相关财政部门
E. 采购人收到公示异议后应当组织补充论证，论证后认为异议成立的，应当采用其他采购方式

【解析】选项 A 错误，采用单一来源采购方式公示期不得少于 5 个工作日。

考点五　框架协议采购★★★★

分类	分为封闭式框架协议采购和开放式框架协议采购两类
限价	<u>最高限制单价</u>
期限	货物项目框架协议有效期一般不超过 1 年 服务项目框架协议有效期一般不超过 2 年
评审方法	<u>价格优先法和质量优先法</u>

10. 根据《政府采购框架协议采购方式管理暂行办法》，框架协议采购的分类有（　　）。
A. 半封闭式框架协议采购　　　B. 封闭式框架协议采购
C. 独立式框架协议采购　　　　D. 联合式框架协议采购
E. 开放式框架协议采购

【解析】框架协议采购分为<u>封闭式</u>框架协议采购和<u>开放式</u>框架协议采购两类。

11. 根据《政府采购框架协议采购方式管理暂行办法》，封闭式框架协议采购和开放式框架协议采购的主要区别在于（　　）。
A. 封闭式框架协议采购入围阶段无竞争，供应商不能自由加入和退出
B. 封闭式框架协议采购入围阶段有竞争，供应商可以自由加入和退出
C. 开放式框架协议采购入围阶段有竞争，供应商不能自由加入和退出
D. 开放式框架协议采购入围阶段无竞争，供应商可以自由加入和退出

【解析】封闭式框架协议采购是指通过公开竞争订立框架协议后，除经过框架协议约定的补充征集程序外，不得增加协议供应商的框架协议采购。开放式框架协议采购是指明确采购需求和付费标准等框架协议条件，愿意接受协议条件的供应商可以随时申请加入的框架协议采购。

12.【2024年二级】根据《政府采购框架协议采购方式管理暂行办法》集中采购机构应当在征集公告和征集文件中确定框架协议采购的（ ）。

A. 最高限制单价　　　　　　　　　　B. 最低限制单价
C. 最高限制总价　　　　　　　　　　D. 最低限制总价

【解析】集中采购机构或者主管预算单位应当在征集公告和征集文件中确定框架协议采购的最高限制单价。

13.【2024年二级】在封闭式框架协议采购程序中，确定第一阶段入围供应商的评审方法包括价格优先法和（ ）。

A. 质量优先法　　B. 顺序轮候法　　C. 直接选定法　　D. 综合评估法

【解析】封闭式框架协议采购程序，确定第一阶段入围供应商，其评审方法包括价格优先法和质量优先法。

14. 某造价公司欲采购某预算软件，征集文件中确定框架协议采购该软件的最高限制单价为500元，入围供应商第一阶段响应报价480元，第二阶段响应报价490元，采购人确定第二阶段成交供应商的最高限价是（ ）。

A. 500元　　　　　　　　　　　　　B. 480元
C. 490元　　　　　　　　　　　　　D. 由采购人自行确定

【解析】集中采购机构或者主管预算单位应当在征集公告和征集文件中确定框架协议采购的最高限制单价。最高限制单价是供应商第一阶段响应报价的最高限价。入围供应商第一阶段响应报价（480元）是采购人或者服务对象确定第二阶段成交供应商的最高限价。

15. 关于政府采用框架协议采购方式，说法正确的是（ ）。

A. 框架协议采购适用于政府工程采购
B. 框架协议采购应当确定最高限制单价和最低限制单价
C. 供应商可以随时申请加入或退出框架采购协议
D. 框架协议采购应当订立固定价格合同

【解析】选项A错误，框架协议仅适用于标准明确统一、多频次小额重复采购的"货物、服务"，不适用于工程等复杂采购。

选项B错误，在征集公告和征集文件中确定框架协议采购的最高限制单价，而不能确定最低限制单价。

选项C错误，封闭式框架协议，供应商需要竞争才能入围，采用价格优先法或质量优先法进行评审。除经框架协议约定的补充征集程序外，不能随意增加协议供应商。入围供应商无正当理由也不允许退出。开放式则是由征集人先明确采购需求和付费标准等条件，凡是愿意接受协议条件的供应商都可以申请加入，也可以随时退出。

16.【2024年】关于框架协议采购的说法，正确的是（ ）。
A. 框架协议采购可以确定1名或者多名入围供应商
B. 开放式框架协议采购是框架协议采购的主要形式
C. 框架协议采购需求在框架协议有效期内可以变动
D. 封闭式框架协议入围供应商可以随时退出框架协议

【解析】选项B错误，封闭式框架协议采购是框架协议采购的主要形式。

选项C错误，框架协议采购需求在框架协议有效期内不得变动。

选项D错误，封闭式框架协议入围供应商无正当理由，不得主动放弃入围资格或者退出框架协议。开放式框架协议入围供应商可以随时申请退出框架协议。

17.【2024年】框架协议采购方式与其他采购方式相比，具有的特点有（ ）。
A. 单一项目采购　　　　　　　　B. 采购程序两阶段性
C. 只能确定一名入围供应商　　　D. 可以确定多名入围供应商
E. 多频次、小额度采购

【解析】框架协议采购方式与其他采购方式相比，具有如下特点：

（1）适用范围上的特定性，即多频次、小额度采购，而非单一项目采购。

（2）采购程序的两阶段性，第一阶段由集中采购机构或者主管预算单位通过公开征集程序，确定入围供应商并订立框架协议；第二阶段由采购人或者服务对象按照框架协议约定规则，在入围供应商范围内确定成交供应商并订立采购合同。

（3）关于供应商数量，框架协议采购可以确定一名或多名入围供应商。

【本节答案】

题号	1	2	3	4	5	6	7	8	9	10
答案	CDE	AD	ABD	BE	D	C	C	AE	BCDE	BE
题号	11	12	13	14	15	16	17			
答案	D	A	A	B	D	A	BDE			

第五章 建设工程合同法律制度

第一节 合同的基本规定

考情分析

要点	2024年	2023年	2022年
（1）合同订立的形式和内容			1
（2）要约与承诺		3	1
（3）缔约过失责任			
（4）有效合同			
（5）无效合同			
（6）可撤销合同	1		
（7）效力待定合同			
（8）合同履行的具体要求			
（9）抗辩权			
（10）违约责任	1	3	
分值合计	2	6	2

考点一 合同订立的形式和内容★★

合同形式	书面形式	合同书、信件、电报、电子邮件
	口头形式	直接、简便、快速的特点，但缺乏凭证
	其他形式（默示合同）	根据当事人的行为或者特定情形推定合同的成立

第五章 建设工程合同法律制度

1.【2022 年】关于合同形式的说法，正确的是（　　）。
A. 书面形式合同是指合同书
B. 未依法采用书面形式订立的合同，合同有可能成立
C. 根据当事人行为推定合同成立的，称为口头合同
D. 以电子数据交换方式能够有形地表现所载内容的数据电文，视为口头形式

【解析】选项 A 错误，书面形式是合同书、信件、电报、电传、传真等可以有形地表现所载内容的形式。

选项 C 错误，其他形式合同，可以根据当事人的行为或者特定情形推定合同的成立，也可以称为默示合同。

选项 D 错误，以电子数据交换、电子邮件等方式能够有形地表现所载内容，并可以随时调取查用的数据电文，视为书面形式。

考点二 要约与承诺★★★★

项目	内容
要约邀请	希望他人向自己发出要约的意思表示，如招标公告、商业广告等。 要约邀请并不是合同成立过程中的必经过程，它是当事人订立合同的预备行为，在法律上无须承担责任
要约	是希望与他人订立合同的意思表示，如投标文件
承诺	是受要约人同意要约的意思表示，如中标通知书。 承诺的内容应当与要约的内容一致
要约撤回	要约撤回应当在要约到达受要约人之前或者与要约同时到达受要约人
要约撤销	撤销要约的通知应当在受要约人发出承诺通知之前到达受要约人
不得撤销	(1) 要约人确定了承诺期限或者以其他形式明示要约不可撤销。 (2) 受要约人有理由认为要约是不可撤销的，并已经为履行合同作了准备工作
要约失效	(1) 要约被拒绝。 (2) 要约被依法撤销。 (3) 承诺期限届满，受要约人未作出承诺。 (4) 受要约人对要约的内容作出实质性变更
承诺生效	要约没有确定承诺期限的，承诺应当依照下列规定到达： (1) 要约以对话方式作出的，应当即时作出承诺。 (2) 要约以信件或者电报作出的，承诺期限自信件载明的日期或者电报交发之日开始计算。信件未载明日期的，自投寄该信件的邮戳日期开始计算。要约以电话、传真、电子邮件等快速通信方式作出的，承诺期限自要约到达受要约人时开始计算
承诺撤回	撤回承诺的通知应当在承诺通知到达要约人前或者与承诺通知同时到达要约人
逾期承诺	逾期承诺（主观）或实质性变更的，可视为新要约

2.【2022 年】 甲公司根据乙公司的材料价格清单通过邮政快递寄出采购单，后通过电子邮件通知乙公司取消订单，如果邮政快递后于电子邮件到达，那么该情形为（　　）。

A. 要约撤销　　　　　　　　　　　　B. 承诺撤回
C. 要约撤回　　　　　　　　　　　　D. 承诺撤销

【解析】 甲寄出的采购单属于要约，由于"采购单未送达即被取消"即要约未生效，"甲取消该采购单"属于要约的撤回。即撤回意思表示的通知应当在意思表示到达相对人前或者与意思表示同时到达相对人，属于撤回要约。撤销要约的通知应当在受要约人发出承诺通知之前到达受要约人。

3.【2022 年补考】 下列情形导致要约失效的有（　　）。

A. 拒绝要约的通知到达要约人　　　　B. 要约人依法撤销要约
C. 要约人依法撤回要约　　　　　　　D. 承诺期限届满，受要约人未作出承诺
E. 受要约人对要约的内容作出实质性变更

【解析】 有下列情形之一的，要约失效：(1) 拒绝要约的通知到达要约人；(2) 要约人依法撤销要约；(3) 承诺期限届满，受要约人未作出承诺；(4) 受要约人对要约的内容作出实质性变更。

4.【2021 年】 3 月 1 日甲施工企业向乙钢材供应商发出钢材采购单，承诺期限为 3 月 5 日前承诺，3 月 1 日，乙收到甲的采购单。3 月 2 日，乙收到甲取消本次采购的函。3 月 4 日，乙发函至甲表示同意履行 3 月 1 日的采购单，关于甲、乙双方合同订立的说法，正确的是（　　）。

A. 甲 3 月 2 日的行为属于要约邀请　　B. 甲乙之间买卖合同成立
C. 乙 3 月 4 日的行为属于新要约　　　D. 甲的要约已经撤销

5.【2024 年二级】 4 月 20 日，甲向乙发出函件称："本单位欲以每吨 3800 元的价格出售螺纹钢 100 吨，如欲购买，请于 5 月 10 日前回复"。乙于 4 月 27 日收到甲的函件，并于次日回函表示愿意购买。但由于投递错误，乙的回函于 5 月 11 日才到达甲处，因已超过 5 月 10 日的最后期限，甲未再理会乙，而将钢材出售给他人。根据《民法典》，关于甲、乙之间合同的说法，正确的是（　　）。

A. 合同成立且已生效，乙有权要求甲履行合同
B. 合同未成立，甲对乙不承担任何责任
C. 合同未成立，但乙有权要求甲赔偿信赖利益损失
D. 合同成立但未生效，甲有权以承诺迟到为由撤销要约

【解析】 在这个案例中，甲向乙发出了要约，明确了价格、数量，以及回复的最后期限。乙在收到要约后表示愿意购买，但"由于投递错误"，导致乙的承诺超期到达。此处不能仅因超过承诺期限就认为合同未成立，应依据《民法典》第四百八十七条规定："受要约人在承诺期限内发出承诺，按照通常情形能够及时到达要约人，但是因其他原因致使承诺到达要约人时超过承诺期限的，除要约人及时通知受要约人因承诺超过期限不接受该承诺外，

该承诺有效。"

本案属于乙未迟发而逾期的承诺，按照通常情形能够及时到达要约人，只是因其他原因造成承诺逾期，受要约人对承诺能够及时到达要约人的预期和信赖有必要予以保护，在法律效果上该承诺有效。同时为了保护要约人的利益，《民法典》第四百八十七条对此作了除外规定，允许要约人及时否定该承诺的效力，即如果要约人及时通知受要约人因承诺超过期限不接受该承诺，则该承诺对要约人不产生约束力。如果要约人没有及时通知受要约人不接受该承诺，则该承诺有效、合同成立。因此本题选项A正确。

6.【2023年】关于意思表示生效的说法，正确的有（　　）。
A. 无相对人的意思表示，表示完成时生效
B. 以对话方式作出的意思表示，到达相对人时生效
C. 以非对话方式作出的意思表示，相对人未指定特定系统的，该数据电文进入系统时生效
D. 以非对话方式作出的意思表示，相对人知道其内容时生效
E. 以公告方式作出的意思表示，公告发布时生效

【解析】选项B错误，以对话方式作出的意思表示，相对人知道其内容时生效。

选项C错误，以非对话方式作出的采用数据电文形式的意思表示，相对人指定特定系统接收数据电文的，该数据电文进入该特定系统时生效。未指定特定系统的，相对人知道或者应当知道该数据电文进入其系统时生效。

选项D错误，以非对话方式作出的意思表示，到达相对人时生效。

考点三 合同的成立 ★

7.【2020年】甲公司向乙公司购买了一批钢材，双方约定采用合同书的方式订立合同，由于施工进度紧张，在甲公司的催促之下，双方在未签字盖章之前，乙公司将钢材送到了甲公司，甲公司接收并投入工程使用。甲、乙公司之间的买卖合同（　　）。
A. 无效　　　　B. 成立　　　　C. 可变更　　　　D. 可撤销

【解析】当事人采用合同书形式订立合同的，自双方当事人签字或者盖章时合同成立。采用合同书形式订立合同，在签字或盖章之前，当事人一方已经履行主要义务，对方接受的，该合同成立。

8.【2019年】施工企业向某建筑材料供应商发出购买建筑材料的要约，该建筑材料供应商在承诺有效期内对该要约作出了完全同意的答复，则该买卖合同成立的时间为（　　）。
A. 建筑材料供应商的答复文件到达施工企业时
B. 施工企业发出订购建筑材料的要约时
C. 建筑材料供应商发出答复文件时
D. 施工企业订购建筑材料的要约到达建筑材料供应商时

【解析】承诺生效时合同成立。承诺通知到达要约人时生效。承诺不需要通知的，根据交易习惯或者要约的要求作出承诺的行为时生效。

考点四 缔约过失责任 ★★★

9. 依据《民法典》，下列选项中，属于缔约过失责任的有（　　）。
A. 有违背诚实信用原则的行为
B. 提供虚假情况
C. 故意隐瞒与订立合同有关的重要事实
D. 假借订立合同，恶意进行磋商
E. 无权代理人代订的合同

【解析】《民法典》规定，当事人在订立合同过程中有下列情形之一，给对方造成损失的，应当承担损害赔偿责任：
(1) 假借订立合同，恶意进行磋商。
(2) 故意隐瞒与订立合同有关的重要事实或者提供虚假情况。
(3) 有其他违背诚实信用原则的行为。

考点五 有效合同 ★★★

10.【2021年二级】 有效的民事法律行为具备的条件有（　　）。
A. 行为人具有相应的民事行为能力
B. 行为人意思表示真实
C. 不违反法律、法规的强制性规定
D. 行为人获得行政许可
E. 不违背公序良俗

【解析】《民法典》规定，具备下列条件的民事法律行为有效：(1) 行为人具有相应的民事行为能力；(2) 意思表示真实；(3) 不违反法律、行政法规的强制性规定，不违背公序良俗。注意本题选项 C 不选，法规包括行政法规和地方法规，只有违反行政法规的强制性规定才是无效的民事法律行为。

考点六 无效合同 ★★★★

11.【2020年二级】 关于无效合同的说法，正确的是（　　）。
A. 一方以欺诈手段订立的损害对方利益的合同无效
B. 违反部门规章的强制性规定的合同无效
C. 无效的合同自被认定无效之日起没有法律约束力
D. 双方恶意串通，损害第三人利益的合同无效

【解析】选项 A 错误，以欺诈的手段订立的合同为可撤销合同。
选项 B 错误，违反法律、行政法规的强制性规定的民事法律行为无效。
选项 C 错误，无效的或者被撤销的民事法律行为"自始"（合同订立时）没有法律约束力。

第五章 建设工程合同法律制度

考点七 可撤销合同 ★★★

可撤销情形	重大误解、显失公平、欺诈胁迫的合同
撤销方式	当事人一方（误解方、不利方、受害方、违心方）可以与对方协商变更或撤销；可以请求人民法院或者仲裁机构变更或撤销
效力	合同未撤销的，自始（签订合同时）有效；合同被撤销的，自始无效
撤销权消灭	（1）当事人自知道或者应当知道撤销事由之日起 1 年内没有行使撤销权。 （2）重大误解的当事人自知道或者应当知道撤销事由之日起 90 日内没有行使撤销权。 （3）当事人受胁迫，自胁迫行为终止之日起 1 年内没有行使撤销权。 （4）当事人知道撤销事由后明确表示或者以自己的行为表明放弃撤销权。 （5）当事人自民事法律行为发生之日起 5 年内没有行使撤销权的，撤销权消灭

12.【2016 年】 甲公司以国产设备为样品，谎称进口设备，与乙施工企业订立设备买卖合同，后来乙施工企业知悉实情。关于该合同争议处理的说法，正确的有（　　）。
A. 若买卖合同被撤销后，有关争议解决条款也随之无效
B. 乙施工企业有权自主决定是否行使撤销权
C. 乙施工企业有权自合同订立之日起 1 年内主张撤销该合同
D. 该买卖合同被法院撤销后，则该合同自始没有法律约束力
E. 乙施工企业有权自知道设备为国产之日起 1 年内主张撤销该合同
【解析】选项 A 错误，合同被撤销的，不影响合同中有关解决争议条款的效力。选项 C 错误，当事人自知道或者应当知道撤销事由之日起 1 年内主张撤销该合同。

13.【2024 年】 根据《民法典》，下列合同中，属于可撤销合同的是（　　）。
A. 违背公序良俗的合同
B. 行为人与相对人以虚假的意思表示订立的合同
C. 行为人与相对人恶意串通，损害他人合法权益订立的合同
D. 第三人以胁迫手段，使对方在违背真实意思的情况下订立的合同
【解析】依据《民法典》规定，可撤销合同的种类包括：
（1）基于重大误解订立的合同。
（2）一方以欺诈手段，使对方在违背真实意思的情况下订立的合同。
（3）一方或者第三人以胁迫手段，使对方在违背真实意思的情况下订立的合同。
（4）一方利用对方处于危困状态、缺乏判断能力等情形，致使合同成立时显失公平的。

考点八 效力待定合同 ★★

14.【2022年二级】关于限制民事行为能力人实施的民事法律行为的说法，正确的是（　　）。

A. 限制民事行为能力人实施的纯获利益的民事法律行为效力待定

B. 限制民事行为能力人实施的与其年龄、智力、精神健康状况不相适应的民事法律行为无效

C. 相对人可以催告法定代理人在收到通知之日起30日内予以追认

D. 相对人催告法定代理人追认，法定代理人未作表示的，视为予以追认

【解析】选项A错误，限制民事行为能力人实施的纯获利益的民事法律行为有效。

选项B错误，限制民事行为能力人实施的与其年龄、智力、精神健康状况不相适应的民事法律行为是效力待定行为。

选项D错误，法定代理人未作表示的，视为拒绝追认。

考点九 合同履行的具体规定 ★★★

合同生效后，没有约定或者约定不明确的	第一步：可以协议补充。 第二步：不能达成补充协议的，按照合同有关条款或者交易习惯确定。 第三步：仍不能确定的，适用《民法典》的规定
质量要求不明确的	按照国家标准、行业标准履行；没有国家标准、行业标准，按照通常标准或者符合合同目的的特定标准履行
价款或者报酬不明确的	按照订立合同时履行地的市场价格履行
履行地点不明确的	给付货币的，在接受货币一方所在地履行； 交付不动产的，在不动产所在地履行； 其他标的，在履行义务一方所在地履行
履行期限不明确的	债务人可以随时履行，债权人也可以随时要求履行，但应当给对方必要的准备时间
履行方式不明确的	按照有利于实现合同目的的方式履行
履行费用的负担不明确的	由履行义务一方负担。因债权人原因增加的履行费用，由债权人负担

15.【2022年补考】根据《民法典》，建设工程施工合同对工程质量要求约定不明确的，首选的解决方式是通过（　　）。

A. 按照符合合同目的的特定标准履行　　B. 按照合同相关条款确定

C. 当事人协议补充确定　　D. 按照交易习惯确定

【解析】合同生效后，当事人就质量、价款或者报酬、履行地点等内容没有约定或者约定不明确的，可以协议补充；不能达成补充协议的，按照合同相关条款或者交易习惯确定。

16. 合同内容约定不明确，不能达成补充协议，按照交易习惯不能解决时，根据我国《民法典》的规定，正确的说法有（　　）。

A. 质量要求不明确，可按照国家标准、行业标准履行
B. 履行期限不明确，债权人可以随时要求履行，但应当给对方必要的准备时间
C. 价款不明确的，可按照合同签订时履行地的市场价格履行
D. 履行地点不明确，给付货币的，在给付货币一方所在地履行
E. 履行费用负担不明确的，由债权人承担

【解析】选项 D 错误，履行地点不明确，给付货币的，在"接受货币一方"所在地履行。

选项 E 错误，履行费用负担不明确的，由"履行义务一方"负担。

考点十　合同履行中的抗辩权 ★★★

抗辩权	具体规定
同时履行抗辩权	当事人互负债务，没有先后履行顺序的，应当同时履行。一方在对方履行之前有权拒绝其履行请求。一方在对方履行债务不符合约定时，有权拒绝其相应的履行请求
先履行抗辩权	当事人互负债务，有先后履行顺序，应当先履行债务一方未履行（或履行债务不符合约定的）的，后履行一方有权拒绝其履行请求
不安抗辩权	应当先履行债务的当事人，有确切证据证明对方有下列情形之一的，可以中止履行： （1）经营状况严重恶化。 （2）转移财产、抽逃资金，以逃避债务。 （3）丧失商业信誉。 （4）有丧失或者可能丧失履行债务能力的其他情形
	抗辩权中止履行的，应当及时通知对方。 对方提供适当担保的，应当恢复履行

17. 根据《民法典》，先履行债务的当事人有确切证据证明对方有（　　）情形的，可以中止履行合同。

A. 资产负债率大幅增加
B. 经营状况严重恶化
C. 转移财产逃避债务
D. 抽逃资金逃避债务
E. 丧失商业信誉

18.【2024年二级】甲公司与乙公司订立水泥买卖合同,合同约定,甲公司向乙公司购买水泥 100 吨,甲公司于 8 月 1 日前向乙公司支付 30% 的预付款,余款于 10 月 15 日水泥交付后 3 日内付清。8 月 1 日,甲公司未按合同约定支付预付款。10 月 15 日,甲公司要求乙公司交付水泥。根据《民法典》,乙公司可以行使的权利是(   )。

A. 先履行抗辩权 B. 同时履行抗辩权
C. 不安抗辩权 D. 先诉抗辩权

【解析】当事人互负债务,有先后履行顺序,应当先履行债务一方未履行的,后履行一方有权拒绝其履行请求。先履行一方履行债务不符合约定的,后履行一方有权拒绝其相应的履行请求。

19.【2024年二级】依据施工企业甲与材料供应商乙订立的买卖合同,甲应当先行支付乙货款的 20% 作为预付款,此时甲有确切证据证明乙经营状况严重恶化,关于甲的做法,正确的是(   )。

A. 中止履行,并及时通知对方 B. 通知乙即刻解除合同
C. 继续支付预付款 D. 要求乙承担违约责任

【解析】抗辩权中止履行的,应当及时通知对方。

考点十一　违约责任★★★★

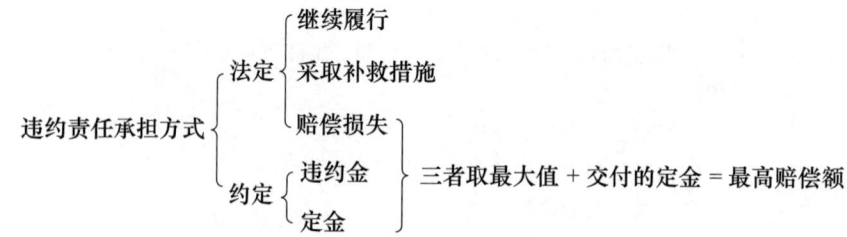

合同生效	定金合同自实际交付定金时生效
法律效力	债务人履行债务的,定金可以抵作价款,也可以收回
	给付定金的一方不履行或履行不符合约定,<u>无权请求返还定金</u>
	收受定金的一方不履行或履行不符合约定,应当<u>双倍返还定金</u>
定金数额	数额由当事人约定,但<u>不得超过主合同标的额的 20%</u>,<u>超过部分不产生定金效力</u>
	实际交付的定金数额多于或者少于约定数额的,<u>视为变更约定的定金数额</u>
定金与违约金	当事人既约定违约金,又约定定金的,对方可以选择适用违约金或者定金条款

续表

违约金与损失 （2025年新增）	（1）约定的违约金过分低于造成的损失的，人民法院或者仲裁机构可以根据当事人的请求予以增加。 （2）约定的违约金过分高于违约造成的损失（约定的违约金超过造成损失的30%），可以请求予以适当减少。 （3）当事人就迟延履行约定违约金的，违约方支付违约金后，还应当履行债务
定金性质的约定 （2025年新增）	（1）当事人交付留置金、担保金、保证金、订约金、押金或者订金等，但是没有约定定金性质，一方主张适用《民法典》规定的定金罚则的，人民法院不予支持。 （2）当事人约定了定金性质，但是未约定定金类型或者约定不明，一方主张为违约定金的，人民法院应予支持。 （3）当事人约定以交付定金作为订立合同的担保，一方拒绝订立合同或者在磋商订立合同时违背诚信原则导致未能订立合同，对方主张适用定金罚则的，人民法院应予支持

20.【2020年二级】 当事人一方不履行合同义务或者履行合同义务不符合约定的，应当承担的违约责任是（　　）。

A. 继续履行、消除危险或者赔偿损失
B. 继续履行、采取补救措施或者赔偿损失
C. 返还财产、赔礼道歉或者采取补救措施
D. 恢复原状、赔偿损失或者支付违约金

【解析】承担违约责任的种类主要有继续履行、采取补救措施或者赔偿损失等方式。

21.【2014年】 合同未约定违约责任，当事人一方不履行合同义务的，违约方应当承担的违约责任有（　　）。

A. 赔礼道歉　　　　　　　　B. 继续履行
C. 赔偿损失　　　　　　　　D. 采取补救措施
E. 支付违约金

【解析】承担违约责任的种类主要有继续履行、采取补救措施或者赔偿损失等方式。支付违约金或定金属于约定情形。

22.【2018年】 施工企业与供应商订立的合同中，约定的违约金为5万元，合同订立后施工企业支付了定金4万元。后来由于供应商未能按约交货，给施工企业造成的损失为6万元，则施工企业有权主张的最高赔偿金额为（　　）万元。

A. 8　　　　B. 9　　　　C. 10　　　　D. 13

【解析】简易法则：最高赔偿金额=｛违约金、定金、实际损失｝三者取最大值+定金=6+4=10万元。

23.【2024 年】甲施工企业向乙水泥厂采购水泥，合同约定总价款 300 万元，甲按约定向乙支付了定金 70 万元。后因乙供应的水泥不符合强制性国家标准导致该合同解除，甲可以要求乙返还的最高金额为（　　）。

　　A. 130 万元　　　　　　　　　　　　B. 140 万元

　　C. 120 万元　　　　　　　　　　　　D. 70 万元

【解析】300×20%×2+10＝130 万元。

24.【2023 年】甲施工企业与乙材料供应商订立了总货款为 200 万元的买卖合同，约定甲向乙给付定金 50 万元作为合同履行的担保，同时约定任何一方违约均应当向对方支付违约金 40 万元。甲因资金困难，经乙同意后，实际向乙支付定金 30 万元，后乙不能履行合同义务，甲能够获得人民法院支持的最高金额是（　　）。

　　A. 70 万元　　　　B. 40 万元　　　　C. 60 万元　　　　D. 100 万元

【解析】定金合同以实际交付定金为成立要件，因此定金应以 30 万元为准。如果选用违约金条款，则可以请求支付违约金 40 万元，并返还定金 30 万元，共计 70 万元；如果选择定金条款，则双倍返还定金 30×2＝60 万元，不再另行支付违约金。因此甲能够获得人民法院支持的最高金额是 70 万元。

25. 甲施工企业与乙钢材供应商订立钢材采购合同，合同价款为 1000 万元，约定定金为 300 万元，甲实际支付定金 100 万元，乙按照合同约定开始发货，在合同履行过程中，双方发生争议。关于本案中定金的说法，正确的是（　　）。

　　A. 双方约定 300 万元的定金因超过合同价的 20% 而无效

　　B. 视为变更约定的定金数额为 200 万元

　　C. 若乙违约，致使合同目的不能实现，则应当向甲返还 200 万元

　　D. 若甲违约，致使合同目的不能实现，则应当向乙支付 100 万元

【解析】选项 A 错误，定金合同自实际交付定金时成立，即本题生效的定金是 100 万元。

选项 B 错误，实际交付的定金数额多于或者少于约定数额的，视为变更约定的定金数额，即变更后的金额为 100 万元。

选项 D 错误，若甲违约，致使合同目的不能实现，已支付 100 万元的定金无法收回，不再另行支付。

26.【2021 年】根据《民法典》，关于定金的说法，正确的是（　　）。

　　A. 定金合同自订立之日起生效

　　B. 当事人既约定违约金，又约定定金的，非违约方只能选择适用定金条款

　　C. 实际交付的定金数额多于或者少于约定数额的，视为未约定定金

　　D. 约定的定金数额超过主合同标的额 20% 的，超过部分不产生定金的效力

【解析】选项 A 错误，定金合同自实际交付定金时成立。

选项 B 错误，当事人既约定违约金，又约定定金的，一方违约时，对方可以选择适用违约金或者定金条款。

选项 C 错误，实际交付的定金数额多于或者少于约定数额的，视为变更约定的定金数额。

第五章 建设工程合同法律制度

27.【2019年】关于违约金的说法，正确的有（ ）。
A. 支付违约金是一种民事责任的承担方式
B. 约定的违约金低于造成的损失时，当事人可以请求人民法院或者仲裁机构予以增加
C. 违约方支付违约金后，非违约方有权要求其继续履行
D. 当事人既约定违约金又约定定金的，一方违约时，对方可以同时适用违约金条款和定金条款
E. 约定的违约金过分高于造成的损失的，当事人可以请求人民法院或者仲裁机构予以适当减少

【解析】选项D错误，当事人既约定违约金，又约定定金的，一方违约时，对方可以选择适用违约金或者定金条款。

28.【2022年补考】关于定金的说法，正确的有（ ）。
A. 当事人可以约定一方向对方给付定金作为债权的担保
B. 定金合同自实际交付定金时成立
C. 定金一旦给付，不得要求返还
D. 定金的数额超过主合同标的额20%的部分不产生定金的效力
E. 实际交付的定金数额多于或者少于约定数额的，视为变更约定的定金数额

【解析】债务人履行债务的，定金应当抵作价款或者收回。给付定金的一方不履行债务或者履行债务不符合约定，致使不能实现合同目的的，无权请求返还定金；收受定金的一方不履行债务或者履行债务不符合约定，致使不能实现合同目的的，应当双倍返还定金。

29.【2020年二级】关于不可抗力的说法，正确的是（ ）。
A. 不可抗力包括主观情况与客观情况
B. 法定的免责事由主要限于不可抗力
C. 因不可抗力不能履行合同的，全部免除责任
D. 当事人迟延履行后发生不可抗力的，可以免除责任

【解析】选项A错误，不可抗力不受人的意志为转移，即不包括主观情况。
选项C错误，因不可抗力不能履行合同的，"全部或部分"免除责任。如地震导致停工，建设单位仅免除施工单位的工期违约责任，而费用不免除，由施工单位自行承担。
选项D错误，<u>当事人迟延履行后发生不可抗力的，不能免除责任</u>。

30. 关于建设工程合同一方违约后，另一方采取措施防止损失扩大的说法，正确的是（ ）。
A. 守约方没有采取适当措施致使损失扩大的，可以就扩大的损失要求赔偿
B. 当事人因防止损失扩大而支出的合理费用，由自己承担
C. 未接到违约方的通知，守约方无须采取措施防止损失扩大
D. 接到违约方的通知后，守约方应当及时采取措施防止损失扩大

【解析】选项A错误，当事人一方违约后，对方应当采取适当措施防止损失的扩大。没有采取适当措施致使损失扩大的，不得就扩大的损失请求赔偿。

选项B错误，当事人因防止损失扩大而支出的合理费用，由违约方负担。

选项C错误，当事人一方违约后，对方应当采取适当措施防止损失的扩大，即使未接到违约方的通知，守约方也应当采取措施防止损失扩大。

31.【2018年】 某工程施工中，某水泥厂为施工企业供应水泥，延迟交货一周，延迟交货导致施工企业每天损失0.4万元，第一天晚上施工企业为减少损失，采取紧急措施共花费1万元，使剩余6天共损失0.7万元，则水泥厂因违约应向施工企业赔偿的损失为（　　）。

A. 1.1万元 B. 1.7万元
C. 2.1万元 D. 2.8万元

【解析】第一天损失0.4万元，后面6天共损失0.7万元，当事人因防止损失扩大而支出的合理费用1万元，由违约方负担。因此，赔偿损失=0.4+0.7+1=2.1万元。

32.【2025年新增】 根据《最高人民法院关于适用〈中华人民共和国民法典〉合同编通则若干问题的解释》，约定的违约金超过造成损失的（　　）的，人民法院一般可以认定为过分高于造成的损失。

A. 10% B. 15% C. 20% D. 30%

【解析】约定的违约金超过造成损失的30%的，人民法院一般可以认定为过分高于造成的损失。

【本节答案】

题号	1	2	3	4	5	6	7	8	9	10
答案	B	C	ABDE	B	A	AE	B	A	ABCD	ABE
题号	11	12	13	14	15	16	17	18	19	20
答案	D	BDE	D	C	C	ABC	BCDE	A	A	B
题号	21	22	23	24	25	26	27	28	29	30
答案	BCD	C	A	A	C	D	D	ABCE	ABDE	B	D
题号	31	32								
答案	C	D								

第二节 建设工程施工合同的规定

考情分析

要点	2024年	2023年	2022年
（1）建设工程合同			
（2）施工合同无效的情形和法律后果			2
（3）开工日期与竣工日期的争议处理	1	1	
（4）质量责任	3		
（5）建设工程价款结算纠纷争议解决			
（6）工程垫资及利息		1	1
（7）建设工程价款优先受偿权		2	2
（8）施工合同的变更			
（9）施工合同权利义务终止	2		
（10）合同解除	1	2	
分值合计	7	6	5

考点一 建设工程合同 ★

1. 根据《民法典》，建设工程合同通常包括（ ）。
A. 建设工程委托合同　　　　B. 建设工程监理合同
C. 建设工程勘察合同　　　　D. 建设工程施工合同
E. 建设工程设计合同

【解析】建设工程合同是承包人进行工程建设，发包人支付价款的合同，包括工程<u>勘察</u>、<u>设计</u>、<u>施工</u>合同。

考点二 施工合同无效的情形和法律后果 ★★★★

施工合同无效情形	（1）承包人<u>无资质</u>或者<u>超越资质</u>等级的。 （2）没有资质的实际施工人<u>借用</u>有资质的建筑施工企业名义的。 （3）建设工程<u>必须进行招标</u>而未招标或者中标无效的。 （4）承包人将工程<u>转包</u>、<u>违法分包</u>的

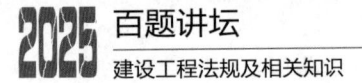

后果	(1) 自始没有法律约束力。 (2) 合同部分无效，不影响其他部分效力的。 (3) 合同无效、被撤销或终止，不影响合同中有关解决争议方法的条款的效力	
承担方式	返还财产→折价返还→赔偿损失	
	注意：合同无效，无约可违，所以承担方式<u>不包括</u>定金、违约金和继续履行	
工程款结算	合同无效的，但验收质量合格	"参照"合同约定支付
	合同解除的，但验收质量合格	"按照"合同约定支付
	验收质量不合格	修复后验收合格，发包人请求承包人承担修复费用的
		修复后验收不合格，承包人无权请求参照合同约定折价

2. 下列建设工程合同中，属于无效合同的有（　　）。

A. 施工企业超越资质等级订立的合同
B. 蓄意造成对方人身伤害的合同条款
C. 供应商欺诈施工单位订立的采购合同
D. 施工企业与发包人订立的重大误解合同
E. 没有资质的实际施工人借用有资质的建筑施工企业名义订立的合同

【解析】选项 B 属于合同条款无效。选项 C、D 属于可撤销的合同。

3. 下列建设工程施工合同中，应当被认定为无效的有（　　）。

A. 承包人超越资质等级许可的业务范围签订建设工程施工合同，在建设工程竣工前取得相应资质等级
B. 某使用世界银行援助资金的项目，发包人未经招标与承包人订立的合同
C. 某建设工程项目，施工总承包单位将主体结构的劳务分包给具有劳务资质的企业订立的合同
D. 某建筑施工企业，未取得施工总承包资质证书，承揽施工总承包工程订立的合同
E. 某建设工程项目，发包人未取得建设工程规划许可证与承包人订立的合同，但发包人在一审法院辩论终结前取得了建设工程规划许可证

【解析】选项 A 错误，承包人超越资质等级许可的业务范围签订建设工程施工合同，在建设工程竣工前取得相应资质等级，<u>当事人请求按照无效合同处理的，人民法院不予支持</u>。

当事人以发包人未取得建设工程规划许可证等规划审批手续为由，请求确认建设工程施工合同无效的，人民法院应予以支持，但发包人在"<u>起诉前</u>"取得建设工程规划许可证等规划审批手续的除外。因此，选项 E 合同无效。

4. 【2021年二级】关于无效合同法律后果的说法，正确的是（　　）。

A. 无效合同自被确认无效时起没有法律约束力
B. 合同无效的，不影响合同中有关解决争议方法的条款的效力
C. 无效合同的当事人因该合同取得的财产，应当折价补偿
D. 无效合同中双方都有过错的，仅需承担各自的损失

【解析】选项A错误，无效合同"自始"没有法律约束力。

选项C错误，合同无效，行为人因该行为取得的财产，应当予以返还。不能返还或者没有必要返还的，应当折价补偿。有过错的一方应当赔偿对方由此所受到的损失。

选项D错误，无效合同中各方都有过错的，应当各自承担相应的责任。

5. 【2017年】建设工程施工合同无效，将会产生的法律后果有（　　）。

A. 折价补偿　　　　　　　　B. 赔偿损失
C. 合同解除　　　　　　　　D. 继续履行
E. 支付违约金

【解析】合同解除仅适用于合法有效的合同，合同无效，不发生解除。合同无效，无"约"可依，也无"约"可违，因此也不包括继续履行和支付违约金。

6. 【2023年】根据《民法典》，建设工程施工合同无效，且建设工程经验收不合格的，以下处理正确的是（　　）。

A. 修复后经验收合格的，依据合同关于工程价款的约定支付承包人
B. 修复后经验收不合格的，参照合同关于工程价款的约定折价补偿承包人
C. 修复后经验收合格的，发包人可以请求承包人承担修复费用
D. 修复后经验收不合格的，发承包双方均应当承担责任

【解析】选项A错误，建设工程施工合同无效，但是建设工程经验收合格的，可以参照合同关于工程价款的约定折价补偿承包人。

选项B错误，修复后的建设工程经验收不合格的，承包人无权请求参照合同关于工程价款的约定折价补偿。

选项C正确，修复后的建设工程经验收合格的，发包人可以请求承包人承担修复费用。

选项D错误，修复后经验收不合格的，承包方应当承担责任。

7. 【2012年二级】关于建设工程施工合同无效的处理，说法正确的有（　　）。

A. 建设工程经验收合格的，可以参照合同关于工程价款的约定折价补偿承包人
B. 建设工程经验收不合格的，但是修复后的建设工程经竣工验收合格，发包人不可以请求承包人承担修复费用
C. 建设工程经验收不合格的，修复后的建设工程经验收不合格的，承包人无权请求参照合同关于工程价款的约定折价补偿
D. 建设工程经验收不合格的，发包人可以不承担相应的民事责任
E. 承包人超越资质等级许可的业务范围签订建设工程施工合同，在建设工程竣工前取得相应资质等级，当事人请求按照无效合同处理的，人民法院不予支持

【解析】选项 B 错误，修复后的建设工程经验收合格的，发包人可以请求承包人承担修复费用。

选项 D 错误，发包人对因建设工程不合格造成的损失有过错的，应当承担相应的民事责任。

考点三 开工日期与竣工日期的争议处理★★★★★

开工日期争议认定	（1）开工日期为发包人或者监理人发出的<u>开工通知载明</u>的开工日期。 （2）开工通知发出后，尚不具备开工条件的，以开工条件具备的时间为开工日期。 （3）因承包人原因导致开工时间推迟的，以开工通知载明的时间为开工日期。 （4）承包人经发包人同意已经实际进场施工的，以实际进场施工时间为开工日期。 （5）发包人或者监理人未发出开工通知，亦无相关证据证明实际开工的，应当综合考虑
竣工日期争议处理	（1）经竣工验收合格的，以竣工验收合格之日为竣工日期。 （2）承包人已经提交竣工验收报告，发包人拖延验收的，以提交验收报告之日为竣工日期。 （3）建设工程未经竣工验收，发包人擅自使用的，以转移占有建设工程之日为竣工日期

8. 某建设工程施工合同约定的开工日期为 3 月 1 日，发包人于 3 月 10 日向承包人发出开工通知，开工通知载明的开工日期为 3 月 20 日。接到开工通知后，承包人由于人员、设备未能及时到位，3 月 30 日才正式施工。根据《最高人民法院关于审理建设工程施工合同纠纷案件适用法律问题的解释（一）》，该项目开工日期应当为（　　）。

A. 3 月 1 日　　　　　　　　　B. 3 月 20 日
C. 3 月 10 日　　　　　　　　D. 3 月 30 日

【解析】因承包人原因导致开工时间推迟的，以开工通知载明的时间为开工日期。

9.【2021 年】当事人对建设工程开工日期有争议的，关于人民法院对开工日期认定的说法，正确的有（　　）。

A. 开工日期为发包人或者监理人发出的开工通知载明的开工日期
B. 因承包人原因导致开工时间推迟的，以开工条件具备的时间为开工日期
C. 开工通知发出后，尚不具备开工条件的，以开工条件具备的时间为开工日期
D. 开工通知发出前，承包人经发包人同意已经实际进场施工的，以实际进场施工时间为开工日期
E. 发包人或者监理人未发出开工通知，亦无相关证据证明实际开工日期的，以施工许可证载明的时间为开工日期

【解析】选项 B 错误，因承包人原因导致开工时间推迟的，以开工通知载明的时间为开工日期。

选项 E 错误，发包人或者监理人未发出开工通知，亦无相关证据证明实际开工日期的，应当综合考虑开工报告、合同、施工许可证、竣工验收报告或者竣工验收备案表等载明的时间，并结合是否具备开工条件的事实，认定开工日期。

10.【2023年】根据《最高人民法院关于审理建设工程施工合同纠纷案件适用法律问题的解释（一）》，建设工程承包人已经提交竣工验收报告，发包人拖延验收，双方对实际竣工日期发生争议，竣工日期为（　　）。

A. 承包人提交竣工验收报告之日
B. 竣工验收合格之日
C. 建设工程移交之日
D. 竣工验收报告载明的日期

11.【2018年】根据《最高人民法院关于审理建设工程施工合同纠纷案件适用法律问题的解释（一）》关于当事人对建设工程实际竣工日期有争议时，竣工日期确定的说法，正确的有（　　）。

A. 建设工程整改后竣工验收合格的，以提交竣工验收申请报告的日期为竣工日期
B. 建设工程经竣工验收合格的，以竣工验收合格之日为竣工日期
C. 承包人已经提交竣工验收报告，发包人拖延验收的，以承包人提交验收报告之日为竣工日期
D. 建设工程未经竣工验收，发包人擅自使用的，以工程完工日期为竣工日期
E. 建设工程未经竣工验收，发包人擅自使用的，以转移占有建设工程之日为竣工日期

【解析】《最高人民法院关于审理建设工程施工合同纠纷案件适用法律问题的解释（一）》规定，当事人对建设工程实际竣工日期有争议的，人民法院应当分别按照以下情形予以认定：（1）建设工程经竣工验收合格的，以竣工验收合格之日为竣工日期；（2）承包人已经提交竣工验收报告，发包人拖延验收的，以承包人提交验收报告之日为竣工日期；（3）建设工程未经竣工验收，发包人擅自使用的，以转移占有建设工程之日为竣工日期。

12.【2024年】关于施工合同工期顺延的说法，正确的是（　　）。

A. 隐蔽工程在隐蔽之前，发包人没有按照承包人的通知及时检查的，承包人可以顺延工期
B. 承包人虽未取得工期顺延的确认，但能够证明在合同约定的期限内申请过工期顺延，承包人以此为由主张工期顺延的，人民法院应当予以支持
C. 建设工程竣工前，当事人对工程质量发生争议，工程质量经鉴定合格的，鉴定期间不计入顺延工期期间
D. 当事人约定承包人未在约定期限内提出工期顺延视为工期不顺延、承包人提出合理抗辩的，工期仍不可顺延

【解析】选项B错误，承包人虽未取得工期顺延的确认，但能够证明在合同约定的期限内向发包人或者监理人申请过工期顺延且顺延事由符合合同约定，承包人以此为由主张工期顺延的，人民法院应予以支持。

选项C错误，建设工程竣工前，当事人对工程质量发生争议，工程质量经鉴定合格的，鉴定期间为顺延工期期间。

选项D错误，当事人约定承包人未在约定期限内提出工期顺延申请视为工期不顺延的，按照约定处理，但发包人在约定期限后同意工期顺延或者承包人提出合理抗辩的除外。

考点四 建设工程质量责任 ★★★

承包人责任	因施工人的原因致使建设工程质量不符合约定的，发包人有权请求施工人在合理期限内无偿修理或者返工、改建
发包人责任	发包人具有下列情形之一，造成建设工程质量缺陷，应当承担过错责任： （1）提供的设计有缺陷。 （2）提供或者指定购买的建筑材料、建筑构配件、设备不符合强制性标准。 （3）直接指定分包人分包专业工程

13.【2024年】 根据《最高人民法院关于审理建设工程施工合同纠纷案件适用法律问题的解释》，发包人就建设工程质量缺陷承担过错责任的情形有（　　）。

A. 提供的设计有缺陷

B. 推荐购买的建筑构配件不符合强制行业标准

C. 提供的建筑材料不符合强制的国家标准

D. 未按照合同约定支付预付款

E. 直接指定分包人分包专业工程

考点五 建设工程价款结算纠纷争议的解决方式 ★★★

工程量有争议	有现场签证的——按签证
	无法提供签证——可以按照当事人提供的其他证据确认
数份施工合同均无效，但质量合格	第一步：请求参照实际履行的合同折价补偿
	第二步：实际履行的合同难以确定，参照最后签订的合同折价补偿（注意前提条件）

14.【2021年二级】 关于建设工程款结算的说法，正确的是（　　）。

A. 当事人在诉讼前已经对建设工程价款结算达成协议，诉讼中一方当事人申请对工程造价进行鉴定的，人民法院不予准许

B. 对争议的工程量，承包人能够证明发包人同意其施工，但未能提供签证文件证明工程量发生的，不得按照当事人提供的其他证据确认实际发生的工程量结算工程款

C. 当事人就同一建设工程订立的数份施工合同均无效，但建设工程质量合格的，当事人可以请求参照最后订立的合同约定折价补偿承包人

D. 当事人就同一建设工程订立的数份施工合同均无效，但建设工程质量不合格的，当事人可以请求参照最后订立的合同约定折价补偿承包人

【解析】选项B错误，无法提供签证的，可以按照当事人提供的其他证据确认。

选项C、D错误，当事人就同一建设工程订立的数份建设工程施工合同均无效，但建设

工程质量合格，一方当事人请求参照实际履行的合同关于工程价款的约定折价补偿承包人的人民法院应予支持。实际履行的合同难以确定，当事人请求参照最后签订的合同关于工程价款的约定折价补偿承包人的，人民法院应予支持。

15. 根据《最高人民法院关于审理建设工程施工合同纠纷案件适用法律问题的解释（一）》，关于工程价款结算的说法，正确的是（　　）。

A. 当事人就同一建设工程订立的数份建设工程施工合同均无效，建设工程质量合格，可以直接参照最后订立的合同关于工程价款的约定折价补偿

B. 当事人就同一建设工程订立的数份建设工程施工合同均无效，建设工程质量合格，可以请求参照实际履行的合同关于工程价款的约定折价补偿

C. 当事人就同一建设工程订立的数份建设工程施工合同均无效，建设工程质量不合格，可以参照实际履行的合同关于工程价款的约定折价补偿

D. 当事人签订的建设工程施工合同与招标文件、投标文件、中标通知书载明的工程范围、建设工期、工程质量、工程价款不一致的，应当将建设工程施工合同作为结算建设工程价款的依据

【解析】选项 A 错误，实际履行的合同难以确定，当事人请求参照最后签订的合同关于工程价款的约定折价补偿承包人的，人民法院应予支持。

选项 C 错误，应为"建设工程质量合格"。

选项 D 错误，当事人签订的建设工程施工合同与招标文件、投标文件、中标通知书载明的工程范围、建设工期、工程质量、工程价款不一致，一方当事人请求将招标文件、投标文件、中标通知书作为结算工程价款的依据的，人民法院应予支持。

考点六　工程欠款利息起算时间 ★★★★

	有约定	利息从应付工程价款之日计付
利息起算时间	没有约定或者约定不明 [注意（1）（2）（3）的顺序]	（1）工程已实际交付的，为交付之日。 （2）工程没有交付的，为提交竣工结算文件之日。 （3）工程未交付，也未结算的，为当事人起诉之日

16.【2018 年】某施工合同约定，工程通过竣工验收后 2 个月内，结清所有工程款。2017 年 9 月 1 日工程通过竣工验收，但直到 2017 年 9 月 20 日施工企业将工程移交建设单位，之后建设单位一直未支付工程余款。2018 年 5 月 1 日，施工企业将建设单位起诉至人民法院，要求其支付工程欠款及利息。则利息起算日为（　　）。

A. 2017 年 9 月 21 日　　　　　　　B. 2017 年 11 月 21 日
C. 2018 年 5 月 2 日　　　　　　　　D. 2017 年 11 月 2 日

【解析】利息从应付工程价款之日计付。

17.【2022年】 对工程款付款时间没有约定或者约定不明的,视为应付款时间的是( )。

A. 建设工程未交付,工程价款也未结算的,为当事人起诉之日
B. 建设工程未交付,工程价款也未结算的,为提交竣工结算文件之日
C. 建设工程已经实际交付的,为提交竣工结算文件之日
D. 建设工程未交付的,为当事人起诉之日

【解析】 当事人对付款时间没有约定或者约定不明的,下列时间视为应付款时间:(1) 建设工程已实际交付的,为交付之日;(2) 建设工程没有交付的,为提交竣工结算文件之日;(3) 建设工程未交付,工程价款也未结算的,为当事人起诉之日。

考点七 工程垫资及利息★★★★

当事人对垫资没有约定的,按照工程欠款处理。(合同中写明"垫资"字样,才算垫资)
当事人对垫资利息没有约定,承包人请求支付利息的,不予支持。

利息支付	工程欠款	垫资	借款
有约定	按约定	按约定,仅限不超过贷款利率部分	按约定,但不超过贷款利率4倍
没有约定	按同期贷款利率	不予支持	不予支持

18.【2015年】 某建筑公司与某开发公司签订了一份建设工程施工合同,合同的约定由建筑公司预先垫付20%的工程款,但没有约定利息的计算方法。后两公司就工程款支付发生争议,建筑公司诉至人民法院,要求开发公司支付工程款并偿还垫付工程款的利息,人民法院应( )。

A. 对该诉讼请求全部予以支持
B. 对工程款诉讼请求予以支持,对利息诉讼请求不予支持
C. 对该诉讼请求全部不予支持
D. 对工程款诉讼请求不予支持,对利息诉讼请求予以支持

【解析】 当事人对垫资利息没有约定,承包人请求支付利息的,不予支持。

19.【2020年二级】 建设工程施工合同约定承包人垫资至基础工程完工,约定垫资利率为全国银行间同业拆借中心公布的贷款市场报价利率的2倍,基础工程完工后,发包人未能按约定支付垫资款项及其利息,双方发生争议,关于该项目垫资及利息的说法,正确的是( )。

A. 承包人主张该项目垫资应当按照工程欠款进行处理的,人民法院不予支持
B. 关于垫资的约定无效
C. 约定的垫资金额过高,导致建设工程施工合同无效
D. 承包人向人民法院请求发包人按照约定支付利息的,人民法院应当全部支持

【解析】 选项B错误,垫资的约定有效。
选项C错误,约定垫资属于从合同,不会导致施工合同无效。

第五章 建设工程合同法律制度

选项 D 错误，承包人向人民法院请求发包人按照约定支付利息的，人民法院仅支付不超过贷款利率的部分。

20.【2023年】 根据《最高人民法院关于审理建设工程施工合同纠纷案件适用法律问题的解释（一）》，关于工程垫资处理的说法，正确的是（　　）。

A. 当事人对垫资有约定的，按照工程欠款处理
B. 当事人对垫资没有约定的，按照借款纠纷处理
C. 当事人对垫资利息没有约定，承包人请求支付利息的，人民法院不予支持
D. 当事人对垫资利息有约定的，人民法院最高支持的垫资利息为同类贷款利率或者同期贷款市场报价利率的4倍

【解析】选项 A、B 错误，当事人对垫资没有约定的，按照工程欠款处理。

选项 D 错误，当事人对垫资和垫资利息有约定，承包人请求按照约定返还垫资及其利息的，人民法院应予支持，但是约定的利息计算标准高于垫资时的同类贷款利率或者同期贷款市场报价利率的部分除外。

考点八 建设工程价款优先受偿权 ★★★★★

优先顺序	工程款优先权>抵押权>其他的债权
前提	工程质量合格为前提条件，与工程未竣工（"烂尾"）或合同是否有效无关
装修工程	装饰装修工程的承包人请求工程价款就该装饰装修工程拍卖优先受偿的，人民法院应予支持
受偿范围	直接费+间接费+利润+税金，<u>不包括逾期支付建设工程价款的利息、违约金、损害赔偿金等</u>
受偿期限	18个月，自发包人应当给付建设工程价款之日起算
放弃优先权	发包人与承包人<u>可以</u>约定放弃优先受偿权，但是损害建筑工人利益，发包人放弃优先受偿权的约定，人民法院不予支持

21.【2022年补考】 根据《最高人民法院关于审理建设工程施工合同纠纷案件适用法律问题的解释（一）》，关于承包人工程价款优先受偿权的说法，正确的是（　　）。

A. 装饰装修工程的承包人无权请求工程价款优先受偿
B. 承包人无权就逾期支付建设工程价款的利息主张优先受偿
C. 承包人工程价款优先受偿权的期限自建设工程竣工验收合格之日起算
D. 发包人与承包人之间作放弃建设工程价款优先受偿权的约定无效

【解析】选项 A 错误，装饰装修工程具备折价或者拍卖条件，装饰装修工程的承包人请求工程价款就该装饰装修工程折价或者拍卖的价款优先受偿的，人民法院应予支持。

选项 C 错误，自发包人应当给付建设工程价款之日起算。

选项 D 错误，发包人与承包人约定放弃或者限制建设工程价款优先受偿权，损害建筑工人利益，发包人根据该约定主张承包人不享有建设工程价款优先受偿权的，人民法院不予支持。

22.【2023年】乙开发商与甲施工企业订立建设工程施工合同，将某房屋建筑工程的施工发包给甲，工程竣工验收合格后，乙未按约定支付工程结算价款，经甲告知后，乙仍逾期未支付，关于甲拟主张建设工程价款优先受偿权的说法，正确的是（　　）。

A. 甲有权直接向乙主张建设工程优先受偿权
B. 甲主张优先受偿权的期限不得超过6个月
C. 甲行使优先受偿权自竣工验收合格之日起算
D. 甲主张优先受偿权的范围不包括逾期支付工程结算价款的利息

【解析】选项A错误，发包人未按照约定支付价款的，承包人可以催告发包人在合理期限内支付价款。发包人逾期不支付的，除根据建设工程的性质不宜折价、拍卖外，承包人可以与发包人协议将该工程折价，也可以请求人民法院将该工程依法拍卖。

选项B、C错误，承包人应当在合理期限内行使建设工程价款优先受偿权，但<u>最长不得超过18个月</u>，自发包人应当给付建设工程价款之日起算。

23.【2020年】根据《最高人民法院关于审理建设工程施工合同纠纷案件适用法律问题的解释（一）》，关于建设工程合同承包人工程价款优先权的说法，正确的有（　　）。

A. 未竣工的建设工程质量合格，承包人请求其承建工程的价款就其承建工程部分的价款优先受偿的，人民法院不支持
B. 装饰装修工程的承包人就该装饰装修工程折价或者拍卖的价款享有优先受偿权
C. 承包人就逾期支付建设工程价款的利息、违约金、损害赔偿金等主张优先受偿的，人民法院不予支持
D. 承包人行使建设工程价款优先受债权的期限自发包人应当给付建设工程价款之日起算
E. 承包人工程价款优先受偿权不得放弃

【解析】选项A错误，工程价款优先权以<u>质量合格为前提条件</u>，与工程未竣工（"烂尾"）或合同是否有效无关。

选项E错误，设置工程价款优先权的立法目的就是保障建筑工人的生存权，只要工人工资已经结清或者有足够担保，应当认可发承包双方约定放弃或限制建设工程价款的优先受偿权。

考点九　施工合同的变更★★★

变更	当事人协商一致，可以变更合同。 当事人对合同变更的内容约定不明确的，推定为未变更
不得转让	（1）合同性质不得转让；（2）当事人约定不得转让；（3）法律规定不得转让
债权转让	应当通知债务人，但无须债务人同意；未经通知，该转让对债务人不发生效力。 债权人转让权利的通知不得撤销，但经受让人同意的除外
债务转移	需要债权人同意，未经同意，转移无效
抗辩权	债务人接到债权转让通知后，债务人对让与人（原债权人）的抗辩，可以向受让人（新债权人）主张

24.【2020年二级】关于合同权利转让的说法，正确的是（　　）。
   A. 债权人转让权利的通知可以撤销
   B. 债权人转让债权的，应当经债务人同意
   C. 债务人接到债权转让通知后，债务人对让与人的抗辩，可以向受让人主张
   D. 债权人转让权利的，受让人不能取得与债权有关的从权利

【解析】选项A错误，债权人转让权利的通知不得撤销，但经受让人同意的除外。
选项B错误，债权人转让权利的，应当通知债务人。
选项D错误，债权人转让权利的，受让人取得与债权有关的从权利，但该从权利专属于债权人自身的除外。

25.【2016年二级】关于建设工程施工合同变更的说法，正确的是（　　）。
   A. 施工合同变更内容约定不明确，推定为未变更
   B. 施工合同变更与工程变更范围一致
   C. 非实质性的条款变更无须协商一致
   D. 合同的基础条件发生了订立合同时无法预见的重大变化，继续履行合同对于当事人一方明显不公平的，不利方只能请求法院解除合同

26.【2016年】2016年5月15日，甲材料供应商与丙材料供应商订立书面合同，转让甲对乙施工企业的30万元债权，同年9月25日，乙接到甲关于转让债权的通知。关于该债权转让的说法，正确的是（　　）。
   A. 甲与丙之间的债权转让合同于9月25日生效
   B. 丙于9月15日可以向乙主张30万元债权
   C. 乙拒绝清偿30万元债务的，丙可以要求甲和乙承担连带责任
   D. 甲与丙之间的债权转让行为于9月25日对乙生效

【解析】《民法典》规定，债权人转让权利的，应当通知债务人。未经通知（5月15日），该转让对债务人不发生效力。当债务人接到权利转让的通知后（9月25日），权利转让才会生效。

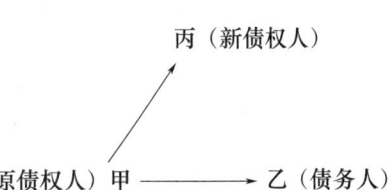

27.【2018年】2017年8月，乙施工企业向甲建设单位主张支付工程款，甲以施工质量不合格为由拒绝支付；2017年10月15日，乙与丙协商将其50万元工程款债权转让给丙公司；同年10月25日，甲接到乙转让债权的通知。关于该债权转让的说法，正确的是（　　）。
   A. 乙和丙之间的债权转让必须经甲同意
   B. 甲对乙50万元债权的抗辩权不得向丙主张
   C. 甲拒绝支付50万元工程款，丙可以要求甲和乙承担连带责任
   D. 乙和丙之间的债权转让于2017年10月25日对甲发生效力

【解析】债权人（乙）转让权利应当通知债务人（甲）。未经通知（10月15日），该转让对债务人（甲）不发生效力。债务人（甲）接到债权转让通知（10月25日）后，债务人（甲）对让与人（乙）的抗辩，可以向受让人（丙）主张。

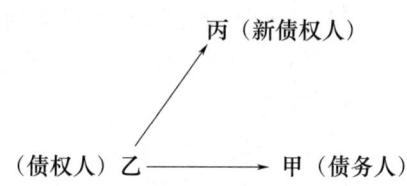

考点十　施工合同的终止★★★★

合同权利义务终止	（1）债务已履行。 （2）合同解除。 （3）债务相互抵销。 （4）债务人依法提存。 （5）债务免除。 （6）债权债务同归一人	
合同解除	协商解除	协商一致，可以解除
	法定解除	（1）因不可抗力致使不能实现合同目的
		（2）在履行期满前，当事人一方明确表示或以自己的行为表明<u>不履行主要债务</u>
		（3）当事人一方延迟履行主要债务，经催告后在合理期限内仍未履行
		（4）当事人一方延迟履行债务或者有其他违约行为致使不能实现合同目的
解除程序	当事人一方依法主张解除合同的，<u>应当通知对方</u>。 合同自通知到达对方时解除。 通知载明债务人在一定期限内不履行债务则合同自动解除，债务人在该期限内未履行债务的，合同自通知载明的期限届满时解除。 对方对解除合同有异议的，任何一方当事人均可以请求人民法院或者仲裁机构确认解除行为的效力。 当事人一方未通知对方，直接以提起诉讼或者申请仲裁的方式依法主张解除合同，人民法院或者仲裁机构确认该主张的，合同自<u>起诉状副本或者仲裁申请书副本送达对方时解除</u>	
解除权的行使期间	法律规定或者当事人约定解除权行使期限，期限届满当事人不行使的，该权利消灭。 法律没有规定或者当事人没有约定解除权行使期限，自解除权人知道或者应当知道解除事由之日起<u>1年内</u>不行使，或者经对方催告后在合理期限内不行使的，该权利消灭	
解除的后果	合同解除后，尚未履行的，终止履行。 已经履行的，可以请求恢复原状或者采取其他补救措施，并有权请求赔偿损失。 合同因违约解除的，解除权人可以请求违约方承担违约责任，但是当事人另有约定的除外	
	合同的权利义务关系终止，不影响合同中结算和清理条款的效力。 当事人就解除合同协商一致时未对合同解除后的违约责任、结算和清理等问题作出处理，一方主张合同已经解除的，<u>人民法院应予支持</u>。但是，当事人另有约定的除外	

第五章 建设工程合同法律制度

28.【2024年】 下列情形中，导致施工合同权利终止的有（　　）。
A. 发包人被处以罚款
B. 施工合同已经履行
C. 施工合同因故解除
D. 承包人通知发包人将部分工程款交付给第三人
E. 施工过程中承包人与发包人合并

29.【2023年】 关于合同解除的说法，正确的有（　　）。
A. 以持续履行的债务为内容的不定期合同，当事人可以随时解除合同，但是应当在合理期限之前通知对方
B. 当事人一方迟延履行主要债务，对方可以解除合同
C. 对方对解除合同有异议的，主张解除的当事人无权请求人民法院或者仲裁机构确认解除行为的效力
D. 当事人一方依法主张解除合同，并通知对方的，合同自通知到达对方时解除
E. 当事人一方未通知对方，直接以提起诉讼方式主张解除合同并被人民法院确认的，合同自起诉状副本送达对方时解除

【解析】选项A正确，以持续履行的债务为内容的不定期合同，当事人可以随时解除合同，但是应当在合理期限之前通知对方。

选项B错误，当事人一方迟延履行主要债务，经催告后在合理期限内仍未履行的，对方可以解除合同。

选项C错误，对方对解除合同有异议的，任何一方当事人均可以请求人民法院或者仲裁机构确认解除行为的效力。

选项D正确，《民法典》规定，当事人一方依法主张解除合同的，应当通知对方。合同自通知到达对方时解除。

选项E正确，当事人一方未通知对方，直接以提起诉讼或者申请仲裁的方式依法主张解除合同，人民法院或者仲裁机构确认该主张的，合同自起诉状副本或者仲裁申请书副本送达对方时解除。

30. 甲施工企业有一辆里程表存在故障的工程用车，该车实际行驶里程8万公里，市场价格约为16万元，里程表显示行驶里程为4万公里。甲明知上述情况存在，仍将该车以23万元价格卖给了乙施工企业，乙知情后诉至法院。乙的下列诉讼请求可以获得支持的是（　　）。
A. 请求减少价款至16万元
B. 以欺诈为由请求解除合同
C. 以重大误解为由请求撤销合同
D. 不得请求甲承担缔约过失责任

【解析】本题是司法考试的改编题目，难度较大。

选项A正确，属于请求变更合同。

选项B错误，本题是欺诈的可撤销合同，当事人可以请求撤销合同，可撤销合同不发生合同解除。

选项C错误，本题情形是欺诈而不是重大误解。

选项 D 错误，故意隐瞒与订立合同有关的重要事实或者提供虚假情况应承担缔约过失责任。

31.【2020 年】根据《最高人民法院关于审理建设工程施工合同纠纷案件适用法律问题的解释》，下列情形中，发包人可以请求人民法院解除建设工程施工合同的有（　　）。
  A. 承包人明确表示不履行合同主要义务的
  B. 承包人已经完成的建设工程质量不合格，并拒绝修复的
  C. 承包人将承包的建设工程转包的
  D. 承包人在合同限定的期限内没有完工的
  E. 承包人将承包的建设工程违法分包的

【解析】选项 D 错误，承包人在合同限定的期限内没有完工的，且在发包人催告的合理期限内仍未完工的，此时发包方才可以单方解除。

【本节答案】

题号	1	2	3	4	5	6	7	8	9	10
答案	CDE	AE	BDE	B	AB	C	ACE	B	ACD	A
题号	11	12	13	14	15	16	17	18	19	20
答案	BCE	A	ACE	A	B	D	A	B	A	C
题号	21	22	23	24	25	26	27	28	29	30
答案	B	D	BCD	C	A	D	D	BCE	ADE	A
题号	31									
答案	ABCE									

第三节　相关合同制度

考情分析

要点	2024 年	2023 年	2022 年
（1）买卖合同	1		3
（2）借款合同		1	
（3）保证合同	1	1	
（4）租赁合同			
（5）承揽合同	1	3	1
（6）运输合同	2	1	
（7）仓储合同	1		1

第五章 建设工程合同法律制度

续表

要点	2024年	2023年	2022年
（8）委托合同			1
（9）保险合同	1		
分值合计	7	6	6

考点一 买卖合同 ★★★★

特征	转移标的物所有权
	双务、有偿合同
	诺成合同
	不要式合同
风险承担	标的物的质量瑕疵由出卖人承担
	标的物毁损、灭失的风险，在标的物交付之前由出卖人承担，交付之后由买受人承担
	出卖人出卖交由承运人运输的在途标的物，除当事人另有约定的以外，毁损、灭失的风险自合同成立时起由买受人承担
买卖合同解除	因标的物的主物不符合约定而解除合同的，解除合同的效力及于从物。因标的物的从物不符合约定被解除的，解除的效力不及于主物
	标的物为数物，其中一物不符合约定的，可以就该物解除，但该物与他物分离使标的物的价值显受损害的，也可以就数物解除合同
	分批交付的，其中一批标的物不交付或者交付不符合约定，致使该批标的物不能实现合同目的的，买受人可以就该批标的物解除
买卖合同解除	出卖人不交付其中一批标的物或者交付不符合约定，致使今后其他各批标的物的交付不能实现合同目的的，买受人可以就该批以及今后其他各批标的物解除。买受人如果就其中一批标的物解除，该批标的物与其他各批标的物相互依存，可以就已经交付和未交付的各批标的物解除
	分期付款的买受人未支付到期价款的金额达到全部价款的五分之一，经告后在合理期限内仍未支付到期价款的，出卖人有权要求买受人支付全部价款或者解除合同。出卖人解除合同的，可以向买受人要求支付该标的物的使用费

1.【2022年二级】除法律另有规定或者当事人另有约定外，买卖合同中标的物毁损灭失的风险转移时间是（　　）。
A. 标的物交付时　　B. 合同成立时　　C. 合同生效时　　D. 价款付清时
【解析】标的物毁损、灭失的风险，在标的物交付之前由出卖人承担，交付之后由买受人承担。

2.【2011年】 下列应由供应商承担标的物损毁、灭失风险的情形有（　　）。

A. 施工企业购买一批安全帽，供应商尚未交付
B. 合同仅约定由供应商将货物交给承运人运输，供应商已将标的物发运，尚未到达约定的交付地点
C. 合同约定在标的物所在地交货，约定时间已过，施工企业仍未前往提货
D. 标的物已运抵交付地点，施工企业因标的物质量不合格而拒收货物
E. 供应商在交付标的物时未附产品说明书，施工企业已接收

【解析】《民法典》第六百零四条规定，标的物毁损、灭失的风险，在标的物交付之前由出卖人承担，交付之后由买受人承担，但是法律另有规定或者当事人另有约定的除外。

选项 C 错误，因买受人原因致使标的物不能按期限交付的，买受人自违约之日起承担风险。

选项 E 错误，出卖人未交付有关标的物的单证和资料的，不影响标的物风险的转移，即由买受人承担。

3.【2016年二级】 关于买卖合同中标的物毁损灭失的风险承担，下列说法中正确的是（　　）。

A. 标的物毁损灭失的风险，在标的物交付之后由出卖人承担
B. 出卖人出卖交由承运人运输的在途标的物，毁损灭失的风险自承运人将货物交付给买受人时由买受人承担
C. 如果当事人没有约定交付地点或者约定不明确，对于需要运输的标的物，出卖人将标的物交给第一承运人后，毁损灭失的风险由买受人承担
D. 出卖人依约将标的物置于交付地点，买受人违反约定没有收取的，标的物毁损灭失的风险自出卖人将标的物置于交付地点时由买受人承担

【解析】选项 A 错误，标的物的所有权自标的物"交付时"起转移，所以标的物毁损、灭失的风险，在交付之前由出卖人承担，交付之后由买受人承担。

选项 B 错误，出卖人出卖交由承运人运输的在途标的物，除当事人另有约定的以外，毁损、灭失的风险自"合同成立时"起由买受人承担。

选项 D 错误，出卖人依约将标的物置于交付地点，买受人违反约定没有收取的，标的物毁损、灭失的风险自"违反约定之日"起由买受人承担。

4.【2020年】 下列情形中，应当由出卖人承担标的物毁损、灭失风险的有（　　）。

A. 标的物需要运输，当事人对交付地点约定不明确，出卖人将标的物交付给第一承运人后
B. 施工企业购买一批安全帽，出卖人尚未交付
C. 标的物已运抵交付地点，施工企业因标的物质量不合格而拒收货物
D. 合同约定在标的物所在地交货，约定时间已过，施工企业仍未前往提货
E. 出卖人在交付标的物时未附产品说明书，施工企业已接收

【解析】选项 A 错误，对于需要运输的标的物，当事人没有约定交付地点或者约定不明

确，出卖人将标的物交付给第一承运人后，标的物毁损、灭失的风险由买受人承担。

选项 D 错误，出卖人依约将标的物置于交付地点，买受人违反约定没有收取的，标的物毁损、灭失的风险自违反约定之日起由买受人承担。

选项 E 错误，出卖人按照约定未交付有关标的物的单证和资料的，不影响标的物毁损、灭失风险的转移。交付之后由买受人承担。

5.【2016 年二级】 出卖人就其出卖的标的物承担瑕疵担保义务，下列标的物的瑕疵，属于权利瑕疵的有（　　）。

A. 出卖人对出卖的标的物没有所有权
B. 出卖人对出卖的标的物没有处分权
C. 第三人对标的物享有抵押权
D. 标的物质量不符合合同约定
E. 标的物包装不符合合同约定

【解析】选项 D、E 错误，属于物的质量瑕疵。

6.【2024 年】 某建筑设备公司向某施工企业出售了一批交由承运人运输的在途二手外端喷涂机器人，关于该买卖合同履行的说法，正确的是（　　）。

A. 设备公司对机器人承担质量瑕疵担保义务
B. 设备公司对机器人不承担权利瑕疵担保义务
C. 在途机器人毁损、灭失的风险自机器人交付时起由施工企业承担
D. 因机器人不符合质量要求，施工企业拒绝接受机器人，机器人毁损、灭失的风险由设备公司与施工企业共同承担

【解析】选项 B 错误，除法律另有规定外，出卖人就交付的标的物，负有保证自己拥有完整权利，第三人对此不享有全部或部分所有权、担保物权、租赁权、知识产权等任何权利的义务。

选项 C 错误，出卖人出卖交由承运人运输的在途标的物，除当事人另有约定外，毁损、灭失的风险自合同成立时起由买受人承担。

选项 D 错误，因标的物不符合质量要求，致使不能实现合同目的的，买受人可以拒绝接受标的物或者解除合同。买受人拒绝接受标的物或者解除合同的，标的物毁损、灭失的风险由出卖人承担。

7.【2024 年二级】 甲公司向乙公司订购 2 台同型号施工设备，同时订购了配套维修工具。合同约定设备与维修工具分两批交货。根据《民法典》，关于该合同解除的说法，正确的是（　　）。

A. 如果因设备不符合约定而解除合同，解除的效力及于维修工具
B. 如果因维修工具不符合约定而解除合同，解除的效力及于设备
C. 如果其中 1 台设备质量不符合约定，甲公司可以就全部 2 台设备解除合同
D. 如果第二批交付的设备不符合约定，甲公司可以就第一批交付的设备解除合同

【解析】选项 A 正确、选项 B 错误，因标的物的主物不符合约定而解除合同的，解除合同的效力及于从物。因标的物的从物不符合约定被解除的，解除的效力不及于主物。

选项 C 错误，标的物为数物，其中一物不符合约定的，买受人可以就该物解除，但该物与他物分离使标的物的价值显受损害的，当事人可以就数物解除合同。

选项 D 错误，出卖人分批交付标的物的，出卖人对其中一批标的物不交付或者交付不符合约定，致使该批标的物不能实现合同目的的，买受人可以就该批标的物解除。

考点二 借款合同★★★

标的	借款合同的标的物是货币
合同形式	应当采用书面形式（要式合同），但是<u>自然人之间借款另有约定的除外</u>
合同成立	<u>自然人之间的借款合同，自贷款人提供借款时成立（实践合同）</u>
借款利息	对支付利息没有约定的，视为没有利息
	借款的利息不得预先在本金中扣除
	双方约定的利率不得超过贷款市场报价利率的 4 倍，超过部分法院不予支持
支付利息期限没有约定	借款期间 1 年以上的，应当在每届满 1 年时支付。 剩余期间不满 1 年的，应当在返还借款时一并支付

8.【2023 年】关于借款合同当事人权利义务的说法，正确的是（　　）。

A. 借款人必须提供担保
B. 借款人未按照约定的借款用途使用借款的，贷款人应当解除合同
C. 贷款人的主要义务是提供借款和不得预扣利息
D. 当事人约定的借款利率不受限制

【解析】选项 A 错误，订立借款合同，贷款人可以要求借款人提供担保。

选项 B 错误，借款人未按照约定的借款用途使用借款的，贷款人可以停止发放借款、提前收回借款或者解除合同。

选项 D 错误，借贷双方约定的利率不得超过合同成立时一年期贷款市场报价利率的 4 倍，超过部分，人民法院不予支持。

9.【2020 年】关于借款合同的说法，正确的是（　　）。

A. 借款合同是实践合同
B. 对支付利息的期限没有约定，借款期限 1 年以上的，应当在每届满 1 年时支付
C. 自然人之间的借款合同对支付利息没有约定或约定不明确的，视为支付利息
D. 借贷双方约定的利率超过贷款市场报价利率 4 倍的，则该借款的利息约定无效

第五章 建设工程合同法律制度

【解析】选项 A 错误，借款合同一般是诺成合同。自然人之间的借款合同是实践性合同，合同自贷款人提供借款之日成立。

选项 C 错误，<u>借贷双方没有约定利息的，视为没有利息</u>。

选项 D 错误，借贷双方约定的利率不得超过合同成立时一年期贷款市场报价利率的 4 倍，<u>超过部分，人民法院不予支持</u>。

10.【2020 年二级】关于借款合同的说法，正确的有（　　）。

A. 借款合同的标的物是作为一般等价交换物的货币
B. 借款合同不得采用口头形式
C. 自然人之间的借款合同对支付利息没有约定的，应当按照全国银行间同业拆借中心发布的贷款市场报价利率执行
D. 借款的利息不得预先在本金中扣除
E. 借款合同自贷款人提供借款时生效

【解析】选项 B 错误，借款合同应采用书面形式，<u>但自然人之间借款另有约定的除外</u>。

选项 C 错误，借款合同对支付利息没有约定的，视为没有利息。

选项 E 错误，自然人之间的借款合同，自贷款人提供借款时生效。

考点三 担保合同★★★★

保证合同当事人	保证人与债权人	
保证合同内容	（1）主债权的种类、数额；（2）<u>债务人</u>履行债务的期限；（3）保证的方式；（4）<u>保证担保的范围</u>；（5）<u>保证期间</u>	
保证人资格	<u>机关法人不得为保证人，如政府等</u>。 以公益为目的的非营利法人、非法人组织不得为保证人，<u>如学校、医院等</u>	
保证方式	<u>未约定或约定不明</u>	一般保证
保证范围		承担全部债务（主债权+利息+违约金+损害赔偿金+实现债权的费用）
保证期间		履行期满之日起 6 个月
抗辩权	一般保证的保证人在未经起诉或仲裁，并就债务人财产依法强制执行仍不能履行债务前，有权拒绝向债权人承担保证责任，但是有下列情形之一的除外： （1）<u>债务人下落不明，且无财产可供执行</u>。 （2）<u>人民法院已经受理债务人破产案件</u>。 （3）债权人有证据证明<u>债务人的财产不足以履行全部债务</u>或者丧失履行债务能力。 （4）<u>保证人书面表示放弃本款规定的权利</u>	

11.【2023年】 根据《民法典》，关于保证合同的说法，正确的是（   ）。

A. 保证合同是主债权债务合同的从合同

B. 保证合同只能是有偿合同

C. 保证合同的双方当事人是保证人与债务人

D. 保证合同的责任方式为连带责任保证

【解析】选项B错误。保证合同是单务、无偿合同。债权人只享受权利，保证人仅承担义务，且债权人无须向保证人支付任何价款。

选项C错误，保证合同是为保障债权的实现，保证人和债权人约定，当债务人不履行到期债务或者发生当事人约定的情形时，保证人履行债务或者承担责任的合同。

选项D错误，保证的方式有两种：（1）一般保证；（2）连带责任保证。

12.【2024年】 根据《民法典》，关于保证合同的说法，正确的是（   ）。

A. 非法人组织不得为保证人

B. 保证期间可以约定为主债务履行期限届满之日起6个月

C. 保证范围应当明确约定为主债务及其利息、违约金、损害赔偿金

D. 当事人在保证合同中对保证方式没有约定的，按照连带责任保证承担保证责任

【解析】选项A错误，以公益为目的的非营利法人、非法人组织不得为保证人。

选项C错误，当事人应当在保证合同中予以明确约定，当事人没有约定的，保证的范围包括主债权及其利息、违约金、损害赔偿金和实现债权的费用。

选项D错误，当事人在保证合同中对保证方式没有约定或者约定不明确的，按照一般保证承担保证责任。

13.【2022年】 在工程担保中，下列单位可作为保证人的有（   ）。

A. 以公益为目的的非法人组织

B. 某商业银行

C. 某建筑大学

D. 某担保公司

E. 某市人民政府

【解析】以下主体不得作为保证人：（1）机关法人不得为保证人，但是经国务院批准为使用外国政府或者国际经济组织贷款进行转贷的除外；（2）以公益为目的的非营利法人、非法人组织不得为保证人；（3）居民委员会、村民委员会不得为保证人，但是依法代行村集体经济组织职能的村民委员会，依照《村民委员会组织法》规定的讨论决定程序对外提供担保的除外。

14.【2022年补考】 根据《民法典》，保证担保的范围包括（   ）。

A. 损害赔偿金　　　　　　　　B. 违约金

C. 主债权的利息　　　　　　　D. 履行债务的费用

E. 主债务

【解析】保证担保的范围包括主债权及利息、违约金、损害赔偿金和实现债权的费用。

15.【2021年二级】一般保证的保证人在主合同纠纷未经审判或者仲裁，并就债务人财产依法强制执行仍不能履行债务前，保证人丧失先诉抗辩权的情形有（　　）。

A. 债务人下落不明，且无财产可供执行

B. 保证人口头表示放弃一般保证人的权利

C. 人民法院已经受理债务人破产案件

D. 债权人有证据证明债务人的财产不足以履行全部债务

E. 债权人有证据证明债务人丧失履行债务能力

【解析】具有下列情形之一的，一般保证中的保证人丧失先诉抗辩权：（1）债务人下落不明，且无财产可供执行；（2）人民法院已经受理债务人破产案件；（3）债权人有证据证明债务人的财产不足以履行全部债务或者丧失履行债务能力；（4）保证人书面表示放弃先诉抗辩权。

16.【2019年二级】甲企业向乙银行借款100万元，由丙企业作为保证人。合同签订3个月后，甲与乙协商，将贷款金额增加到150万元，甲和乙通知了丙，丙未予答复。后甲到期不能偿还债务。关于该案中的保证责任承担的说法，正确的是（　　）。

A. 丙应承担150万元的保证责任，因为丙对于甲和乙的通知未予答复，视为默认

B. 丙不再承担保证责任，因为甲与乙变更合同条款未得到丙的同意

C. 丙不再承担保证责任，保证合同因甲、乙变更了合同的金额条款而致合同无效

D. 丙对100万元应承担保证责任，增加的50万元不承担保证责任

【解析】债权人和债务人未经保证人书面同意，协商变更主债权债务合同内容，减轻债务的，保证人仍对变更后的债务承担保证责任；加重债务的，保证人对加重的部分不承担保证责任。

17.【2022年】关于保证担保的说法，正确的是（　　）。

A. 第三人加入债务的，保证人不再承担保证责任

B. 保证期间适用中止、中断和延长

C. 保证担保的范围包括主债权及利息、违约金、损害赔偿金和实现债权的费用

D. 连带责任保证的债务人未在保证期间请求保证人承担保证责任的，保证人承担补充责任

【解析】选项A错误，第三人加入债务的，保证人的保证责任不受影响。

选项B错误，保证期间不适用中止、中断和延长。

选项D错误，连带责任保证的债权人未在保证期间请求保证人承担保证责任的，保证人不再承担保证责任。

考点四 租赁合同★★★

租赁合同	租赁合同可以约定租赁期限，但租赁期限不得超过20年。<u>超过20年的，超过部分无效</u>
	租赁期限6个月以上的，应当采用书面形式。当事人未采用书面形式的，视为不定期租赁
不定期租赁	(1) 当事人没有约定租赁期限。 (2) 定期租赁合同期限届满，承租人继续使用租赁物，出租人没有提出异议的，原租赁合同继续有效，但租赁期限为不定期。 <u>不定期租赁的，当事人可以随时解除</u>
承租人的优先权	租赁期限届满，房屋承租人享有以同等条件<u>优先承租</u>的权利
	出租人出卖租赁房屋的，<u>承租人享有以同等条件优先购买的权利</u>。但是，房屋<u>按份共有人行使优先购买权</u>或者出租人将房屋出卖给<u>近亲属的除外</u>。出租人履行通知义务后，承租人在<u>15日内未明确表示购买的</u>，视为承租人<u>放弃优先购买权</u>
	租赁物在租赁期间发生所有权变动的，不影响租赁合同的效力（<u>买卖不破租赁</u>）
维修	出租人应当履行租赁物的维修义务，维修费用由出租人负担
转租	承租人转租的，承租人与出租人之间的租赁合同继续有效。第三人造成租赁物损失的，承租人应当赔偿损失。承租人未经出租人同意转租的，出租人可以解除合同
	出租人知道或者应当知道承租人转租，但是在<u>6个月内未提出异议的，视为出租人同意转租</u>

18.【2020年】关于租赁合同的说法，正确的是（   ）。

A. 租赁期限超过6个月的，可以采用书面形式

B. 租赁合同应当采用书面形式，当事人未采用的，视为租赁合同未生效

C. 租赁期限超过20年的，超过部分无效

D. 租赁物在租赁期间发生所有权变动的，租赁合同解除

【解析】选项A错误，定期租赁中，租赁期限6个月以上的，合同"应当"采用书面形式。选项B错误，租合同应当采用书面形式，当事人未采用的，视为"不定期租赁"。

19. 依据《民法典》，关于租赁合同的说法，正确的是（   ）。

A. 出租人将房屋出卖给近亲属的，承租人享有以同等条件优先购买的权利

B. 承租人期限届满继续使用租赁物，出租人没有提出异议的，租赁合同自动解除

C. 因承租人的过错致使租赁物需要维修的，出租人应承担维修义务并承担维修费

D. 出租人知道或者应当知道承租人转租，但是在6个月内未提出异议的，视为出租人同意转租

【解析】选项A错误，出租人出卖租赁房屋的，承租人享有以同等条件优先购买的权利。但是，房屋按份共有人行使优先购买权或者出租人将房屋出卖给近亲属的除外。

选项 B 错误，定期租赁合同期限届满，承租人继续使用租赁物，出租人没有提出异议的，原租赁合同继续有效，但租赁期限为不定期。

选项 C 错误，因承租人的过错致使租赁物需要维修的，出租人不承担维修义务。

20.【2024年二级】甲公司与乙公司订立书面租赁合同，合同约定甲公司租用乙公司的施工设备，租期12个月，租金月付。租赁期满后，因工程延期，甲公司继续支付租金，乙公司亦未拒绝。根据《民法典》，关于租期届满后甲乙租赁合同效力的说法，正确的是（　　）。

A. 甲乙租赁合同继续有效，但乙有权随时解除租赁合同
B. 甲乙租赁合同效力待定，乙公司事后明确同意续租才有效
C. 因双方并未明确续订租赁合同，甲乙租赁合同终止
D. 乙仍接受甲支付的租金，可视为双方租赁合同续订了12个月

【解析】租赁期限届满，承租人继续使用租赁物，出租人没有提出异议的，视为不定期租赁合同，当事人可以随时解除合同，但应当在合理期限之前通知对方。

21.【2021年二级】根据《民法典》，租赁合同的承租人可以随时解除合同的情形有（　　）。

A. 当事人对租赁期限没有约定或者约定不明确，依法仍不能确定的
B. 租赁物在承租人按照租赁合同占有期限内发生所有权变动的
C. 出租人不同意承租人对租赁物进行改善或者增设他物的
D. 租赁物被司法机关依法查封扣押的
E. 租货物危及承租人安全或者健康的，承租人订立合同时明知该租赁物质量不合格的

【解析】选项 A 正确，当事人对租赁期限没有约定或者约定不明确，视为不定期租赁。当事人可以随时解除合同，但应当在合理期限之前通知对方。

选项 B 错误，租赁物在承租人按照租赁合同占有期限内发生所有权变动的，不影响租赁合同的效力。

选项 C 错误，承租人未经出租人同意，对租赁物进行改善或者增设他物的，承租人无权随时解除合同。

选项 D 错误，非因承租人原因致使租赁物无法使用的（如查封扣押），承租人可以解除合同。租赁物被司法机关依法查封扣押的，致使合同目的不能实现，由于不能判断是否为承租人的责任，所以不选。

22.【2022年补考】租赁合同中，出租人出卖租赁房屋，未通知承租人，关于其法律后果的说法，正确的有（　　）。

A. 出租人与第三人订立的房屋买卖合同因此而无效
B. 房屋按份共有人行使优先购买权的，承租人无权请求出租人承担赔偿责任
C. 出租人将房屋出卖给近亲属的，承租人无权享有以同等条件优先购买的权利
D. 租赁期限内，承租人有权继续使用该房屋
E. 承租人有权请求撤销房屋买卖合同，并要求损害赔偿

【解析】选项 A 错误，租赁物在租赁期间发生所有权变动的，不影响租赁合同的效力，即"买卖不破租赁"。

选项 E 错误，承租人"无权"请求撤销房屋买卖合同，并要求损害赔偿。

考点五 承揽合同★★★★

特征	（1）以完成一定的工作并交付工作成果为标的。 （2）承揽人须以自己的设备、技术和劳力完成所承揽的工作。<u>未经定作人的同意，承揽人将主要工作交由第三人完成的，定作人可以解除合同。承揽人有权将其承揽的辅助工作交由第三人完成。</u> （3）承揽人工作具有独立性。工作过程中不受定作人的指挥，但应接受定作人必要的监督检验
承揽人的义务	（1）承揽人发现定作人提供的材料不符合约定时，<u>应当及时通知定作人更换、补救</u>。 （2）承揽人<u>不得擅自更换定作人提供的材料</u>，不得更换不需要修理的零部件。 （3）承揽人未经定作人许可，<u>不得留存复制品或者技术资料</u>
定作人的义务	（1）承揽工作需要定作人协助的，定作人有协助的义务。 （2）对支付报酬的期限没有约定或者约定不明确的，在承揽人交付工作成果时支付。 （3）工作成果部分交付的，定作人应当相应支付。 （4）定作人未按约定支付价款的，承揽人对完成的工作成果享有留置权
定作人的法定任意解除权	定作人可以随时解除承揽合同，造成承揽人损失的，应当赔偿损失

23.【2023 年】关于承揽合同的说法，正确的是（　　）。
A. 承揽合同由定作人负责提供相关设备或者技术
B. 承揽合同以完成一定的工作并交付工作成果为标的
C. 承揽人工作不具有独立性
D. 承揽人享有法定任意解除权

【解析】选项 A 错误，承揽人须以自己的设备、技术和劳力完成所承揽的工作。

选项 C 错误，承揽人工作具有独立性。

选项 D 错误，定作人享有法定任意解除权。

24.【2022 年】关于承揽合同特征的说法，正确的是（　　）。
A. 定作人同意承揽人将承揽的主要工作交由第三人完成的，承揽人无须就第三人的工作成果向定作人负责
B. 承揽人在完成工作过程中，不受定作人的监督检验
C. 当事人可以约定承揽人使用定作人的技术完成主要工作
D. 承揽人不得将其承揽的辅助工作交由第三人完成

【解析】选项 A 错误，《民法典》规定，承揽人将其承揽的主要工作交由第三人完成的，应当就该第三人完成的工作成果向定作人负责。未经定作人同意的，定作人可以解除合同。

选项 B 错误，承揽人在工作期间，应当接受定作人必要的监督检验。

选项 D 错误，承揽人可以将其承揽的辅助工作交由第三人完成，承揽人将其承揽的辅助工作交由第三人完成的，应当就该第三人完成的工作成果向定作人负责。

25. 关于承揽合同当事人权利义务的说法，正确的是（　　）。
A. 定作人不得中途变更承揽工作的要求
B. 定作人提供的材料不符合约定的，承揽人可以自行更换材料
C. 承揽人向定作人交付工作成果的，定作人应当验收该工作成果
D. 定作人可以随时解除承揽合同，造成承揽人损失的，应当赔偿损失

【解析】选项 A 错误，定作人中途变更承揽工作的要求，造成承揽人损失的，应当赔偿损失。

选项 B 错误，承揽人不得擅自更换定作人提供的材料，不得更换不需要修理的零部件。

选项 C 错误，承揽人完成工作后向定作人交付工作成果，并提交了必要的技术资料和有关质量证明的，定作人应当验收该工作成果。

26.【2024 年】根据《民法典》，关于承揽合同履行的说法，正确的是（　　）。
A. 定作人验收并受领承揽物或者工作成果的，免除承揽人的瑕疵担保责任
B. 定作人不履行协助义务的，承揽人可以直接解除合同
C. 定作人在承揽人完成工作前可以随时解除合同，造成承揽人损失的，应当赔偿损失
D. 承揽人未经定作人同意将辅助承揽工作交由第三人完成的，定作人可以解除合同

【解析】选项 A 错误，承揽人交付的工作成果应当符合合同约定或法定的质量要求。否则，定作人可以合理选择请求承揽人承担修理、重作、减少报酬、赔偿损失等违约责任。

选项 B 错误，定作人不履行协助义务致使承揽工作不能完成的，承揽人可以催告定作人在合理期限内履行义务，并可以顺延履行期限。定作人逾期不履行的，承揽人可以解除合同。

选项 D 错误，承揽人未经定作人同意将主要承揽工作交由第三人完成的，定作人可以解除合同。

27.【2023 年】承揽合同中，承揽人的义务包括（　　）。
A. 按照合同约定完成承揽工作
B. 对定作人提供的材料及时进行检验
C. 发现定作人的技术要求不合理的，及时通知定作人
D. 验收工作成果
E. 接受定作人必要的监督检查

【解析】选项 D 属于定作人的义务。

考点六 运输合同 ★★

法律特征	(1) 货运合同是**双务**、**有偿**合同。 (2) 货运合同的标的是**运输行为**。 (3) 货运合同是**诺成**合同。 (4) 货运合同当事人的特殊性（收货人和托运人可以是同一人，也可以不是同一人）
风险承担	承运人对运输过程中货物的毁损、灭失承担损害赔偿责任，但承运人证明货物的毁损灭失是因不可抗力、货物本身的自然性质、合理损耗及托运人、收货人的过错造成的，不承担损害赔偿责任
因不可抗力灭失	未收取运费的，承运人不得要求支付运费；已收取运费的，托运人可以要求返还
单式联运	两个以上承运人以同一运输方式联运的，与托运人订立合同的承运人应当对全程运输承担责任。损失发生在某一运输区段的，与托运人订立合同的承运人和该区段的承运人承担连带责任
多式联运	多式联运经营人负责履行或者组织履行多式联运合同，对全程运输享有承运人的权利，承担承运人的义务。多式联运单据可以是可转让单据，也可以是不可转让单据

28.【2022年二级】关于货运合同特征的说法，正确的是（　　）。
A. 货运合同是双务合同
B. 货运合同是实践合同
C. 货运合同是无偿合同
D. 货运合同的标的是货物

29.【2021年】关于货运合同法律特征的说法，正确的是（　　）。
A. 货运合同是单务、有偿合同
B. 货运合同的标的是货物
C. 货运合同以托运人交付货物为合同成立的要件
D. 货运合同的收货人可以不是订立合同的当事人

【解析】货运合同是双务、有偿合同；货运合同的客体是承运人的运送行为；货运合同是诺成合同；货运合同的一方当事人是承运人，另一方是托运人。收货人有时和托运人是同一人，但大部分时候是承运人和托运人之外的第三人。

30. 如果货运合同当事人没有明确约定，货物在运输过程中因不可抗力灭失，关于运费支付的说法，正确的是（　　）。
A. 未收取运费的，承运人不得要求支付运费
B. 运费由运货人承担
C. 已收取运费的，托运人无权要求返还
D. 运费由承运人和托运人共同承担

【解析】货物在运输过程中因不可抗力灭失，未收取运费的，承运人不得要求支付运费；已收取运费的，托运人可以要求返还。

31.【2024年】 甲建材供应商与乙承运人签订了货运合同，约定由乙运输一批建材到异地，收货人为丙施工企业，运费由丙支付。关于乙相关权利的说法，正确的有（　　）。
 A. 乙有权拒绝甲通常、合理的运输要求
 B. 如果甲不按照约定或者法定方式包装建材，乙有权拒绝运输
 C. 建材运输到达目的地后，乙有权要求丙及时受领
 D. 如果丙不支付运费，乙有权留置该批建材
 E. 如果丙无故拒接收，乙有权提存该批建材
【解析】选项A错误，从事公共运输的承运人不得拒绝托运人通常、合理的运输要求。

32.【2014年二级】 甲代理乙与丙铁路运输公司签订了多式联运合同，由丙和丁汽车运输公司通过铁路公路联运方式将货物送至乙的工地，因在公路运输途中发生重大交通事故，致使货物受损，无法按时交货。关于责任承担的说法，正确的是（　　）。
 A. 丙应向甲承担违约责任　　　　B. 甲只能向丁主张损害赔偿
 C. 丙应向乙承担违约责任　　　　D. 乙应自行承担货物损失
【解析】多式联运经营人负责履行或者组织履行多式联运合同，对全程运输享有承运人的权利，承担承运人的义务。

考点七　仓储合同★★

特征	仓储合同是<u>诺成合同</u>，自成立时生效，<u>不以仓储物是否交付为要件</u>
法律规定	（1）存货人或者仓单持有人逾期提取的，应当加收仓储费；提前提取的，不减收仓储费。 （2）仓单是提取仓储物的凭证。 （3）保管人验收时发现入库仓储物与约定不符合的，应当及时通知存货人。 （4）保管人对入库仓储物发现有变质或损坏，危及其他仓储物的安全和正常保管的，应当催告存货人或者仓单持有人作出必要的处置。情况紧急，保管人可以作出必要的处置

33. 关于仓储合同法律特征的说法中，正确的是（　　）。
 A. 因仓储物包装不符合约定造成仓库变质、损坏的，不免除保管人的损害赔偿责任
 B. 仓储合同自仓储物交付时成立
 C. 保管期间，保管人有权拒绝仓单持有人检查仓储物的要求
 D. 仓储合同自成立时生效
【解析】选项A错误，因仓储物的性质、包装不符合约定或者超过有效储存期造成仓储物变质、损坏的，保管人不承担损害赔偿责任。

选项B错误，选项D正确，仓储合同是诺成合同。仓储合同自成立时生效，不以仓储物是否交付为要件。

选项C错误，保管人根据存货人或者仓单持有人的要求，应当同意其检查仓储物或者提取样品。

34.【2022年】关于仓储合同保管人的权利义务的说法,正确的是( )。

A. 保管人仅负责保管,不负责对入库仓储物进行验收

B. 因仓储物超过有效储存期造成仓储物变质、损坏的,保管人不承担赔偿责任

C. 保管期间,保管人有权拒绝仓单持有人检查仓储物的要求

D. 仓单持有人不得转让提取仓储物的权利

【解析】选项 A 错误,保管人应当按照约定对入库仓储物进行验收。

选项 C 错误,保管人根据存货人或者仓单持有人的要求,应当同意其检查仓储物或者提取样品。

选项 D 错误,仓单是提取仓储物的凭证。存货人或者仓单持有人在仓单上背书并经保管人签名或者盖章的,可以转让提取仓储物的权利。

35.【2017年】某施工企业与一仓储中心签订了仓储合同,合同约定:签约后一周内交付货物,届时合同生效。施工企业有权逾期提取或提前提取货物,关于该仓储合同的说法,正确的是( )。

A. 该仓储合同签订即生效,不以交付为要件

B. 如施工企业逾期提货,其有权拒绝仓储中心加收仓储费

C. 该施工企业向仓储中心交付货物时合同生效

D. 如施工企业提前提货,则有权要求仓储中心减收仓储费,

【解析】由于合同约定"签约后一周内交付货物,届时合同生效",所以本题选 C 不选 A,考的是附生效条件的合同,自条件成立时合同生效。

选项 B、D 错误,正确的应该是"仓储合同中,存货人或仓单持有人逾期提取的,应当加收仓储费;提前提取的,不减收仓储费。"

36.【2019年】某施工企业由于场地有限,将一批建筑材料交由某仓储中心进行保管,并签订仓储合同,关于该仓储中心义务的说法,正确的有( )。

A. 仓储中心应当将仓储合同作为提取建筑材料的凭证

B. 仓储中心验收时发现该批建筑材料数量与预定不符合,应当及时通知施工企业

C. 仓储中心应当根据施工企业的要求,同意其定期检查建筑材料的保管情况

D. 储存期间,因仓储中心保管不善,造成部分建筑材料毁损,该损害赔偿责任应当由仓储中心承担

E. 仓储中心发现该批建筑材料已发生变质,并危及其他仓储物的安全和正常保管的,可以作出必要的处置但应当事后及时通知施工企业

【解析】选项 A 错误,仓单是提取仓储物的凭证,而不是仓储合同。

选项 E 错误,仓储中心发现该批建筑材料已发生变质,并危及其他仓储物的安全和正常保管的,应当催告存货人或仓单持有人作出必要的处置。因情况紧急,保管人可以作出必要的处置,但应当事后将该情况及时通知施工企业。

第五章 建设工程合同法律制度

考点八 委托合同 ★

37.【2022年】关于委托合同，下列说法正确的是（　　）。
A. 委托人无权单方取消委托，受托人有权单方面辞去委托
B. 委托人有权单方取消委托，受托人无权单方面辞去委托
C. 委托人和受托人均可随时解除委托，但需要征得对方同意
D. 委托人和受托人均可随时解除委托，且不以对方同意为前提

【解析】《民法典》规定，委托人或者受托人可以随时解除委托合同。

38.【2018年】根据《民法典》，关于委托合同的说法，错误的是（　　）。
A. 受托人应当亲自处理委托事务
B. 受托人处理委托事务取得的财产应转交给委托人
C. 对无偿的委托合同，因受托人过失给委托人造成损失的，委托人不应要求赔偿
D. 受托人为处理委托事务垫付的必要费用，委托人应偿还该费用及利息

39.【2019年】根据《民法典》，关于委托合同中委托人权利义务的说法，正确的有（　　）。
A. 委托人应当预付处理委托事务费用
B. 对无偿委托合同，受托人过失给委托人造成损失的，委托人不应要求赔偿
C. 受托人超越权限给委托人造成损失的，应当向委托人赔偿损失
D. 委托人不经受托人同意，可以在受托人之外委托第三人处理委托事务
E. 经同意的转委托，委托人可以就委托事务直接指示转委托的第三人

考点九 保险合同

40.【2022年补考】关于保险合同主体的说法，正确的是（　　）。
A. 投保人可以是受益人
B. 保险人是享有保险金请求权的人
C. 被保险人不得是受益人
D. 投保人不得是被保险人

【解析】选项A正确，选项C错误，投保人、被保险人可以为受益人。

选项B错误，被保险人是指其财产或者人身受保险合同保障，享有保险金请求权的人。保险人是指与投保人订立保险合同，并承担赔偿或者给付保险金责任的保险公司。

选项D错误，投保人可以为被保险人。

41.【2024年】根据《保险法》，下列行为中，属于保险人义务的是（　　）。
A. 保险事故发生后的及时通知义务
B. 对保险人责任免除条款的明确说明义务
C. 保险事故发生时采取必要措施防止或者减少保险标的损失的义务
D. 保险标的危险程度增加时的及时通知义务

【解析】 保险人的主要义务：（1）赔付保险金的义务；（2）告知义务；（3）及时签发保险单证的义务；（4）降低保费的义务；（5）承担必要、合理费用的义务。选项 A 属于投保人、被保险人、受益人的义务。选项 C、D 属于被保险人的义务。

【本节答案】

题号	1	2	3	4	5	6	7	8	9	10
答案	A	ABD	C	BC	ABC	A	A	C	B	AD
题号	11	12	13	14	15	16	17	18	19	20
答案	A	B	BD	ABC	ACDE	D	C	C	D	A
题号	21	22	23	24	25	26	27	28	29	30
答案	AE	BCD	B	C	D	C	ABCE	A	D	A
题号	31	32	33	34	35	36	37	38	39	40
答案	BCDE	C	D	B	C	BCD	D	C	ACE	A
题号	41									
答案	B									

第六章 建设工程安全生产法律制度

第一节 建设单位和相关单位的安全责任制度

考情分析

要点	2024年	2023年	2022年
（1）建设单位安全责任		2	
（2）勘察、设计单位安全责任	1		
（3）工程监理单位安全责任			
（4）机械设备、检验检测单位的安全责任	1	1	3
分值合计	2	3	3

考点一　建设单位的安全责任★★★★★

1.【2023年】根据《建设工程安全生产管理条例》，下列各项安全责任中，属于建设单位的是（　　）。

A. 采取措施保证各类管线、设施和周边建筑物、构筑物的安全
B. 提出防范生产安全事故的指导意见和措施建议
C. 不得随意压缩合同约定的工期
D. 落实安全施工措施所需费用的使用情况

【解析】选项A、B、D属于施工单位的安全责任。

2.【2023年】经监理单位审查，由勘察单位向施工企业提供与建设工程有关的原始资料的真实性、准确性、齐全性的责任承担主体为（　　）。

A. 建设单位　　　　B. 监理单位　　　　C. 施工企业　　　　D. 勘察单位

【解析】《建设工程安全生产管理条例》规定，建设单位应当向施工单位提供施工现场及毗邻区域内供水、排水、供电、供气、供热、通信、广播电视等地下管线资料，气象和水文观测资料，相邻建筑物和构筑物、地下工程的有关资料，并保证资料的真实、准确、完整。其中规定中的资料即工程的原始资料。原始资料是工程勘察、设计、施工、监理等单位赖以进行相关工程建设的基础性资料。建设单位作为建设活动的总负责方，向工程建设的相关主体提供原始资料，并保证这些资料的真实、准确、齐全，是其基本的工程安全责任和义务。

3. 根据《建筑法》，建设单位领取施工许可证后，还应按照国家有关规定办理申请批准手续的情形包括（　　）。

  A. 临时占用规划批准范围以外的场地
  B. 拆除场地内的旧建筑物
  C. 进行爆破作业
  D. 临时中断道路交通
  E. 可能损坏电力电缆

【解析】《建筑法》规定，有下列情形之一的，建设单位应当按照国家有关规定办理申请批准手续：（1）需要临时占用规划批准范围以外场地的；（2）可能损坏道路、管线、电力、邮电通信等公共设施的；（3）需要临时停水、停电、中断道路交通的；（4）需要进行爆破作业的；（5）法律、法规规定需要办理报批手续的其他情形。

4. 根据《建设工程安全生产管理条例》，属于建设单位安全责任的有（　　）。

  A. 对安全技术措施或专项施工方案进行审查
  B. 向施工企业提供真实、准确和完整的有关资料
  C. 不得提出违法要求和随意压缩合同工期
  D. 确定建设工程安全作业环境及安全施工措施所需费用
  E. 不得要求购买、租赁和使用不符合安全施工要求的用具设备

【解析】选项A错误，属于监理单位的安全责任。

5.【2021年】根据《建设工程安全生产管理条例》，建设单位应当在拆除工程施工15日前，报送建设行政主管部门或者其他部门备案的资料是（　　）。

  A. 拟拆除建筑物、构筑物及可能危及毗邻建筑的说明
  B. 设计单位资质等级证明
  C. 拆除设计方案
  D. 拆除工程施工合同

【解析】《建设工程安全生产管理条例》规定，建设单位应当在拆除工程施工15日前，将下列资料报送建设工程所在地的县级以上地方人民政府建设行政主管部门或者其他有关部门备案：(1) 施工单位资质等级证明；(2) 拟拆除建筑物、构筑物及可能危及毗邻建筑的说明；(3) 拆除施工组织方案；(4) 堆放、清除废弃物的措施。

第六章 建设工程安全生产法律制度

6.【2020年】 根据《建设工程安全生产管理条例》，建设单位的安全生产责任有（   ）。
A. 需要进行爆破作业的，办理申请批准手续
B. 提出防范生产安全事故的指导意见和措施建议
C. 不得要求施工企业购买不符合安全施工的用具设备
D. 对安全技术措施或者专项施工方案进行审查
E. 申领施工许可证时应当提供有关安全施工措施的资料

【解析】选项B属于设计单位的安全责任。选项D属于监理单位的安全责任。

考点二 勘察、设计单位的安全责任★★

主体	安全责任
勘察单位	（1）勘察文件满足建设工程安全生产的需要。 （2）勘察单位在勘察作业时，应当严格执行操作规程，采取措施保证各类管线、设施和周边建筑物、构筑物的安全。 （3）有毒环境中进行工程勘察作业时，应编制安全防护方案并制定应急预案。 （4）司钻员、描述员、土工试验员等人员应当按照有关规定接受安全生产、职业道德、理论知识和操作技能等方面的专业培训
设计单位	（1）按照法律、法规和工程建设强制性标准进行设计。 （2）对涉及施工安全的重点部位和环节在设计文件中注明，并对<u>防范生产安全事故提出指导意见</u>。 （3）采用新结构、新材料、新工艺的建设工程和特殊结构的建设工程，<u>设计单位应当在设计中提出保障施工作业人员安全和预防生产安全事故的措施建议</u>。 （4）对工程设计成果负责

7. 设计单位的安全责任包括（   ）。
A. 按照法律、法规和工程建设强制性标准进行设计
B. 提出防范安全生产事故的指导意见和措施建议
C. 对安全技术措施或专项施工方案进行审查
D. 依法对施工安全事故隐患进行处理
E. 对设计成果的实施承担责任

【解析】选项C、D属于监理单位的安全责任。

考点三 工程监理单位的安全责任★★★★

1. 工程监理单位应当审查施工组织设计中的安全技术措施或者专项施工方案<u>是否符合工程建设强制性标准</u>。
2. 承担工程安全生产的<u>监理责任</u>。
3. 依法处理施工安全事故隐患。

```
安全事故隐患 ──→ 要求施工单位整改 ------ 拒不整改 ┐
                                                    ├ 报告主管部门
严重事故隐患 ──→ 要求暂停施工 ------ 拒不停工       ┘
                 +
                 报告建设单位
```

8.【2019年】下列属于工程监理单位的安全生产责任的有（　　）。

A. 安全设备合格审查　　　　　　　B. 安全技术措施审查

C. 专项施工方案审查　　　　　　　D. 施工安全事故隐患报告

E. 施工招标文件审查

【解析】选项 A 属于设备检验检测单位的安全责任。

选项 D 属于隐患处理，不是报告。

选项 E 不属于监理单位的安全生产责任。

考点四 机械设备、检验检测单位的安全责任★★★

一般设备	出租的机械设备和施工机具及配件，应当具有生产（制造）许可证、产品合格证。在签订租赁协议时，应当出具检测合格证明
特种设备	出租建筑起重机械，应当出具特种设备<u>制造许可证</u>、<u>产品合格证</u>、<u>制造监督检验证明</u>、备案证明和<u>自检合格证明</u>，提交安装使用说明书
不得出租、使用	有下列情形之一的建筑起重机械，不得出租、使用： （1）<u>属国家明令淘汰或者禁止使用的</u>。 （2）<u>超过安全技术标准或者制造厂家规定的使用年限的</u>。 （3）<u>经检验达不到安全技术标准规定的</u>。 （4）没有完整安全技术档案的。 （5）没有齐全有效的安全保护装置的。 注意：<u>（1）（2）（3）应当报废</u>
安装、拆卸单位	（1）在施工现场安装、拆卸施工起重机械和整体提升脚手架、模板等自升式架设设施，必须由具有相应资质的单位承担。 （2）安装、拆卸施工起重机械和整体提升脚手架、模板等自升式架设设施，应当编制拆装方案制定安全施工措施，并由专业技术人员现场监督。 （3）施工起重机械和整体提升脚手架、模板等自升式架设设施安装完毕后，<u>安装单位应当自检并出具自检合格证明</u>。 （4）建筑起重机械安装完毕后，使用单位应当组织<u>出租</u>、<u>安装</u>、<u>监理</u>等有关单位进行验收或者委托具有相应资质的<u>检验检测机构</u>进行验收
特种设备检验检测	（1）检验、检测人员<u>不得同时在两个以上检验、检测机构中执业</u>。 （2）检验、检测人员<u>不得推荐</u>或者监制、监销特种设备

第六章 建设工程安全生产法律制度

9.【2022年补考】根据《建设工程安全生产管理条例》，出租单位出租机械设备和施工机具及配件，应当出具的证明文件有（   ）。

A. 生产（制造）许可证 B. 产品合格证
C. 安全生产许可证 D. 检测合格证明
E. 施工许可证

【解析】出租建筑起重机械，应当出具特种设备制造许可证、产品合格证、制造监督检验证明、备案证明和自检合格证明，提交安装使用说明书。

10.【2022年】根据《建设工程安全生产管理条例》，出租单位出租机械设备和施工机具及配件应提供证明有（   ）。

A. 租赁合同 B. 备案证明
C. 生产制造许可证 D. 产品合格证
E. 安全性能检验合格证明

11.【2022年】施工起重机械和整体提升脚手架、模板等自升式架设设施安装完毕后，应当自检并出具自检合格证明的单位是（   ）。

A. 建设单位 B. 施工企业
C. 租赁单位 D. 安装单位

12. 建筑起重机械，有下列情形的，应当予以报废并办理注销手续（   ）。

A. 属于国家明令淘汰的 B. 超过制造厂家规定的使用年限的
C. 经检验达不到安全技术标准的 D. 安全技术档案不全的
E. 安全保护标志不齐全的

13.【2020年】根据《建筑起重机械安全监督管理规定》，关于建筑起重机械安装单位安全责任的说法，正确的是（   ）。

A. 安装单位应当与建设单位签订建筑起重机械安装工程安全协议书
B. 施工总承包企业不负责对建筑起重机械安装工程专项施工方案进行审查
C. 建筑起重器械安装完毕后，住房城乡建设主管部门应当参加验收
D. 建筑起重机械安装完毕后，安装单位应当自检，出具自检合格证明

【解析】选项A错误，《建筑起重机械安全监督管理规定》规定，实行施工总承包的，施工总承包单位应当与安装单位签订建筑起重机械安装、拆卸工程安全协议。

选项B错误，建筑起重机械安装工程专项施工方案报施工总承包单位和监理单位审核后，告知工程所在地县级以上地方人民政府住房城乡建设主管部门。

选项C错误，建筑起重机械安装完毕后，使用单位应当组织出租、安装、监理等有关单位进行验收，或者委托具有相应资质的检验检测机构进行验收。实行施工总承包的，由施工总承包单位组织验收。

14.【2020年】根据《建筑起重机械安全监督管理规定》,关于建筑起重机械安装、拆卸单位的安全责任的说法,正确的是(   )。

A. 使用单位和安装单位就安全生产承担连带责任
B. 安装完毕后,应当自检并出具自检合格证明
C. 建筑起重机械安装、拆卸工程专项施工方案应当由本单位安全负责人签字
D. 建筑起重机械安装、拆卸工程专项施工方案报审后,应当告知工程所在地安全监督管理部门

【解析】选项 A 错误,《建筑起重机械安全监督管理规定》要求,建筑起重机械使用单位和安装单位应当在签订的建筑起重机械安装、拆卸合同中"明确双方的安全生产责任",而不是连带责任。

选项 C 错误,应由本单位技术负责人签字。

选项 D 错误,安装、拆卸单位将建筑起重机械安装、拆卸工程专项施工方案,安装、拆卸人员名单,安装、拆卸时间等材料报施工总承包单位和监理单位审核后,告知工程所在地县级以上地方人民政府住房城乡建设主管部门。

15. 关于施工起重机械和自升式架设设施安装、拆卸单位的安全责任的说法,正确的有(   )。

A. 从事建筑起重机械安装、拆卸活动的单位,应当依法取得建筑施工企业安全生产许可证
B. 在施工现场安装、拆卸施工起重机械,必须由具有相应资质的单位承担
C. 在施工现场安装、拆卸整体提升脚手架,应当编制拆装方案,制定安全施工措施,并由专业技术人员现场监督
D. 施工起重机械安装完毕后,施工总承包单位应当自检,出具自检合格证明
E. 编制建筑起重机械安装、拆卸工程专项施工方案,并由施工单位技术负责人签字

【解析】选项 A 正确,从事建筑起重机械安装、拆卸活动的单位,应当依法取得住房城乡建设主管部门颁发的相应资质和建筑施工企业安全生产许可证,并在其资质许可范围内承揽建筑起重机械安装、拆卸工程。

选项 D 错误,应由安装单位自检合格。

选项 E 错误,安装单位应当依法编制建筑起重机械安装、拆卸工程专项施工方案,并由安装单位技术负责人签字。

16. 根据《特种设备全法》,关于特种设备检验、检测及法律责任的说法,正确的是(   )。

A. 特种设备检验、检测人员可以同时在两个检验、检测机构中执业
B. 特种设备检验、检测人员发现特种设备存在严重事故隐患的,应当立即向负责特种设备安全监督管理的部门报告
C. 检验、检测机构应当对检验检测原始记录和报告归档保存的期限不得少于 5 年
D. 检验、检测人员经批准可以推荐或者监制、监销特种设备

【解析】选项 A 错误,检验、检测人员不得同时在两个以上检验、检测机构中执业。

选项 C 错误,检验、检测的原始记录和报告保存的期限不得少于 6 年。

选项 D 错误,检验、检测人员不得推荐或者监制、监销特种设备。

【本节答案】

题号	1	2	3	4	5	6	7	8	9	10
答案	C	A	ACDE	BCDE	A	ACE	ABE	BC	ABD	CD
题号	11	12	13	14	15	16				
答案	D	ABC	D	B	ABC	B				

第二节 施工安全生产许可证制度

考情分析

要点	2024 年	2023 年	2022 年
(1) 申领安全生产许可证的条件		1	2
(2) 安全生产许可证的有效期和撤销	3		1
(3) 法律责任			1
分值合计	3	1	4

类别	规定
领证企业范围	矿山企业、建筑施工企业和危险化学品、烟花爆竹、民用爆炸物品生产企业
申请	建筑施工企业向企业注册所在地省住房城乡建设主管部门申领
申请条件	(1) 建立健全安全生产责任制，制定完备的安全生产规章制度和操作规程。 (2) 保证本单位安全生产条件所需资金的投入。 (3) 设置安全生产管理机构，按照国家有关规定配备专职安全生产管理人员。 (4) 主要负责人、项目负责人、专职安全生产管理人员经住房城乡建设主管部门考核合格。 (5) 特种作业人员经有关业务主管部门考核合格，取得特种作业操作资格证书。 (6) 管理人员和作业人员每年至少进行 1 次安全生产教育培训并考核合格。 (7) 依法参加工伤保险，为从事危险作业人员办理意外伤害保险，为从业人员缴纳保险费。 (8) 施工现场的所有场地和设备用具等符合有关安全要求。 (9) 有职业危害防治措施，为作业人员配备符合国标或行标的安全防护用具和安全防护服装。 (10) 有对危险性较大的分部分项工程及施工现场易发生重大事故的部位、环节的预防、监控措施和应急预案。 (11) 有生产安全事故应急救援预案、组织或人员，配备必要的应急救援器材、设备。 (12) 法律、法规规定的其他条件

续表

类别	规定
有效期、延期	3年（期满前3个月向原发证机关办理延期手续）； 未发生死亡事故的，经原发证机关同意，不再审查，有效期延期3年
变更	变更名称、地址、法定代表人等，在变更后10日内，到原发证机关办理变更手续
遗失补办	由申请人告知资质许可机关，由资质许可机关在官网发布信息
注销	建筑施工企业破产、倒闭、撤销的
撤销	违法发证和取证

考点一 安全生产许可证的适用范围★★

1. 根据《安全生产许可证条例》，国家对（　　）实行安全生产许可制度。
A. 矿山企业　　　　　　　　B. 建筑施工企业
C. 食品生产企业　　　　　　D. 金属冶炼企业
E. 危险化学品生产企业

【解析】《安全生产许可条例》规定，国家对矿山企业、建筑施工企业和危险化学品等企业实行安全生产许可制度。

考点二 申领安全生产许可证的条件★★★★

2. 【2022年补考】施工企业取得安全生产许可证应当具备的条件中，应当为施工现场从事危险作业的人员缴纳的保险是（　　）。
A. 养老保险　　　　　　　　B. 意外伤害保险
C. 第三者责任险　　　　　　D. 财产保险

【解析】施工企业取得安全生产许可证应当具备的条件之一是依法参加工伤保险，为从事危险作业人员办理意外伤害保险，为从业人员缴纳保险费。

3. 【2022年补考】根据《建筑施工企业安全生产许可证管理规定》，施工企业取得安全生产许可证应当具备的条件有（　　）。
A. 管理人员和作业人员每年至少进行一次安全生产教育培训并考核合格
B. 有对危险性较大的分部分项工程及施工现场易发生重大事故的部位、环节的预防、监控措施和应急预案
C. 保证本项目安全生产条件所需资金的投入
D. 设置安全生产管理机构，配备兼职安全生产管理人员
E. 作业人员经考核合格，取得作业操作资格证书

【解析】选项 D 错误，应当设置安全生产管理机构，按照国家有关规定配备"专职"安全生产管理人员。

选项 E 错误，"特种作业人员"经有关业务主管部门考核合格，取得"特种作业操作资格证书"。

4. 下列建筑施工条件中，属于建筑施工企业取得安全生产许可证应当具备的条件是（　　）。

A. 为职工办理了意外伤害保险

B. 依法参加工伤保险，为从业人员缴纳保险费

C. 保证本单位生产经营条件所需资金的投入

D. 管理人员和作业人员每年至少进行 2 次安全生产教育培训并考核合格

【解析】选项 A 错误，条件中有关保险只要求两项——工伤保险和意外伤害保险，但意外伤害保险只需要为施工现场从事危险作业的人员办理，不需要为全体职工办理。

选项 C 错误，保证本单位安全生产条件所需资金的投入，不是保证生产经营条件。

选项 D 错误，管理人员和作业人员每年至少进行 1 次安全生产教育培训并考核合格，不是每年 2 次。

5.【2022 年】 建筑施工企业取得安全生产许可证应当具备的安全生产条件有（　　）。

A. 特种作业人员经有关业务主管部门考核良好，取得特种作业操作资格证书

B. 施工现场的办公、生活区及作业场所和安全防护用具、机械设备、施工机具及配件符合有关安全生产法律、法规、标准和规程的要求

C. 有对危险性较大的分部分项工程及施工现场易发生重大事故的部位、环节的预防、监控措施和应急预案

D. 管理人员和作业人员每半年至少进行一次安全生产教育培训并考核合格

E. 有职业危害防治措施，并为管理人员配备符合国家标准或者行业标准的安全防护用具和安全防护服装

【解析】选项 A 错误，特种作业人员经业务主管部门考核合格，取得特种作业操作资格证书。

选项 D 错误，管理人员和作业人员每年至少进行一次安全教育培训并考核合格，不是每半年一次。

选项 E 错误，为作业人员配备符合国家标准、行业标准的安全防护用具和安全防护服装，不是为管理人员。

考点三　安全生产许可证的有效期和撤销★★★

6.【2016 年】 关于安全生产许可证有效期的说法，正确的有（　　）。

A. 安全生产许可证的有效期为 3 年

B. 施工企业应当向原安全生产许可证颁发管理机关办理延期手续

C. 安全生产许可证有效期满需要延期的，施工企业应当于期满前1个月办理延期手续

D. 施工企业在安全生产许可证有效期内，严格遵守有关安全生产的法律法规，未发生死亡事故的，安全生产许可证有效期届满时，自动延期

E. 安全生产许可证有效期延期3年

【解析】安全生产许可证的有效期为3年。

选项C错误，安全生产许可证有效期满需要延期的，企业应当于期满前3个月向原安全生产许可证颁发管理机关办理延期手续。

选项D错误，企业在安全生产许可证有效期内，严格遵守有关安全生产的法律法规，未发生死亡事故的，安全生产许可证有效期届满时，经原安全生产许可证颁发管理机关同意，不再审查，安全生产许可证有效期延期3年。

7.【2019年】关于施工许可证与已确定的施工企业安全生产许可证之间关系的说法，正确的有（　　）。

A. 施工许可证以安全生产许可证的取得为前提

B. 施工许可证与安全生产许可证无关

C. 安全生产许可证以施工许可证取得为前提

D. 因吊销安全生产许可证，更换施工企业的，施工许可证应当重新申请领取

E. 施工许可证与安全生产许可证的持证主体相同

【解析】选项B、C错误，施工许可证的取得以安全许可证为前提，两者之间存在关系。

选项E错误，施工许可证的持证主体是建设单位，而安全生产许可证持证主体是施工单位。

考点四　法律责任★★★★

违法行为	法律责任
未取得安全生产许可证擅自施工	责令停产，罚款10万~50万元
冒用	
伪造	
接受转让	
有效期满未办理延期手续继续施工	责令停产，限期补办，罚款5万~10万元
	逾期不补办，罚款10万~50万元
转让	吊销，罚款10万~50万元
隐瞒有关情况或提供虚假材料申请	警告，1年内不得申请
以骗取、贿赂取得	撤销，3年内不得申请
取得后，发生重大安全事故的	暂扣，并整改
企业不再具备安全生产条件的	

第六章
建设工程安全生产法律制度

8.【2022年】建筑施工企业破产、倒闭、撤销的,其安全生产许可证应当可以( )。

A. 撤销　　　　　　　　　　　B. 延期
C. 补办　　　　　　　　　　　D. 注销

【解析】建筑施工企业破产、倒闭、撤销的,应当将安全生产许可证交回原安全生产许可证颁发管理机关予以注销。

9.【2019年】安全生产许可证颁发管理机关发现施工企业不再具备安全生产条件时,可以采取的措施是( )。

A. 撤销安全生产许可证　　　　B. 责令停业
C. 暂扣安全生产许可证　　　　D. 处以罚款

【解析】《建筑施工企业安全生产许可证管理规定》第二十三条规定,建筑施工企业不再具备安全生产条件的,暂扣安全生产许可证并限期整改。情节严重的,吊销安全生产许可证。

10. 下列情形中,安全生产许可证颁发管理机关或者其上级行政机关可以撤销已经颁发的安全生产许可证的是( )。

A. 转让安全生产许可证的
B. 安全生产许可证有效期满未办理延期手续的
C. 建筑施工企业不再具备安全生产条件的
D. 超越法定职权颁发安全生产许可证的

【解析】安全生产许可证颁发管理机关或者其上级行政机关发现有下列情形之一的,可以撤销已经颁发的安全生产许可证:(1)安全生产许可证颁发管理机关工作人员滥用职权、玩忽职守颁发安全生产许可证的;(2)超越法定职权颁发安全生产许可证的;(3)违反法定程序颁发安全生产许可证的;(4)对不具备安全生产条件的建筑施工企业颁发安全生产许可证的;(5)依法可以撤销已经颁发的安全生产许可证的其他情形。

11.【2022年补考】下列施工企业的行为,应当暂扣安全生产许可证并限期整改的是( )。

A. 施工企业不再具备安全生产条件,且情节严重
B. 发生重大安全事故的
C. 施工企业转让安全生产许可证的
D. 施工企业安全生产许可证有效期满未办理延期手续

【解析】选项A、C,吊销安全生产许可证。选项D,责令停止生产,限期补办延期手续,没收违法所得,并处5万元以上10万元以下的罚款。

12.【2022年】根据《建筑施工企业安全生产许可证管理规定》,下列安全生产许可证违法行为中,罚款额度区间最小的是( )。

A. 未取得安全生产许可证擅自从事施工活动
B. 转让安全生产许可证

C. 冒用安全生产许可证

D. 安全生产许可证有效期满未办理延期手续继续从事施工活动

【解析】选项 A、B、C 的处罚额度区间为处 10 万元以上 50 万元以下的罚款。选项 D 的处罚额度区间为处 5 万元以上 10 万元以下的罚款。

【本节答案】

题号	1	2	3	4	5	6	7	8	9	10
答案	ABE	B	ABC	B	BC	ABE	AD	D	C	D
题号	11	12								
答案	B	D								

第三节 施工单位安全生产责任制度

考情分析

要点	2024 年	2023 年	2022 年
(1) 主要负责人职责		3	
(2) 专职安全管理人员职责			2
(3) 专职安全管理人员的配备要求		1	
(4) 安全生产隐患治理	1	1	
(5) 总承包单位和分包单位的安全责任			1
(6) 施工现场带班制度	1	1	
(7) 施工作业人员的安全生产权利与义务	1	2	
(8) 施工单位安全生产教育培训	2	2	
分值合计	5	10	3

考点一 企业负责人、项目负责人和专职安全生产管理人员的安全职责★★★★

主体	职责
企业负责人（单位）	(1) 建立健全并落实本单位全员安全生产责任制，加强安全生产标准化建设。 (2) 组织制定并实施本单位安全生产规章制度和操作规程。 (3) 组织制定并实施本单位安全生产教育和培训计划。 (4) 保证本单位安全生产投入的有效实施。 (5) 组织建立并落实安全风险分级管控和隐患排查治理双重预防工作机制。 (6) 督促、检查本单位的安全生产工作，及时消除生产安全事故隐患。 (7) 组织制定并实施本单位的生产安全事故应急救援预案。 (8) 及时、如实报告生产安全事故

续表

主体	职责
项目负责人（项目）	（1）建立项目安全生产管理体系。 （2）明确管理人员安全职责、落实安全生产管理制度。 （3）确保项目安全生产费用有效使用。 （4）实施项目安全生产管理监控危险性较大的分部分项工程，及时排查处理。 （5）处理现场安全事故隐患总承包企业项目负责人定期考核分包企业安全生产管理情况
项目专职安全员	（1）负责施工现场安全生产日常检查并做好记录。 （2）现场监督危大工程安全专项施工方案实施情况。 （3）对作业人员违规违章行为予以纠正或查处。 （4）对现场存在的安全隐患有权责令立即整改发现的重大安全隐患，有权向企业安全生产管理机构报告

1.【2023年】根据《安全生产法》，生产经营单位主要负责人对本单位安全生产负有的职责有（　　）。

A. 建立健全并落实本单位全员安全生产责任制，加强安全生产标准化建设

B. 组织开展危险源辨识和评估，督促落实本单位重大危险源的安全管理措施

C. 组织制定并实施本单位安全生产规章制度和操作规程

D. 组织制定并实施本单位的生产安全事故应急救援预案

E. 组织或者参与本单位应急救援演练

【解析】选项B、E属于安全管理人员职责。

2.【2020年】根据《建筑施工企业安全生产管理机构设置及专职安全生产管理人员配备办法》，建筑施工企业安全生产管理机构的职责有（　　）。

A. 建立健全本单位安全生产责任制

B. 查处在建项目违规违章情况

C. 宣传和贯彻国家有关安全生产法律法规和标准

D. 组织开展安全教育培训与交流

E. 参加生产安全事故的调查和处理工作

【解析】选项A属于单位主要负责人职责。

选项B错误，应表述为制止和纠正违章指挥、强令冒险作业、违反操作规程的行为。

3. 根据《安全生产法》，施工企业主要负责人对安全生产的责任是（　　）。

A. 工程项目实行总承包的，定期考核分包单位安全生产管理情况

B. 保证本企业安全生产投入的有效实施

C. 督促落实本企业重大危险源的安全管理措施

D. 在施工现场组织协调工程项目安全生产活动

【解析】选项B属于施工企业主要负责人的安全生产责任。

4.【2017 年】关于施工企业项目负责人安全生产责任的说法，正确的有（　　）。

A. 开展项目安全教育培训

B. 对建设工程项目的安全施工负责

C. 确保安全生产费用的有效使用

D. 监督作业人员安全保护用品的配备及使用情况

E. 及时、如实报告生产安全事故

【解析】选项 A 属于项目安全生产领导小组的职责。

选项 D 属于施工单位专职安全管理人员职责。

5.【2022 年】下列单位需要配备专职安全生产管理人员或建立安全生产机构的有（　　）。

A. 矿山企业　　　　　　　　　　B. 冶炼企业

C. 建筑施工企业　　　　　　　　D. 道路运输企业

E. 仓储企业

【解析】《安全生产法》规定，矿山、金属冶炼、建筑施工、运输单位和危险物品的生产经营、储存、装卸单位，应当设置安全生产管理机构或者配备专职安全生产管理人员。

考点二　专职安全管理人员的配备要求★★★

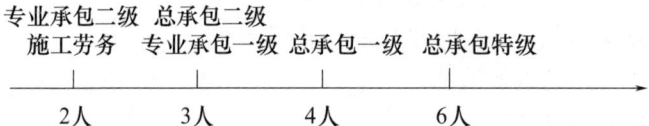

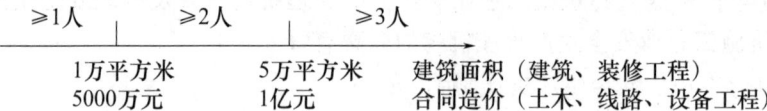

项目专业分包单位专职安全员的配备≥1人

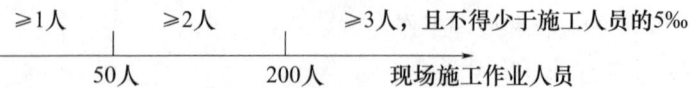

6.【2018 年】根据《建筑施工企业安全生产管理机构设置及专职安全生产管理人员配备办法》，关于建筑施工企业安全生产管理机构专职安全生产管理人员配备的说法，正确的有（　　）。

A. 建筑施工总承包特级资质专职安全生产管理人员不少于 6 人

B. 建筑施工企业安全生产管理机构专职安全生产管理人员的配备与企业经营规模和生产需要有关，与企业设备管理无关

C. 建筑施工专业承包资质二级和二级以下资质企业的专职安全生产管理人员不少于 2 人

D. 建筑施工企业的分公司、区域公司等较大的分支机构不需要具备专职安全生产管理人员

E. 建筑施工劳务分包资质序列企业的专职安全生产管理人员不少于 2 人

【解析】选项 B 错误，建筑施工企业安全生产管理机构专职安全生产管理人员的配备应根据企业经营规模、设备管理和生产需要予以增加。

选项 D 错误，建筑施工企业的分公司、区域公司等较大的分支机构应依据实际生产情况配备不少于 2 人的专职安全生产管理人员。

7. 关于建筑施工企业安全生产管理机构专职安全生产管理人员配备的说法，正确的是（　　）。

A. 建筑施工总承包企业特级资质不少于 6 人

B. 建筑施工劳务分包企业不少于 1 人

C. 建筑施工总承包企业一级资质不少于 3 人

D. 建筑施工专业承包企业一级资质不少于 2 人

【解析】建筑施工总承包资质序列企业，特级资质不少于 6 人，一级资质不少于 4 人，二级和二级以下资质不少于 3 人。建筑施工专业承包资质序列企业，一级资质不少于 3 人，二级和二级以下资质不少于 2 人。建筑施工劳务资质序列企业，不少于 2 人。

8.【2023 年】关于总承包单位项目专职安全生产管理人员配备人数的要求，正确的是（　　）。

A. 5000 万元以下的土木工程不少于 1 人

B. 1 万平方米以下的建筑工程不少于 2 人

C. 1 万~5 万平方米的装修工程不少于 3 人

D. 5000 万~1 亿元的线路管道工程不少于 3 人

【解析】选项 B 应不少于 1 人。选项 C、D 应不少于 2 人。

考点三 安全生产隐患治理★★

9.【2023 年】房屋市政工程生产安全重大隐患排查治理的责任主体是（　　）。

A. 建设单位　　　　　　　　　　B. 监理单位

C. 施工企业　　　　　　　　　　D. 检测机构

【解析】建筑施工企业是房屋市政工程生产安全重大隐患排查治理的责任主体。

10.【2024 年】下列情形中，应当判定为施工安全管理重大事故隐患的是（　　）。

A. 建筑施工特种作业人员未取得特种作业人员操作资格证书上岗作业

B. 施工企业未取得安全生产许可证

C. 施工从业人员未取得安全生产考核合格证书从事相关工作

D. 分部分项工程未编制、未审核专项施工方案

【解析】住房城乡建设部关于印发《房屋市政工程生产安全重大事故隐患判定标准（2022 版）》的通知（建质规〔2022〕2 号）规定，施工安全管理有下列情形之一的，施

工安全管理有下列情形之一的，应判定为重大事故隐患：

（1）建筑施工企业未取得安全生产许可证擅自从事建筑施工活动。

（2）施工单位的主要负责人、项目负责人、专职安全生产管理人员未取得安全生产考核合格证书从事相关工作。

（3）建筑施工特种作业人员未取得特种作业人员操作资格证书上岗作业。

（4）危险性较大的分部分项工程未编制、未审核专项施工方案，或未按规定组织专家对"超过一定规模的危险性较大的分部分项工程范围"的专项施工方案进行论证。

考点四 总承包单位和分包单位的安全责任★★★★

11.【2013年】 甲公司是某工程项目的总承包单位，乙公司是该项目的分包单位。在施工过程中，由于乙公司不服从甲公司的安全生产管理，最终造成安全生产事故。关于事故造成的损失赔偿责任，下列说法正确的是（　　）。

A. 甲公司不承担事故损失的赔偿责任

B. 甲公司仅承担事故损失的次要赔偿责任

C. 建设单位应当要求乙公司承担主要赔偿责任

D. 建设单位可以要求乙公司承担全部赔偿责任

【解析】本题需要重点掌握。总承包单位和分包单位对分包工程的安全生产责任向建设单位承担连带责任。需要注意的是，法定的连带责任突破了合同的相对性，即建设单位既可以要求乙公司承担全部赔偿责任，也可以要求甲公司承担全部赔偿责任。

12.【2022年】 某施工现场除施工总承包单位外，还有四家分包单位同时施工，关于该施工现场安全生产责任承担的说法，正确的是（　　）。

A. 仅由施工总承包单位向建设单位承担全部责任

B. 仅由各分包单位向建设单位承担全部责任

C. 各分包单位就所有分包工程和施工总承包单位向建设单位承担连带责任

D. 各分包单位就各自分包工程和施工总承包单位向建设单位承担连带责任

【解析】总承包单位和分包单位对分包工程的安全生产责任向建设单位承担连带责任。

13. 某施工总承包单位与分包单位在分包合同中约定分包单位自行负责分包工程的安全和生产。工程施工中，分包工程发生安全事故，则该事故（　　）。

A. 按照约定由分包单位自行承担责任

B. 分包单位承担主要责任，总包承担次要责任

C. 总包单位承担责任

D. 总包单位与分包单位承担连带责任

【解析】分包单位的工程安全责任总包与分包承担连带责任，这是法定责任，约定责任与法定责任相抵触，约定无效。

第六章 建设工程安全生产法律制度

考点五 施工现场带班制度 ★★★★

项目负责人	施工企业负责人
每月带班时间≥本月施工时间的80%	每月带班时间≥工作日的25%
检查记录在项目上存档	应认真做好检查记录，并分别在<u>企业</u>和<u>项目</u>存档备查
因其他事务需离开施工现场时，应向工程项目的<u>建设单位</u>请假，经批准后方可离开。离开期间应委托项目相关负责人负责其外出时的日常工作	（1）<u>超过一定规模的危险性较大的分部分项工程施工</u>时。 （2）工程项目<u>出现险情</u>。 （3）<u>发现重大隐患</u>时，建筑施工企业负责人应到施工现场带班检查
施工单位项目经理是危大工程安全管控第一责任人，必须在<u>危大工程施工期间</u>现场带班（<u>不得请假</u>）	对于有分公司（非独立法人）的企业集团，集团负责人因故不能到现场的，可书面委托工程所在地的分公司负责人对施工现场进行带班检查

14.【2023年】关于施工项目负责人安全生产责任的说法，正确的是（ ）。

A. 对本企业安全生产管理全面负责

B. 向监理单位请假并经同意后，项目负责人方可离开施工现场

C. 在"危大工程"施工期间需离开施工现场时，应当委托项目相关负责人在现场带班

D. 每月带班生产时间不得少于本月施工时间的80%

【解析】选项A错误，施工项目负责人对本"项目"安全生产管理全面负责。

选项B错误，项目负责人因其他事务需离开施工现场时，应向工程项目的"建设单位"请假，经批准后方可离开。

选项C错误，施工单位项目经理是<u>危大工程安全管控第一责任人</u>，<u>必须在危大工程施工期间现场带班（不得请假）</u>，超过一定规模的危大工程施工时，<u>施工单位负责人</u>应当带班检查。

15.【2018年】根据《建筑施工企业负责人及项目负责人施工现场带班暂行办法》，关于施工企业负责人施工现场带班制度的说法，正确的是（ ）。

A. 建筑施工企业负责人是指企业的法定代表人、总经理，不包括主管质量安全和生产工作的副总工程师

B. 建筑施工企业负责人要定期带班检查，每月检查时间不少于其工作日的20%

C. 有分公司的企业集团负责人因故不能到现场的，可口头委托工程所在地的分公司负责人对施工现场进行带班检查

D. 建筑施工企业负责人带班检查时，应认真做好检查记录，并分别对企业和工程项目存档备查

【解析】选项A错误，建筑施工企业负责人是指企业的法定代表人、总经理、主管质量安全和生产工作的副总经理、总工程师和副总工程师。

选项 B 错误，建筑施工企业负责人要定期带班检查，每月检查时间不少于其工作日的 25%。

选项 C 错误，对于有分公司的企业集团，集团负责人因故不能到现场的，可书面委托工程所在地分公司负责人对施工现场进行带班检查。

16. 关于施工企业项目负责人安全生产责任的说法，正确的是（　　）。
  A. 应当监控分部分项工程的安全生产情况
  B. 每月带班生产时间不得少于本月施工时间的 60%
  C. 应当对工程项目落实带班制度负责
  D. 每月带班检查时间不得少于其工作日的 25%
【解析】选项 A 错误，监控危险性较大分部分项工程。
选项 B、D 错误，每月带班时间不少于本月施工时间的 80%。

考点六 施工作业人员的安全生产权利与义务 ★★

17.【2022 年补考】 施工作业人员应当履行的安全生产义务是（　　）。
  A. 确保项目安全生产费用有效使用
  B. 对影响人身健康的作业条件提出改进建议
  C. 批评、检察、控告危及生命安全的行为
  D. 正确使用安全防护用具
【解析】选项 A 属于项目经理的安全责任。选项 B、C 属于施工作业人员的权利。

18. 根据《安全生产法》，从业人员发现直接危及人身安全的紧急情况时，有权停止作业或者在采取可能的措施后撤离作业场所，这项权利是（　　）。
  A. 紧急避险权　　　　　　　　B. 知情权
  C. 拒绝违章指挥权　　　　　　D. 控告权
【解析】从业人员发现直接危及人身安全的紧急情况时，有权停止作业或者在采取可能的应急措施后撤离作业场所。生产经营单位不得因从业人员在法律规定的紧急情况下停止作业或者采取紧急撤离措施而降低其工资、福利等待遇或者解除与其订立的劳动合同。

19.【2011 年】 下列情形中，属于施工作业人员的安全生产义务是（　　）。
  A. 对本单位的安全生产工作提出建议
  B. 接受安全生产教育和培训
  C. 发现直接危及人身安全的紧急情况时停止作业
  D. 拒绝违章指挥和强令冒险作业
【解析】选项 A 属于建议权。选项 C 属于紧急避险权。选项 D 属于拒绝权。选项 B 接受必要安全教育培训属于义务。

考点七 施工单位安全生产教育培训 ★★★

安管人员	企业负责人（A证）	通过受聘企业向企业工商所在地的住房城乡建设部门申请考核，并取得安全生产考核合格证书，有效期3年，<u>全国有效</u>
	项目负责人（B证）	
	专职安全员（C证）【机械、土建、综合】	
特种作业人员	取得特种作业资格证	（1）建筑电工；（2）建筑架子工；（3）建筑起重信号司索工；（4）建筑起重机械司机；（5）建筑起重机械安装拆卸工；（6）高处作业吊篮安装拆卸工
具体规定	（1）安全生产教育培训考核不合格的人员，<u>不得上岗</u>。 （2）建筑企业要对新职工进行至少32学时的安全培训，每年进行至少20学时再培训。 （3）采用<u>新技术</u>、<u>新工艺</u>、<u>新设备</u>、<u>新材料</u>时，应当对作业人员进行相应的安全生产教育培训。 （4）高危企业新职工培训合格后在经验丰富的工人师傅带领下，实习至少2个月后，方可独立上岗	

20.【2021年】 根据《建筑施工企业主要负责人、项目负责人和专职安全生产管理人员安全生产管理规定》，关于"安管人员"安全生产考核的说法，正确的有（　　）。

A."安管人员"应当自行申请安全生产考核

B."安管人员"的安全生产考核由住房城乡建设行政主管部门统一颁发合格证书

C.安全生产考核证书的有效期无限制

D.安全生产考核应当向省级人民政府住房城乡建设主管部门申请

E.安全生产考核证书在全国范围内有效

【解析】选项A、B错误，"安管人员"应当通过其受聘企业，向企业工商注册地的省、自治区、直辖市人民政府住房城乡建设主管部门申请安全生产考核，并取得安全生产考核合格证书。

选项C错误，安全生产考核合格证书有效期为3年。

21.【2019年】 根据《建筑施工企业安全生产许可证管理规定》，建筑施工企业取得安全生产许可证应当经过住房城乡建设主管部门或者其他有关部门考核合格的人员是（　　）。

A.主要负责人、部门负责人和项目负责人

B.主要负责人、项目负责人和专职安全生产管理人员

C.部门负责人、项目负责人和专职安全生产管理人员

D.主要负责人、项目负责人和从业人员

【解析】建筑施工企业取得安全生产许可证应当经考核的人员分别是企业主要负责人、项目负责人和专职安全生产管理人员。

22.【2023 年】根据《建筑施工特种作业人员管理规定》，下列人员中，属于建筑施工特种作业人员的有（　　）。

A. 建筑电工
B. 建筑钢筋工
C. 建筑架子工
D. 建筑木工
E. 建筑起重机械司机

【解析】建筑施工特种作业人员包括建筑电工、建筑架子工、建筑起重信号司索工、建筑起重机械司机、建筑起重机械安装拆卸工、高处作业吊篮安装拆卸工和经省级以上人民政府住房城乡建设主管部门认为的其他特种作业人员等。

23.【2024 年】根据《建设工程安全生产管理条例》，施工企业专职安全生产管理人员的类型有（　　）。

A. 安装
B. 机械
C. 土建
D. 特种作业
E. 综合

【解析】专职安全生产管理人员分为机械、土建、综合三类。

【本节答案】

题号	1	2	3	4	5	6	7	8	9	10
答案	ACD	CDE	B	BCE	ABCD	ACE	A	A	C	A
题号	11	12	13	14	15	16	17	18	19	20
答案	D	D	D	D	C	C	D	A	B	DE
题号	21	22	23							
答案	B	ACE	BCE							

第四节　施工现场安全防护制度

考情分析

要点	2024 年	2023 年	2022 年
（1）安全专项施工方案		3	2
（2）施工现场安全防范			
（3）安全生产费用的提取和使用管理	2	1	
（4）施工现场消防安全责任	3	1	
分值合计	5	5	2

第六章 建设工程安全生产法律制度

考点一　安全专项施工方案★★★★

哪些要编	危大工程	（1）基坑支护与降水工程；（2）土方开挖工程；（3）模板工程；（4）起重吊装工程；（5）脚手架工程；（6）拆除、爆破工程	
	超危大工程	<u>深基坑、地下暗挖工程、高大模板工程</u>	施工单位还应当组织专家论证
编制要求	（1）编制专项施工方案，并附具安全验算结果。 （2）经施工单位技术负责人、总监理工程师签字后实施。 （3）由专职安全生产管理人员进行现场监督。 （4）实行施工总承包的，应当由施工总承包单位组织编制。 （5）实行分包并由分包单位编制的，由<u>总包+分包</u>（单位技术负责人）<u>共同审核</u>并加盖单位公章		
第三方监测	建设单位应当委托具有相应<u>勘察</u>资质的单位进行监测。 监测单位应当编制监测方案		

1.【2023年】 根据《建筑工程安全生产管理条例》，下列"危大工程"中，施工企业应当组织专家对专项施工方案进行论证，审查的有（　　）。

A. 地下暗挖工程　　　　　　　　B. 砌筑工程
C. 高大模板工程　　　　　　　　D. 起重吊装工程
E. 爆破工程

【解析】对达到一定规模的危险性较大的分部分项工程中涉及<u>深基坑、地下暗挖挖工程、高大模板工程</u>的专项施工方案，施工单位还应当组织专家进行论证、审查。

2.【2022年】 根据《建设工程安全生产管理条例》，关于对达到一定规模、危险性较大的分部分项工程编制的专项施工方案的说法，正确的有（　　）。

A. 应当附具安全验算结果　　　　B. 应当经施工企业技术负责人签字
C. <u>应当经总监理工程师签字</u>　　　D. 由专职安全生产管理人员进行现场监督
E. 应当经建设单位负责人签字

【解析】选项E错误，《建设工程安全生产管理条例》规定，施工单位应当在施工组织设计中编制安全技术措施和施工现场临时用电方案，对达到一定规模的危险性较大的分部分项工程编制专项施工方案，并附具安全验算结果，经施工单位技术负责人、总监理工程师签字后实施，由专职安全生产管理人员进行现场监督。

3.【2020年】 根据《建设工程安全生产管理条例》，下列分部分项工程中，属于达到一定规模的危险性较大的需要编制专项施工方案，并附具安全验算结果的有（　　）。

A. 基坑支护与降水工程　　　　　B. 模板工程
C. 脚手架工程　　　　　　　　　D. 装饰装修工程
E. 拆除、爆破工程

4.【2023 年】关于"危大工程"专项施工方案的说法，正确的是（　　）。

A. 项目专职安全生产管理人员应当对专项施工方案实施情况进行现场监督

B. "危大工程"实行专业分包的，专项施工方案应当由相应分包单位组织编制

C. 专项施工方案应当由施工企业项目负责人负责审核

D. 超过一定规模的"危大工程"，在专家论证前专项施工方案应当通过施工企业审核和专业监理工程师审查

【解析】选项 B 错误，危大工程实行分包的，专项施工方案可以由相应分包单位组织编制。

选项 C 错误，专项施工方案应当由施工单位技术负责人审核签字、单位公章，并由总监理工程师审查签字加盖执业印章后方可实施。

选项 D 错误，专家论证前专项施工方案应当通过施工单位审核和总监理工程师审查。

5.【2016 年改】根据《危险性较大的分部分项工程安全管理规定》，关于危大工程专项施工方案的说法，正确的是（　　）。

A. 危大工程实行分包的，专项施工方案应当由相关专业分包单位组织编制

B. 分包单位组织编制的专项施工方案应当由分包单位负责人签字并加盖单位公章

C. 超过一定规模的危大工程，建设单位应当组织专家会议论证专项施工方案

D. 危大工程实行施工总承包的，专项施工方案中应当由施工总承包单位编制

【解析】选项 A 错误，危大工程实行分包的，专项施工方案可以由相关专业分包单位组织编制，不是应当。

选项 B 错误，<u>危大工程实行分包并由分包单位编制专项施工方案的，专项施工方案应当由总承包单位技术负责人及分包单位技术负责人共同审核签字并加盖单位公章</u>。

选项 C 错误，对于超过一定规模的危大工程，施工单位应当组织召开专家论证会对专项施工方案进行论证。

考点二　施工现场安全防范 ★★

6.【2015 年】根据《建设工程安全生产管理条例》，施工单位应在施工现场（　　）设置明显的安全警示标志。

A. 楼梯口　　　　　　　　　　B. 配电箱

C. 塔吊　　　　　　　　　　　D. 基坑底部

E. 施工现场出口处

【解析】施工单位应当在施工现场入口处、施工起重机械、临时用电设施、脚手架、出入通道口、楼梯口、电梯井口、孔洞口、桥梁口、隧道口、基坑边沿、爆破物及有害危险气体和液体存放处等危险部位，设置明显的安全警示标志。

7.【2016 年】关于施工企业进行可能危及危险化学品管道安全的施工作业的说法，正确的是（　　）。

A. 施工企业应当与建设单位共同制定应急预案

B. 施工企业应当在开工的 3 日前通知管道所属单位

C. 施工企业通知管道所属单位时应采用书面形式

D. 建设单位应当指派专门人员到现场进行管道安全保护指导

【解析】选项 A 错误,施工单位与管道所属单位共同制定应急预案,采取相应的安全防护措施。

选项 B 错误,施工单位应当在开工的 7 日前书面通知管道所属单位。

选项 D 错误,管道所属单位应当指派专门人员到现场进行管道安全保护指导。

8. 因设计优化使得施工总承包项目现场暂时停止施工的,增加的现场防护费用由( )承担。

A. 建设单位　　　　B. 设计单位　　　　C. 总承包单位　　　　D. 分包单位

【解析】施工现场暂时停止施工的,施工单位应当做好现场防护,所需费用由责任方承担。本题因设计优化造成停工,建设单位应该承担费用。

考点三　安全生产费用的提取和使用管理 ★★★★★

项目	内容	
计提依据	建筑安装工程造价	
提取标准	矿山 3.5% 铁路、房建、轨道交通 3.0% 水利、电力 2.5% 冶炼、机电、化工、通信 2% 市政、港口、公路 1.5%	
使用办法	列入工程造价,竞标时不得删减,列入标外管理	
构成	文明施工费、环境保护费、临时设施费、安全施工费	
预付比例	有约定	建设单位应当在开工 1 个月内向承包单位支付至少 50% 企业安全生产费用。 总包单位应当在分包工程开工日 1 个月内将至少 50% 企业安全生产费用直接支付给分包单位并监督使用,分包单位不再重复提取
	无约定 (2025 新增)	工期<1 年,预付安全费用不得低于该费用总额的 50%。 工期≥1 年,预付安全费用不得低于该费用总额的 30%,其余费用应当按照施工进度支付
使用管理	核心:安全费用用在"安全"上。 (1) 不含"三同时"要求初期投入的安全设施。 (2) 不包括新建、改建、扩建项目安全评价	

9.【2019 年】关于施工企业安全费用的说法，正确的有（　　）。

A. 采取经评审的最低投标价法评标的招标项目，安全费用在竞标时可以降低
B. 安全费用以工程造价为计提依据
C. 安全费用不计入工程造价
D. 房屋建筑工程的安全费用计提比例高于市政公用工程
E. 施工总承包单位与分包单位分别计提安全费用

【解析】选项 A、C 错误，建设工程施工企业提取的安全费用列入工程造价，在竞标时，不得删减，列入标外管理。

选项 D 正确，房屋建筑工程的安装费用计提比例为 3%，市政公用工程的为 1.5%。

选项 E 错误，总包单位应当将安全费用按比例直接支付分包单位并监督使用，分包单位不再重复提取。

10.【2022 补考】根据《企业安全生产费用提取和使用管理办法》，关于施工企业提取安全费用的说法，正确的是（　　）。

A. 总承包单位和分包单位应当分别提取安全费用
B. 安全费用以建筑安装工程造价为计提依据
C. 施工企业不得自行提高安全费用提取标准
D. 安全费用提取标准与建设工程类别无关

11.【2023 年】关于施工企业安全生产费用提取使用的说法，正确的是（　　）。

A. 施工企业提取的安全费用应当专户核算
B. 施工企业应当严格执行安全费用提取标准，不得提高或者降低
C. 投标文件中的工程安全防护、文明施工措施的费用应当与环境保护、临时设施的费用合并报价
D. 安全费用应当在当年内使用完毕，不得结转下年使用

【解析】选项 A 正确，企业提取的安全费用应当专户核算，按规定范围安排使用，不得挤占、挪用。

选项 B 错误，施工企业应当严格执行安全费用提取标准，不得降低提取标准，但是可以提高提取标准，加强安全管理。

选项 C 错误，投标文件中的工程安全防护、文明施工措施的费用应当与环境保护、临时设施的费用单独报价。

选项 D 错误，年度结余资金可以结转下年度使用，当年计提安全费用不足的，超出部分按正常成本费用渠道列支。

12.【2024 年】下列费用中，列入建筑工程安全防护、文明施工措施费用的有（　　）。

A. 环境保护费
B. 临时设施费
C. 建设管理费
D. 安全施工费
E. 文明施工费

【解析】《建筑工程安全防护、文明施工措施费用及使用管理规定》要求，建筑工程安全防护、文明施工措施费用是由《建筑安装工程费用项目组成》（建标〔2003〕206号）中措施费所含的文明施工费、环境保护费、临时设施费、安全施工费组成。

13.【2025年新增】根据《企业安全生产费用提取和使用管理办法》，关于施工企业安全生产费用的说法，正确的是（   ）。

A. 建设单位应当在合同中单独约定并于工程开工日1个月内向承包单位支付至少50%企业安全生产费用

B. 总包单位应当在合同中合并约定与分包单位的安全生产费用，分包单位根据施工进度提取

C. 工程竣工决算后结余的企业安全生产费用，应当归施工单位

D. 建设单位与施工单位在施工合同中对安全费用未作约定或约定不明的，建设单位预付安全生产费用不得低于该费用总额的50%

【解析】选项B错误，总包单位应当在合同中单独约定并于分包工程开工日1个月内将至少50%企业安全生产费用直接支付给分包单位并监督使用，分包单位不再重复提取。

选项C错误，工程竣工决算后结余的企业安全生产费用，应当退回建设单位。

选项D错误，建设单位与施工单位在施工合同中对安全费用未作约定或约定不明的，工期<1年，预付安全费用不得低于该费用总额的50%；工期≥1年，预付安全费用不得低于该费用总额的30%。

考点四 施工现场消防安全责任★★

14.【2024年】根据《消防法》，单位的消防安全责任人是（   ）。

A. 单位实际控制人

B. 单位安全部门负责人

C. 单位行政部门负责人

D. 单位主要责任人

【解析】《消防法》明确规定了单位的主要责任人是本单位的消防安全责任人，对本单位的消防安全工作全面负责。

15.【2024年】企业应当落实的消防安全主体责任有（   ）。

A. 保证安全费用高比例用于消防工作

B. 明确各级、各岗位消防安全责任人及其职责

C. 对建筑消防设施每年至少进行1次全面检测

D. 所有单位均实行24小时消防值班制度

E. 定期开展防火检查、巡查

【解析】选项A错误，生产经营单位安全费用应当保证适当比例用于消防工作。

选项D错误，设有消防控制室的，实行24小时值班制度。

16. 根据《消防法》及相关规定，关于施工企业的消防安全职责的说法，正确的是（   ）。

A. 按照企业标准配置消防设施、器材
B. 施工单位的总经理是消防安全第一责任人
C. 对建筑消防设施每年至少进行一次全面检测，确保完好有效
D. 设有消防控制室的，实行 24 小时值班制度，每班不少于 3 人

【解析】选项 A 错误，按相关标准配备设施，不是企业标准。

选项 B 错误，企业事业单位的法定代表人是本单位消防安全第一责任人。

选项 D 错误，每班不少于 2 人。

【本节答案】

题号	1	2	3	4	5	6	7	8	9	10
答案	AC	ABCD	ABCE	A	D	ABC	C	A	BD	B
题号	11	12	13	14	15	16				
答案	A	ABDE	A	D	BCE	C				

第五节　施工生产安全事故的应急救援与调查处理

考情分析

要点	2024 年	2023 年	2022 年
（1）安全事故等级的判断		2	1
（2）生产安全事故应急救援预案		2	
（3）事故报告、调查和处理	3		3
分值合计	3	4	4

考点一　安全事故等级的判断 ★★★★

	一般	较大	重大	特别重大
死亡	3	10	30	
重伤（含急性工业中毒）	10	50	100	
直接经济损失（万元）	1000	5000	10000	

第六章 建设工程安全生产法律制度

1.【2022年补考】某项目在施工过程中脚手架坍塌，造成5人死亡，60人重伤，直接经济损失900余万元。该事故属于（　　）。

A. 重大事故
B. 一般事故
C. 较大事故
D. 特别重大事故

【解析】按死亡人数是较大事故，按重伤是重大事故，按直接经济损失是一般事故。事故等级的判断实行从重确定原则，认定为重大事故。

2.【2023年】下列事故中，属于较大生产安全事故的有（　　）。

A. 造成6人死亡的事故
B. 造成15人重伤的事故
C. 造成1230万元直接经济损失的事故
D. 造成800万元直接经济损失和1050万元间接经济损失的事故
E. 造成9人重伤的事故

【解析】选项D、E属于一般事故。

3. 某化工企业因管道泄漏，造成2人死亡，51人急性工业中毒，事故发生后第9天，急性工业中毒的人员中因抢救无效2人死亡，该事故等级属于（　　）。

A. 一般事故　　B. 较大事故　　C. 重大事故　　D. 特别重大事故

【解析】事故等级的判断实行从重确定原则，只会因伤亡人数的增加而增加，不会随伤亡人数的减少而降低。

4. 根据《生产安全事故报告和调查处理条例》，关于生产安全事故等级的说法，正确的是（　　）。

A. 造成15人死亡的事故是特别重大事故
B. 造成5人死亡的事故是一般事故
C. 造成3000万元直接经济损失的事故是较大事故
D. 造成45人重伤的事故是重大事故

【解析】选项A属于重大事故。选项B属于较大事故。选项D属于较大事故。

考点二　生产安全事故应急救援预案 ★★★★★

分类	综合应急预案	专项应急预案	现场处置方案
内容	应急组织机构及其职责、应急预案体系、事故风险描述、预警及信息报告、应急响应、保障措施、应急预案管理等	应急指挥机构与职责、处置程序和措施等	应急工作职责、应急处置措施和注意事项等
演练	至少每半年组织1次演练，并将演练情况报送县级及以上负有安全生产监管职责部门		

续表

分类	综合应急预案	专项应急预案	现场处置方案
修订	下列情形之一，应及时修订并归档： （1）依据的法律、法规、规章、标准发生重大变化。 （2）应急指挥机构及其职责发生调整。 （3）安全生产面临的风险发生重大变化。 （4）重要应急资源发生重大变化。 （5）在预案演练或应急救援中发现需要修订预案的重大问题		
应急队伍	建筑施工单位应当建立应急救援队伍（小微企业可不建立队伍，应指定兼职救援人员）；可以与邻近的应急救援队伍签订应急救援协议		

5. 根据《生产安全事故应急条例》，该建筑施工企业应急救援预案演练的频次应当是（　　）。
A. 每3个月1次　　　　　　　　B. 每6个月1次
C. 每9个月1次　　　　　　　　D. 每12个月1次

6.【2023年】 根据《生产安全事故应急预案管理办法》，关于生产经营单位应急预案的说法，正确的是（　　）。
A. 综合应急预案应当规定应急处置措施和注意事项
B. 专项应急预案应当规定事故风险描述、预警及信息报告
C. 现场处置方案应当规定应急指挥机构与职责
D. 在编制应急预案的基础上，生产经营单位应当编制应急处置卡

【解析】综合应急预案应当规定应急组织机构及职责、应急预案体系、事故风险描述、预警及信息报告、应急响应、保障措施、应急预案管理等内容。专项应急预案应当规定应急指挥机构与职责、处置程序和措施等内容。现场处置方案应当规定应急工作职责、应急处置措施和注意事项等内容。

7.【2023年】 关于应急救援队伍和人员的说法，正确的是（　　）。
A. 应急救援队伍应当不定期组织训练
B. 应急救援人员经培训取得特种作业证书后，方可参加应急救援工作
C. 微型施工企业不得与邻近的应急救援队伍签订应急救援协议
D. 微型施工企业可以不建立应急救援队伍，但应指定兼职的应急救援人员

【解析】《生产安全事故应急条例》第十条规定，易燃易爆物品、危险化学品等危险物品的生产、经营、储存、运输单位、矿山、金属冶炼、城市轨道交通运营、建筑施工单位，以及宾馆、商场、娱乐场所、旅游景区等人员密集场所经营单位，应当建立应急救援队伍。其中，小型企业或者微型企业等规模较小的生产经营单位，可以不建立应急救援队伍，但应当指定兼职的应急救援人员，并且可以与邻近的应急救援队伍签订应急救援协议。

工业园区、开发区等产业聚集区域内的生产经营单位，可以联合建立应急救援队伍。

8.【2022年补考】根据《建设工程安全生产管理条例》，关于编制建设工程生产安全事故应急救援预案的说法，正确的有（　　）。

A. 应急救援预案应当由建设行政主管部门批准
B. 分包单位不得参与应急救援预案编制
C. 应急救援预案应当针对施工现场编制
D. 总承包单位应当统一组织编制应急救援预案
E. 应急救援预案编制的重点是施工现场易发生重大事故的部位和环节

【解析】选项 A，应报相关主管部门备案，不是批准。选项 B，实行施工总承包的，由总承包单位统一组织编制建设工程生产安全事故应急救援预案，但未规定分包单位不得参与。

9.【2020年二级】根据《生产安全事故应急条例》应急救援队伍根据救援命令参加生产安全事故应急救援所耗费用，由（　　）承担。

A. 有关人民政府　　　　　　　B. 事故责任单位
C. 应急救援队伍　　　　　　　D. 事故责任个人

【解析】应急救援队伍根据救援命令参加生产安全事故应急救援所耗费用，由事故责任单位承担。事故责任单位无力承担的，由有关政府协商解决。

考点三　事故报告、调查和处理 ★★★★

调查组组成	由有关人民政府、安监部门、有关部门、监察机关、公安机关以及工会派人组成，并应当邀请人民检察院派人参加。【没有法院】（调查组长由负责事故调查的人民政府指定）
调查组职责	（1）查明事故发生的经过、原因、人员伤亡情况及直接经济损失； （2）认定事故的性质和事故责任； （3）提出对事故责任者的处理建议； （4）总结事故教训，提出防范和整改措施； （5）提交事故调查报告
具体规定	（1）技术鉴定所需时间不计入事故调查期限； （2）应当自事故发生之日起60日内提交事故调查报告，经批准可延长，最长不超过60日； （3）负责事故调查的人民政府应当自收到事故调查报告之日15日内作出批复，特大事故30日内作出批复，特殊可延长，最长不超过30日； （4）相关部门在批复事故调查报告后1年内对事故整改和防范措施落实情况评估并公布

10. 根据《生产安全事故报告和调查处理条例》，关于事故处理的说法，正确的是（　　）。

A. 特别重大事故的批复时间可以延长，但延长时间最长不超过30日
B. 较大事故、一般事故发生后，住房城乡建设主管部门每级上报事故情况的时间不得超过1小时
C. 较大事故的批复时间为30日
D. 事故发生单位应当依照批复对事故责任的人员进行处理

【解析】选项 B 错误，不得超过 2 小时。

选项 C 错误，较大事故的批复时间为自收到事故调查报告之日起 15 日内作出批复。

选项 D 错误，有关机关应当执照批复，对事故发生单位和有关人员进行行政处罚，对负有事故责任的国家工作人员进行处分。事故发生单位应当按照负责事故调查的人民政府的批复，对本单位负有事故责任的人员进行处理。

11.【2022年】 生产安全事故发生后，负责组织事故调查组的主体是（　　）。

A. 事故发生单位

B. 事故发生地人民检察院

C. 人民政府或者其授权、委托的有关部门

D. 事故发生地相关行业协会

【解析】《生产安全事故报告和调查处理条例》第十九条规定，特别重大事故由国务院或者国务院授权有关部门组织事故调查组进行调查。重大事故、较大事故、一般事故分别由事故发生地省级人民政府、设区的市级人民政府、县级人民政府负责调查。省级人民政府、设区的市级人民政府、县级人民政府可以直接组织事故调查组进行调查，也可以授权或者委托有关部门组织事故调查组进行调查。

12.【2022年】 以下是事故调查组应履行的职责有（　　）。

A. 查明事故发生的经过、原因、人员伤亡情况及直接经济损失

B. 认定事故的性质和事故责任

C. 提出对事故责任者的处理建议

D. 制定并落实防范和整改措施

E. 提交事故调查报告

【解析】事故调查组职责：（1）查明事故发生的经过、原因、人员伤亡情况及直接经济损失；（2）认定事故的性质和事故责任；（3）提出对事故责任者的处理建议；（4）总结事故教训，提出防范和整改措施；（5）提交事故调查报告。选项 D 错误，提出防范和整改措施是事故调查组的职责，"制定并落实"是发生事故单位的职责。

13.【2022年二级】 根据《生产安全事故报告和调查处理条例》关于事故处理的说法，正确的是（　　）。

A. 重大事故的事故调查报告由国务院批复

B. 较大事故的批复时间为 30 日

C. 事故发生单位不得依照批复对本单位负有事故责任的人员进行处理

D. 特别重大事故的批复时间可以延长，但延长时间最长不超过 30 日

【解析】选项 A 错误，重大事故的事故调查报告由省级政府批复。

选项 B 错误，较大事故的批复时间为 15 日。

选项 C 错误，事故发生单位可以依照批复对本单位负有事故责任的人员进行处理。

14. 根据《生产安全事故报告和调查处理条例》应当补报的情形有（　　）。

A. 事故具有连续性

B. 行业协会要求补报的

C. 事故报告后出现新情况的

D. 事故发生之日起 30 日内伤亡人数发生变化的

E. 社会关注度较高

【解析】事故报告后出现新情况，以及事故发生之日起 30 日内伤亡人数发生变化的，应当及时补报。

15.【2021年二级】 关于施工生产安全事故调查，正确的是（　　）。

A. 事故调查组组长由事故发生地的公安机关指定

B. 技术鉴定所需时间不计入事故调查期限

C. 事故调查组不得直接组织专家进行技术鉴定

D. 事故调查组成员应当及时发布有关事故的信息

16. 根据《生产安全事故报告和调查处理条例》，关于事故调查的说法，正确的有（　　）。

A. 特别重大事故由国务院或国务院授权有关部门组织事故调查组进行调查

B. 重大事故、较大事故由事故发生地省级人民政府负责调查

C. 未造成人员伤亡的一般事故，县级人民政府可以委托事故发生单位组织事故调查组进行调查

D. 事故发生地与事故发生单位不在同一个县级以上行政区域的，由事故发生地人民政府负责调查

E. 事故调查组应当自事故发生之日起 45 日内提交事故调查报告

【解析】选项 B 错误，重大事故由事故发生地省级人民政府负责调查，较大事故由事故发生地市级人民政府负责调查。

选项 E 错误，事故调查组应当自事故发生之日起"60 日内"提交事故调查报告，特殊情况下，经批准，可以适当延长，但延长的期限最长不超过 60 日。

事故报告及事故调查报告的内容

事故报告的内容	事故调查报告的内容
事故发生单位概况	事故发生单位概况
发生的时间、地点及现场情况	事故发生经过和事故救援情况
事故的简要经过	事故发生的原因和事故性质
事故已经造成或者<u>可能造成</u>的伤亡人数和初步估计的直接经济损失	事故造成的人员伤亡和直接经济损失
已经采取的措施	事故责任的认定及对事故责任者的处理建议
其他应当报告的情况	事故防范和整改措施

17. 根据《生产安全事故报告和调查处理条例》，事故报告应包含的内容有（   ）。
   A. 事故发生单位概况
   B. 事故发生的时间、地点
   C. 事故发生的原因和性质
   D. 事故已造成的伤亡人数
   E. 已采取的措施

【解析】选项 C 属于事故调查报告的内容。

【本节答案】

题号	1	2	3	4	5	6	7	8	9	10
答案	A	ABC	C	C	B	D	D	CDE	B	A
题号	11	12	13	14	15	16	17			
答案	C	ABCE	D	CD	B	ACD	ABDE			

第六节 政府主管部门安全生产监督管理

考 情 分 析

要点	2024 年
（1）建设工程安全生产的监督管理体制	
（2）政府主管部门法定职权	2
（3）安全生产相关信息系统	
分值合计	2

考点一 建设工程安全生产的监督管理体制

1. 施工安全监督机构应当具有符合规定的施工安全监督人员，人员数量满足监督工作需要且专业结构合理，其中监督人员应当占监督机构总人数的（   ）以上。
   A. 30%　　　　　B. 50%　　　　　C. 75%　　　　　D. 80%

【解析】施工安全监督机构的条件之一，是监督人员应当占监督机构总人数的 75% 以上。

2.【2024 年二级】关于建设工程安全生产监督管理体制的说法，错误的是（   ）。
   A. 国务院负责安全生产监督管理的部门对全国建设工程安全生产工作实施综合监督管理

B. 国务院住房城乡建设主管部门对全国的建设工程安全生产实施监督管理

C. 施工安全监督人员应当具有 5 年及以上施工安全管理经验

D. 县级以上地方人民政府住房城乡建设主管部门可以将施工安全监督工作委托所属的施工安全监督机构具体实施

【解析】选项 A 正确，国务院负责安全生产监督管理的部门依照《安全生产法》的规定，对全国建设工程安全生产工作实施综合监督管理。

选项 B 正确，国务院建设行政主管部门对全国的建设工程安全生产实施监督管理。

选项 C 错误，施工安全监督人员应当具备下列条件：（1）具有工程类相关专业大专及以上学历或初级及以上专业技术职称；（2）具有两年及以上施工安全管理经验；（3）熟悉掌握相关法律法规和工程建设标准规范；（4）经业务培训考核合格，取得相关执法证书；（5）具有良好的职业道德。

选项 D 正确，县级以上地方人民政府住房城乡建设主管部门可以将施工安全监督工作委托所属的施工安全监督机构具体实施。

3.【2024 年二级】根据《房屋建筑和市政基础设施工程施工安全监督规定》关于建设工程施工安全监督管理的说法，正确的是（　　）。

A. 施工安全监督人员应当具有工程类中级及以上专业技术职称

B. 施工安全监督机构监督人员应当占监督机构总人数的 60% 以上

C. 工程项目因故中止施工的，监督机构不得对工程项目中止施工安全监督

D. 施工安全监督包括处理与工程项目施工安全相关的投诉、举报

【解析】选项 A 错误，施工安全监督人员应当具有工程类相关专业大专及以上学历或<u>初级及以上专业技术职称</u>。

选项 B 错误，施工安全监督机构应当具有符合规定的施工安全监督人员，人员数量满足监督工作需要且专业结构合理，其中<u>监督人员应当占监督机构总人数的 75% 以上</u>。

选项 C 错误，工程项目因故中止施工的，监督机构对工程项目中止施工安全监督。

选项 D 正确，施工安全监督主要包括以下内容：（1）抽查工程建设责任主体履行安全生产职责情况；（2）抽查工程建设责任主体执行法律、法规、规章、制度及工程建设强制性标准情况；（3）抽查建筑施工安全生产标准化开展情况；（4）组织或参与工程项目施工安全事故的调查处理；（5）依法对工程建设责任主体违法违规行为实施行政处罚；（6）<u>依法处理与工程项目施工安全相关的投诉、举报</u>。

考点二 政府主管部门法定职权

4.【2019 年二级】负有安全生产监督管理职责的部门依法采取停止供电措施，除有危及生产安全的紧急情形外，应当提前（　　）通知生产经营单位。

A. 12 小时 　　　　　　　　　　B. 36 小时

C. 48 小时 　　　　　　　　　　D. 24 小时

【解析】《安全生产法》规定，负有安全生产监督管理职责的部门依法对存在重大事故隐患的生产经营单位作出停产停业、停止施工、停止使用相关设施或者设备的决定，生产经营单位拒不执行，有发生生产安全事故的现实危险的，采取停止供电措施，除有危及生产安全的紧急情形外，应当提前24小时通知生产经营单位。

5.【2024年】施工企业拒不执行负有安全生产监督管理职责的部门作出的停止施工的决定，有发生生产安全事故的现实危险的，在保证安全的前提下，负有安全生产监督管理职的部门可以通知有关单位采取的措施有（ ）。

A. 停止供电
B. 禁止通行
C. 停止拨付资金
D. 限制供应食品、药品
E. 停止供应民用爆炸物品

【解析】生产经营单位拒不执行，有发生生产安全事故的现实危险的，在保证安全的前提下，经本部门主要负责人批准，负有安全生产监督管理职责的部门可以采取通知有关单位停止供电、停止供应民用爆炸物品等措施，强制生产经营单位履行决定。

考点三 安全生产相关信息系统

6. 某市应急管理部门多次检查发现某企业安全生产设施及劳动防护用品投入不到位，危及作业人员安全，遂通报有关部门，采取联合惩戒措施。根据《安全生产法》，下列安全生产失信行为联合惩戒相关措施中，错误的是（ ）。

A. 加大行政处罚力度
B. 增加执法检查频次
C. 上调有关保险费率
D. 实施相关行业禁入

【解析】有关部门和机构应当对存在失信行为的生产经营单位及其有关从业人员采取加大执法检查频次、暂停项目审批、上调有关保险费率、行业或者职业禁入等联合惩戒措施，并向社会公示。

7.【2024年二级】根据《安全生产法》，关于安全生产相关信息系统的说法，正确的是（ ）。

A. 各生产经营单位应当建立安全生产违法行为信息库
B. 负有安全生产监督管理职责的部门应当对生产经营单位作出处罚决定后个工作日内在监督管理部门公示系统予以公开曝光
C. 对违法行为情节严重的生产经营单位及其有关从业人员，应当及时向社会公告
D. 一经记入违法行为信息库则不得从事生产经营活动

【解析】选项A错误，负有安全生产监督管理职责的部门应当建立安全生产违法行为信息库。

选项B错误，对生产经营单位作出处罚决定后7个工作日内在监督管理部门公示系统予以公开曝光。

选项 C 正确，对违法行为的情节严重的生产经营单位及其有关从业人员，应当及时向社会公告。

选项 D 错误，有关部门和机构应当对存在失信行为的生产经营单位及其有关从业人员采取加大执法检查频次、暂停项目审批、上调有关保险费率、行业或者职业禁入等联合惩戒措施。

【本节答案】

题号	1	2	3	4	5	6	7
答案	C	C	D	D	AE	A	C

第七章

建设工程质量法律制度

第一节 工程建设标准

考情分析

要点	2024 年	2023 年	2022 年
（1）工程建设标准的制定		2	
（2）工程建设强制性标准的实施管理			
（3）工程抗震管理制度	4		
分值合计	4	2	0

考点一 工程建设标准的制定★★★★★

类别		规定
工程建设标准		（1）我国标准分为国家标准、行业标准、地方标准、团体标准、企业标准。 （2）国家标准分为强制性标准、推荐性标准。其他标准是推荐性标准。 （3）对保障人身健康和生命财产安全、国家安全、生态环境安全以及满足经济社会管理基本需要的技术要求，应当制定强制性国家标准（最低标准）。 （4）强制性标准文本应当免费向社会公开
国家标准	强制性	（1）国务院有关行政主管部门负责：① 项目提出；② 组织起草；③ 征求意见；④ 技术审查。 （2）国务院标准化行政主管部门负责：① 立项；② 编号；③ 对外通报。 （3）"国务院"负责：批准发布或者授权发布。 （4）复审周期：一般≤5 年
	推荐性	推荐性国家标准由国务院标准化行政主管部门制定

第七章 建设工程质量法律制度

续表

类别	规定
行业标准	（1）对没有国家标准而又需要在全国某个行业范围内统一的技术要求，可以制定行业标准。 （2）行业标准由国务院有关行政主管部门制定，报国务院标准化行政主管部门备案。 （3）行业标准不得与国家标准相抵触。有不一致时，必须有充分的理由，并经批准。 （4）行业标准在相应的国家标准实施后，应当及时修订或废止。 （5）5年复审一次
团体标准	（1）国家鼓励学会、协会等社会团体协调相关市场主体共同制定满足市场和创新需要的团体标准，由本团体成员约定采用或者按照本团体的规定供社会自愿采用。 （2）国家支持在重要行业、战略性新兴产业、关键性技术领域利用自主创新技术制定团标、企标
企业标准	（1）国家实行企业标准自我声明公开和监督制度。 （2）应当公开其执行的强制性标准、推荐性标准、团体标准或企业标准的编号和名称。 （3）应当公开产品、服务的功能指标和产品的性能指标（企业执行自行制定的企业标准的）。 （4）鼓励企业标准通过标准信息公共服务平台向社会公开

1.【2023年】根据《标准化法》，标准包括（　　）。
A. 国家标准　　　　　　　　　　　B. 国际标准
C. 行业标准　　　　　　　　　　　D. 地方标准
E. 企业标准
【解析】标准包括国家标准、行业标准、地方标准、团体标准、企业标准。

2.【2022补考】关于工程建设行业标准的说法，正确的是（　　）。
A. 行业标准由国务院标准化行政主管部门制定
B. 行业标准的某些规定与国家标准不一致时，审批部门不得批准
C. 行业标准的制定以国家标准的存在为前提
D. 行业标准一般每5年复审一次
【解析】选项A错误，行业标准由国务院有关行政主管部门制定，报国务院标准化行政主管部门备案。
选项B错误，行业标准不得与国家标准相抵触。有不一致时，必须有充分的理由，并经批准。
选项C错误，行业标准在相应的国家标准实施后，应当及时修订或废止。

3.【2021年】根据《标准化法》，负责工程建设强制性国家标准的立项、编号和对外通报的单位是（　　）。
A. 省级人民政府标准化行政主管部门　　B. 住房城乡建设行政主管部门
C. 国家标准化管理委员会　　　　　　　D. 标准化行政主管部门
【解析】标准化行政主管部门负责立项、编号和对外通报。

4.【2021年】关于工程建设企业标准的说法，正确的是（　　）。
A. 企业标准应当通过标准信息公共服务平台向社会公开
B. 企业标准的技术要求应当高于推荐性标准的相关技术要求
C. 企业可以制定企业标准限制行业竞争
D. 国家实行企业标准自我声明公开和监督制度

5.【2020年】关于团体标准的说法，正确的是（　　）。
A. 国家鼓励社会团体制定高于推荐性标准相关技术要求的团体标准
B. 在关键共性技术领域应当利用自主创新技术制定团体标准
C. 制定团体标准的一般程序包括准备、征求意见、送审和报批四个阶段
D. 团体标准对本团体成员强制适用

【解析】选项B错误，国家支持在重要行业、战略性新兴产业、关键共性技术等领域利用自主创新技术制定团体标准、企业标准。

选项C错误，制定团体标准的一般程序包括提案、立项、起草、征求意见、技术意见、技术审查、批准、编号、发布、复审。

选项D错误，团体标准由本团体成员约定采用或者按照本团体的规定供社会自愿采用。

6.【2019年】关于工程建设企业标准实施的说法，正确的是（　　）。
A. 企业可以不公开其执行的企业标准的编号和名称
B. 企业执行自行制定的企业标准的，其产品的功能指标和性能指标不必公开
C. 国家实行企业标准自我声明公开和监督制度
D. 企业标准应当通过标准信息公开服务平台向社会公开

【解析】选项A、B、D错误，国家实行团体标准、企业标准自我声明公开和监督制度。企业"应当"公开其执行的强制性标准、推荐性标准、团体标准或者企业标准的编号和名称。企业执行自行制定的企业标准的，还"应当公开"产品、服务的功能指标和产品的性能指标。国家"鼓励"团体标准、企业标准通过标准信息公共服务平台向社会公开。

考点二　工程建设强制性标准的实施管理★★★

	监管主体	监管阶段
谁监管谁	规划审查机关	规划
	施工图设计文件审查单位	勘察、设计
	建筑安全监督管理机构	施工
	工程质量监督机构	施工、监理、验收
监管内容	(1) 工程技术人员是否熟悉、掌握强制性标准。 (2) 工程项目的规划、勘察、设计、施工、验收等是否符合强制性标准的规定。 (3) 工程项目采用的材料、设备是否符合强制性标准的规定。 (4) 工程项目的安全、质量是否符合强制性标准的规定。 (5) 工程项目采用导则、指南、手册、计算机软件的内容是否符合强制性标准的规定	

第七章 建设工程质量法律制度

7.【2022年补考】根据《实施工程建设强制性标准监督规定》，对工程建设施工阶段执行施工安全强制性标准的情况实施监督的单位是（　　）。

A. 建设项目规划审查机构
B. 工程质量监督机构
C. 施工图设计文件审查单位
D. 建筑安全监督管理机构

8.【2022年二级】关于对工程建设各阶段执行强制性标准的情况实施监督的机构的说法，正确的是（　　）。

A. 工程建设全过程的执行情况由建设项目规划审查机构实施监督
B. 工程建设前期咨询阶段的执行情况由工程质量监督机构实施监督
C. 工程建设验收阶段的执行情况由建筑安全监督管理机构实施监督
D. 工程建设勘察阶段的执行情况由施工图设计文件审查机构实施监督

9.【2024年二级】关于工程建设强制性标准监督检查的说法，正确的是（　　）。

A. 监督检查不得采取抽查方式
B. 强制性标准监督检查结果应当保密
C. 住房城乡建设主管部门负责全国实施工程建设性标准的监督管理工作
D. 建设项目规划审查机构应当对工程建设勘察、设计阶段执行强制性标准的情况实施监督

【解析】选项A错误，监督检查可以采取重点检查、抽查和专项检查的方式。

选项B错误，工程建设标准批准部门应当将强制性标准监督检查结果在一定范围内公告。

选项D错误，建设项目规划审查机构应当对工程建设规划阶段执行强制性标准的情况实施监督。施工图设计文件审查单位应当对工程建设勘察、设计阶段执行强制性标准的情况实施监督。

10.【2022年补考】根据《实施工程建设强制性标准监督规定》，下列事项中，属于强制性标准监督检查内容的有（　　）。

A. 工程项目的规划、勘察、设计、施工、验收等是否符合强制性标准的规定
B. 工程项目采用的材料、设备是否符合强制性标准的规定
C. 工程项目的安全、质量是否符合强制性标准的规定
D. 有关工程管理人员是否熟悉、掌握强制性标准
E. 工程中采用的计算机软件的内容是否符合强制性标准的规定

【解析】选项D错误，有关工程"技术人员"是否熟悉、掌握强制性标准。此处是命题者经常挖的"陷阱"，需特别留意。

考点三　工程抗震管理制度★★

11. 关于抗震管理的说法，正确的有（　　）。
A. 隔振减震装置属于主体结构施工的也可以由分包完成
B. 隔震减震装置用于建设工程前，施工单位应当按规定进行取样送检
C. 对超限高层建筑工程，建设单位应当将设计文件等材料报住房城乡建设行政主管部门进行抗震设防审批
D. 国家实行建设工程抗震性能鉴定制度
E. 超限高层建筑工程抗震设防审批意见应当作为施工图设计和审查的依据

【解析】选项 A 错误，实行施工总承包的，隔震减震装置属于建设工程主体结构的施工，应当由总承包单位自行完成。

选项 B 正确，隔震减震装置用于建设工程前，施工单位应当在建设单位或者工程监理单位监督下进行取样，送建设单位委托的具有相应建设工程质量检测资质的机构进行检测。

12.【2024 年二级】根据《建设工程抗震管理条例》，关于建设工程抗震相关主体责任和义务的说法，正确的是（　　）。
A. 设计单位应当将建筑抗震设防烈度等情况记入建筑使用说明书
B. 建设单位应当组织工程各参建单位建立隔震减震工程质量可追溯制度
C. 实行施工总承包的项目，隔震减震装置可以由专业承包单位完成施工
D. 施工单位应当对已经建成的建设工程的工程抗震构件进行检查和修缮

【解析】选项 A 错误，建设单位应当将建筑的设计使用年限、结构体系、抗震设防烈度、抗震设防类别等具体情况和使用维护要求记入使用说明书，并将使用说明书交付使用人或者买受人。

选项 B 正确，建设单位应当组织勘察、设计、施工、工程监理单位建立隔震减震工程质量可追溯制度，利用信息化手段对隔震减震装置采购、勘察、设计、进场检测、安装施工、竣工验收等全过程的信息资料进行采集和存储，并纳入建设项目档案。

选项 C 错误，实行施工总承包的，隔震减震装置属于建设工程主体结构的施工，应当由总承包单位自行完成。

选项 D 错误，建设工程所有权人应当按照规定对建设工程抗震构件、隔震沟、隔震缝、隔震减震装置及隔震标识进行检查、修缮和维护，及时排除安全隐患。

13.【2024 年二级】已经建成的下列工程中，抗震设防措施未达到抗震设防要求的，应按国家有关规定进行抗震性能鉴定，并采取必要的抗震加固措施的是（　　）。
A. 可能发生灾害的建设工程
B. 学校、医院等人员密集场所的建设工程
C. 具有艺术价值的建设工程
D. 地震监视防御区内的建设工程

【解析】本题考查得非常细致，需特别留意。已经建成的下列建设工程，未采取抗震设防措施或者抗震设防措施未达到抗震设防要求的，应当按照国家有关规定进行抗震性能鉴定，并采取必要的抗震加固措施：

(1) 重大建设工程；
(2) 可能发生严重次生灾害的建设工程；
(3) 具有重大历史、科学、艺术价值或者重要纪念意义的建设工程；
(4) 学校、医院等人员密集场所的建设工程；
(5) 地震重点监视防御区内的建设工程。

14.【2024年】关于建设工程抗震相关主体责任和义务的说法，正确的有（　　）。
A. 对抗震性能鉴定结果判定需要进行抗震加固且具备加固价值的已经建成的建设工程，所有权人应当进行抗震加固
B. 任何单位不得擅自变动建设工程抗震构件
C. 建设工程所有权人应当对存在严重抗震安全隐患的建设工程进行安全监测，并在加固前采取停止或者限制使用等措施
D. 设计单位可以根据建设单位的要求，在安全范围内适度降低抗震设防强制性标准
E. 实行施工总承包的，隔震减震装置可以由总承包单位和分包单位协同完成
【解析】选项D错误，需要确保建设工程符合抗震设防强制性标准。
选项E错误，实行施工总承包的，隔震减震装置属于建设工程主体结构的施工，应当由总承包单位自行完成。

15.【2024年】关于政府主管部门实施建设工程抗震监督管理措施的说法，正确的是（　　）。
A. 对建设单位或者施工现场随时进行监督检查
B. 不得复制被检查单位有关建设工程的文件和资料
C. 对隔震减震装置实施抽样检测
D. 查封涉嫌违反抗震设防强制性标准的施工企业
【解析】《建设工程抗震管理条例》规定，县级以上人民政府住房城乡建设主管部门或者其他有关监督管理部门履行建设工程抗震监督管理职责时，有权采取以下措施：
(1) 对建设工程或者施工现场进行监督检查；
(2) 向有关单位和人员调查了解相关情况；
(3) 查阅、复制被检查单位有关建设工程抗震的文件和资料；
(4) 对抗震结构材料、构件和隔震减震装置实施抽样检测；
(5) 查封涉嫌违反抗震设防强制性标准的施工现场；
(6) 发现可能影响抗震质量的问题时，责令相关单位进行必要的检测、鉴定。

【本节答案】

题号	1	2	3	4	5	6	7	8	9	10
答案	ACDE	D	D	D	A	C	D	D	C	ABCE
题号	11	12	13	14	15					
答案	BCDE	B	B	ABC	C					

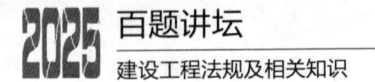

第二节 无障碍环境建设制度

考情分析

要点	2024 年
（1）无障碍环境设施建设各参建单位的义务	
（2）无障碍环境设施建设保障措施	1
（3）无障碍环境设施建设监督管理	2
分值合计	3

考点一 无障碍环境建设各参建单位的义务

1. 关于无障碍环境建设的说法，正确的是（　　）。

A. 制定或者修改涉及无障碍环境建设的法律法规，可以征求残疾人、老年人代表以及残疾人联合会、老龄协会等组织的意见

B. 无障碍设施应当与主体工程同步规划、同步设计、分别施工、分别验收、同步交付使用

C. 无障碍设施经验收交付后，由残疾人联合会、老龄协会对无障碍设施履行维护和管理

D. 工程建设单位应当将无障碍设施建设经费纳入工程建设项目概预算

【解析】选项 A 错误，制定或者修改涉及无障碍环境建设的法律、法规、规章、规划、其他规范性文件以及标准，"应当"征求残疾人、老年人代表以及残疾人联合会、老龄协会等组织的意见。

选项 B 错误，无障碍设施应当与主体工程<u>同步规划</u>、<u>同步设计</u>、<u>同步施工</u>、<u>同步验收</u>、<u>同步交付使用</u>，并与周边的无障碍设施有效衔接、实现贯通。

选项 C 错误，无障碍设施经验收交付后，所有权人或者管理人应当对无障碍设施履行维护和管理责任，保障无障碍设施功能正常和使用安全。

考点二 无障碍环境建设保障措施

2.【2024 年二级】根据《无障碍环境建设法》，关于无障碍环境建设宣传教育的说法，正确的是（　　）。

A. 高等学校、中等职业学校等应当开设无障碍环境建设相关专业和课程

B. 各类职业资格和继续教育的考试内容应当包括无障碍环境建设知识

C. 建筑、交通运输等相关学科专业应当增加无障碍环境建设的教学和实践

D. 企业事业单位应当对工作人员进行无障碍服务知识与技能培训

【解析】选项 A 错误，国家鼓励高等学校、中等职业学校等开设无障碍环境建设相关专业和课程，开展无障碍环境建设理论研究、国际交流和实践活动。

选项 B 错误、选项 C 正确，建筑、交通运输、计算机科学与技术等相关学科专业应当增加无障碍环境建设的教学和实践内容，相关领域职业资格、继续教育，以及其他培训的考试内容应当包括无障碍环境建设知识。

选项 D 错误，国家鼓励机关、企业事业单位、社会团体以及其他社会组织，对工作人员进行无障碍服务知识与技能培训。

3. 【2024 年】关于无障碍环境建设保障措施的说法，正确的是（ ）。

A. 文明城市创建活动，应当将无障碍环境建设情况作为重要内容

B. 残疾人联合会有权修改涉及无障碍环境建设的标准

C. 地方结合本地实际制定的地方无障碍环境建设标准应当高于国家标准的相关技术要求

D. 中等职业学校应当开设无障碍环境建设相关专业和课程

【解析】选项 B 错误，残疾人联合会、老龄协会等组织可以依法提出制定或者修改无障碍环境建设标准的建议。

选项 C 错误，地方结合本地实际制定的地方标准不得低于国家标准的相关技术要求。

选项 D 错误，国家鼓励高等学校、中等职业学校等开设无障碍环境建设相关专业和课程。

考点三 无障碍环境建设监督管理

4. 【2024 年二级】根据《无障碍环境建设法》，关于县级以上人民政府有关主管部门对无障碍建设监督管理的说法，正确的有（ ）。

A. 根据工作需要开展联合监督检查

B. 及时处理并答复涉及无障碍环境建设的投诉

C. 不定期发布无障碍环境建设情况

D. 对无障碍环境建设情况开展舆论监督

E. 定期委托第三方机构开展无障碍环境建设评估

【解析】选项 A 正确，《无障碍环境建设法》规定，县级以上人民政府及其有关主管部门依法对无障碍环境建设进行监督检查，根据工作需要开展联合监督检查。

选项 B、D 正确，县级以上人民政府有关主管部门接到涉及无障碍环境建设的投诉和举报，应当及时处理并予以答复。新闻媒体可以对无障碍环境建设情况开展舆论监督。

选项 C 错误，县级以上人民政府建立无障碍环境建设信息公示制度，定期发布无障碍环境建设情况。

选项 E 正确，县级以上地方人民政府有关主管部门定期委托第三方机构开展无障碍环境建设评估，并将评估结果向社会公布，接受社会监督。

5.【2024年二级】根据《无障碍环境建设法》,关于无障碍环境建设监督管理的说法,正确的有（　　）。

A. 县级以上人民政府建立无障碍环境建设信息公示制度,定期发布无障碍环境建设情况

B. 无障碍环境建设评估结果应当向社会公布

C. 残疾人联合会应当聘请残疾人代表对无障碍环境建设情况进行监督

D. 对违反《无障碍环境建设法》规定损害社会公共利益的行为,老年人代表可以提起公益诉讼

E. 乡镇人民政府应当在职责范围内,开展无障碍环境建设工作

【解析】县级以上人民政府建立无障碍环境建设信息公示制度,定期发布无障碍环境建设情况。县级以上地方人民政府有关主管部门定期委托第三方机构开展无障碍环境建设评估,并将评估结果向社会公布,接受社会监督。

选项C错误,残疾人联合会、老龄协会等组织根据需要,"可以聘请"残疾人、老年人代表以及具有相关专业知识的人员,对无障碍环境建设情况进行监督。

选项D错误,对违反《无障碍环境建设法》规定损害社会公共利益的行为,"人民检察院"可以提出检察建议或者提起公益诉讼。

选项E错误,乡镇人民政府、街道办事处应当"协助"有关部门做好无障碍环境建设工作。

6.【2024年】根据《无障碍环境建设法》,关于无障碍环境建设监督管理的说法,正确的有（　　）。

A. 对违反《无障碍环境建设法》规定,损害社会公共利益的行为,人民检察院可以提起公益诉讼

B. 乡镇人民政府街道办事处应当协助有关部门做好无障碍环境建设工作

C. 无障碍环境建设应当发挥企业主导作用,调动市场主体积极性,引导社会组织和公众广泛参与

D. 县级以上人民政府建立无障碍环境建设信息公示制度,不定期发布无障碍环境建设情况

E. 新闻媒体可以对无障碍环境建设情况开展舆论监督

【解析】选项C错误,发挥政府主导作用,调动市场主体积极性,引导社会组织和公众广泛参与,推动全社会共建共治共享。

选项D错误,县级以上人民政府建立无障碍环境建设信息公示制度,定期发布无障碍环境建设情况。

【本节答案】

题号	1	2	3	4	5	6
答案	D	C	A	ABDE	AB	ABE

第三节 建设单位及相关单位的质量责任和义务

考情分析

要点	2024年	2023年	2022年
（1）建设单位的质量责任和义务			2
（2）勘察设计单位的质量责任和义务	2		
（3）监理单位的质量责任和义务	1	2	
分值合计	3	2	2

考点一 建设单位的质量责任和义务 ★★★★

1.【2014年】 关于勘察、设计单位的质量责任和义务的说法，正确的有（　　）。

A. 依法对设计文件进行技术交底
B. 依法保证使用的建筑材料等符合要求
C. 依法审查施工图设计文件
D. 依法办理工程质量监督手续
E. 依法承揽工程的勘察、设计业务

【解析】选项B、D属于建设单位的质量责任和义务。选项C属于审图机关的责任。

2.【2022年】 根据《建设工程质量管理条例》，属于建设单位质量责任和义务的有（　　）。

A. 设计文件应当符合国家规定的设计深度要求，注明工程合理使用年限
B. 不得任意压缩合理工期
C. 不得明示施工企业使用不合格的建筑材料
D. 不得暗示施工企业使用不合格的建筑构配件
E. 应当就审查合格的施工图设计文件向施工企业作出详细说明

【解析】选项A、E属于设计单位的质量责任和义务。

3.【2012年】 关于建设单位质量责任和义务的说法，错误的是（　　）。

A. 不得明示或暗示设计单位或者施工企业违反工程建设强制性标准，降低建设工程质量
B. 应当依法报审施工图设计文件
C. 不得将建设工程肢解发包
D. 在领取施工许可证或开工报告后，按照国家有关规定办理工程质量监督手续

【解析】可以先报质监后领施工许可证，也可以和施工许可证或者开工报告合并办理。

考点二 勘察设计单位的质量责任和义务 ★★★

4.【2011 年】关于设计单位的权利的说法，正确的是（　　）。
A. 为节约投资成本，设计单位可不依据勘察成果文件进行设计
B. 有特殊要求的专用设备，设计单位可以指定生产厂商或供应商
C. 设计单位有权将所承揽的工程交由资质等级更高的设计单位完成
D. 设计深度由设计单位酌定
【解析】注意选项 D，设计深度应符合国家标准。

5.【2024 年】关于勘察、设计单位质量责任和义务的说法，正确的有（　　）。
A. 注册建筑师、注册结构工程师等注册执业人员应当在设计文件上签字，对设计文件负责
B. 未经注册的建设工程勘察人员，可以借用已注册执业人员的名义从事建设工程勘察活动
C. 对有特殊要求的建筑材料，设计单位可以指定生产厂、供应商
D. 勘察、设计单位可以转包所承揽的工程
E. 设计单位应当就审查合格的施工图设计文件向施工企业作出详细说明
【解析】选项 B 错误，未经注册的建设工程勘察人员，不得从事建设工程勘察活动。选项 D 错误，勘察、设计单位不得转包所承揽的工程。

6. 设计文件中应当注明（　　）。
A. 工程合理使用年限
B. 工程保修期限
C. 建筑材料、构配件、设备的规格、型号和性能指标
D. 建筑材料、构配件、设备的生产厂、供应商
E. 涉及施工安全的重点部位和环节

考点三 监理单位的质量责任和义务 ★★★★

	监理依据	法律法规+技术标准+设计文件+承包合同
监理单位	回避制度	和监理对象（承包商+供货商）有隶属利害关系应回避（和建设、设计单位可有隶属关系）
	监理权限	(1) 未经监理工程师签字 ① 建筑材料、建筑构配件和设备不得在工程上使用； ② 安装，施工单位不得进行下一道工序的施工。 (2) 未经总监理工程师签字 ① 建设单位不拨付工程款； ② 不进行竣工验收

续表

监理单位	不得转让	工程监理单位不得转让工程监理业务
	监理形式	旁站+巡视+平行检验
	必须监理	(1) 国家重点建设工程。 (2) 大中型公用事业工程。 (3) 成片开发建设的住宅小区工程。 (4) 利用外国政府或国际组织贷款、援助资金的工程

7.【2023年】 根据《建设工程质量管理条例》，监理工程师对建设工程项目现场实施监理，采取的主要监理形式有（　　）。

A. 旁站
B. 书面审查
C. 见证取样、送检
D. 巡视
E. 平行检验

8.【2023年补考】 工程监理单位因与被监理工程的下列单位有利害关系，而不得承担该工程施工监理业务的有（　　）。

A. 建筑材料供应单位
B. 施工企业
C. 设备供应单位
D. 建设单位
E. 设计单位

9.【2022年补考】 根据《建设工程质量管理条例》，总监理工程师签字后方可进行的事项是（　　）。

A. 隐蔽工程实施隐蔽
B. 防震减震装置用于建设工程
C. 建设单位拨付工程款
D. 建筑构配件在工程上使用或者安装

10.【2024年】 关于工程监理单位质量责任和义务的说法，正确的是（　　）。

A. 工程监理单位可以转让工程监理业务
B. 工程监理单位不得与被监理工程的承包单位有隶属关系
C. 未经总监理工程师签字，建筑材料不得在工程上使用
D. 未经工程监理单位盖章，建设单位不拨付工程款

【解析】选项A错误，工程监理单位不得转让工程监理业务。

选项C错误，未经监理工程师签字，建筑材料、建筑构配件和设备不得在工程上使用或者安装，施工单位不得进行下一道工序的施工。

选项D错误，未经总监理工程师签字，建设单位不拨付工程款，不进行竣工验收。

【本节答案】

题号	1	2	3	4	5	6	7	8	9	10
答案	AE	BCD	D	B	ACE	ACE	ADE	ABC	C	B

第四节 施工单位的质量责任和义务

考情分析

要点	2024 年	2023 年	2022 年
（1）对施工质量负责和总分包单位的质量责任			
（2）按照工程设计图纸和施工技术标准施工的规定			
（3）建筑材料、设备等的检验检测		1	
（4）施工质量检验和返修		1	2
（5）施工健全职工教育培训制度	2		
分值合计	2	2	2

考点一 对施工质量负责和总分包单位的质量责任★★★★★

1. 根据《建筑法》，（　　）对建设工程的施工质量负责。

A. 建设单位　　　B. 监理单位　　　C. 施工单位　　　D. 设计单位

2.【2013 年】根据《建设工程质量管理条例》，关于施工单位质量责任和义务的说法，正确的有（　　）。

A. 对施工质量负责

B. 按照工程设计图纸和施工技术标准施工

C. 对建筑材料、设备等进行检验检测

D. 建立健全施工质量检验制度

E. 审查批准高大模板工程的专项施工方案

【解析】选项 E 属于监理单位的安全责任和义务。

3.【2013 年二级】关于总承包模式下各单位质量责任的说法，正确的有（　　）。

A. 施工总承包单位对其采购的材料质量负责

B. 施工总承包单位对施工质量负责

C. 分包单位就分包工程质量仅向施工总承包单位负责

D. 分包单位与施工总承包单位就分包工程质量向建设单位承担连带责任

E. 施工总承包单位应当对施工图设计文件质量负责

【解析】选项 C 错误，《建筑法》规定，分包单位按照分包合同的约定对总承包单位负责，总承包单位与分包单位就分包工程对建设单位承担连带责任。即分包单位就分包工程质量，既要依照分包合同约定对总承包单位负责，又要依法对建设单位负责。

选项 E 错误，设计单位对施工图设计文件质量负责。

第七章 建设工程质量法律制度

4.【2021年】建设工程总承包单位依法将建设工程分包给其他单位的,关于分包工程的质量责任承担的说法,正确的是( )。

A. 分包工程质量责任仅由分包单位承担

B. 分包工程质量责任由总承包单位和分包单位承担连带责任

C. 分包工程质量责任仅由总承包单位承担

D. 分包工程质量责任由总承包单位和分包单位按比例承担

【解析】《建筑法》规定,总承包单位与分包单位就分包工程对建设单位承担连带责任。

考点二　按照工程设计图纸和施工技术标准施工的规定★★★

5.【2019年】施工企业在施工过程中发现设计文件和图纸有差错的,应当( )。

A. 继续按设计文件和图纸施工

B. 及时向建设单位或监理单位提出意见和建议

C. 对设计文件和图纸进行修改,按修改后的设计文件和图纸进行施工

D. 对设计文件和图纸进行修改,征得设计单位同意后,按修改后的设计文件和图纸进行施工

【解析】《建设工程质量管理条例》规定,施工单位不得擅自修改工程设计。施工单位在施工过程中发现设计文件和图纸有差错的,应当及时提出意见和建议。

6.【2012年】在施工过程中,施工人员发现设计图纸不符合技术标准,施工单位技术负责人采取的正确做法有( )。

A. 继续按照工程设计图纸施工

B. 按照技术标准修改工程设计

C. 及时向设计单位索赔

D. 及时提出意见和建议

E. 通过建设单位要求设计单位予以变更

考点三　建筑材料、设备等的见证取样★★★★

见证人员	建设单位或监理单位的专业技术人员担任	
施工人员	(1) 施工人员取样。 (2) 在试样或其包装上作出标识、封志	
取样送检的对象	(1) 用于<u>承重</u>结构的混凝土试块。 (2) 用于<u>承重</u>墙体的砌筑砂浆试块。 (3) 用于<u>承重</u>结构的钢筋及连接接头试件。 (4) 用于<u>承重</u>墙的砖和混凝土小型砌块。 (5) 用于拌制混凝土和砌筑砂浆的<u>水泥</u>。 (6) 用于<u>承重</u>结构的混凝土中使用的掺加剂。 (7) 地下、屋面、厕浴间使用的<u>防水材料</u>	用于承重水泥(混凝土和砂浆)防水材料

续表

送检比例	不得低于取样数量的30%
标识和封志必须标明的内容	（1）工程名称；（2）取样部位；（3）取样日期；（4）样品名称；（5）样品数量见证人员和取样人员签字

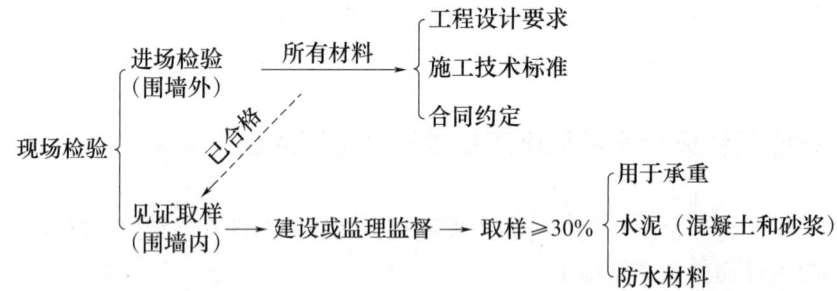

7.【2017年】根据《房屋建筑工程和市政基础设施工程实行见证取样和送检的规定》，下列各项中，属于必须实施见证取样的送检的试块、试件和材料的有（　　）。

A. 填充墙的混凝土小型砌块

B. 混凝土中使用的掺加剂

C. 用于承重结构的钢筋及连接接头试件

D. 地下、屋面、厕浴间使用的防水材料

E. 用于拌制混凝土和砌筑砂浆的水泥

8.【2020年】在工程监理单位人员的见证下，施工企业的现场试验人员对涉及结构安全的钢筋进行取样，并在钢筋试样或其包装上作标识、封志，该标识和封志应标明（　　）。

A. 工程地点 B. 工程名称

C. 取样部位 D. 样品名称

E. 取样日期

【解析】取样人员应在试样或其包装上作出标识、封志。标识和封志应标明工程名称、取样部位、取样日期、样品名称和样品数量。

9.【2012年】关于建设工程见证取样，说法正确的是（　　）。

A. 施工人员对涉及结构安全的试块、试件、材料，应当在建设或监理单位监督下现场取样

B. 涉及结构安全的试块、试件、材料见证取样和送检的比例不得低于有关技术标准中规定应取样数量的50%

C. 墙体保温材料必须见证取样和送检

D. 见证人员由施工企业中具备施工试验知识的专业技术人员担任

【解析】选项A正确，已经检验合格、进场的材料，如果涉及结构安全，需要在建设单位或者监理单位监督下现场取样。

选项 B 错误，涉及结构安全的试块、试件和材料见证取样和送检的比例不得低于有关技术标准中规定应取样数量的 30%。

选项 C 错误，墙体保温材料不涉及结构安全，所以不是必须见证取样。

选项 D 错误。见证人员由建设单位或者监理单位人员担任。

10.【2016 年二级】关于建设工程见证取样的说法，正确的是（　　）。
A. 见证人员应由施工企业中具备施工试验知识的专业技术人员承担
B. 用于承重墙体的砌筑砂浆试块必须实施见证取样和送检
C. 取样人员应在试样或其包装上作出标识、封志，并由其签字后即可
D. 试样的真实性只能由取样人员负责

【解析】选项 A 错误，见证人员应由"建设单位或该工程的监理单位"中具备施工试验知识的专业技术人员担任。

选项 C 错误，取样人员应在试样或其包装上作出标识、封志。标识和封志应标明工程名称、取样部位、取样日期、样品名称和样品数量，并由"见证人员和取样人员"签字。

选项 D 错误，"见证人员和取样人员"应对试样的代表性和真实性负责。

考点四　建筑材料、设备等的检验检测 ★★★★

检测单位	单位性质	具有独立法人资格的（营利）中介机构
	资质	专项检测资质和综合检测资质
	委托	建设单位委托具有相应资质的检测机构进行检测
检测单位	检测报告签署	签字（2个）：检测人员签字+检测机构法定代表人或其授权的签字人签署
		盖章（1个）：加盖公章或检测专用章
	归档	建设单位或监理单位确认后，施工单位归档
	对检测结果发生争议	由双方共同认可的检测机构复检，复检结果由提出复检方报当地住房城乡建设主管部门备案
	不合格	涉及检测结果的不合格情况，及时报告住房城乡建设主管部门，并应当单独建立不合格项目台账
	检测人员	检测人员不得同时受聘于两个及以上的检测机构。不得推荐或监制建筑材料、构配件和设备；不得与行政机关、建设单位设计、施工、监理单位等有隶属关系

11.【2021 年】关于工程质量检测单位检测的说法，正确的有（　　）。
A. 检测报告加盖检测机构公章后即可生效
B. 检测机构应当单独建立检测结果不合格项目台账
C. 检测人员不得同时受聘于两个或者两个以上的检测机构

D. 检测报告经建设单位或者工程监理单位确认后，由工程监理单位归档

E. 检测机构可以推荐质量合格的建筑材料

【解析】选项 A 错误，检测报告经检测人员、审核人员、检测机构法定代表人或者其授权的签字人等签署，并加盖检测专用章后方可生效。

选项 D 错误，检测报告经建设单位或监理单位确认后，由施工单位归档。

选项 E 错误，检测机构和检测人员不得推荐或监制建筑材料、构配件和设备。

12. 【2020 年】关于工程质量检测的说法，正确的是（　　）。
    A. 检测报告应当由工程质量检测机构法定代表人签署
    B. 工程质量检测报告经建设单位或者工程监理单位确认后，由施工企业归档
    C. 检测机构是具有独立法人资格的非营利性中介机构
    D. 工程质量检测机构不得与建设单位有隶属关系

13. 【2016 年】根据《建设工程质量检测管理方法》，关于建设工程质量检测的说法，正确的有（　　）。
    A. 检测机构和检测人员不得推荐或监制建筑材料、构配件和设备
    B. 检测机构的资质分为综合检测资质和专项检测资质
    C. 检测机构不得转包检测业务
    D. 质量检测业务应当由施工企业书面委托具有相应资质的检测机构进行
    E. 利害关系人对检测结果有争议的，由双方共同认可的检测机构复检，复检结果由提出复检方报当地住房城乡建设主管部门备案

【解析】选项 D 错误，检测机构接受建设单位委托，完成检测后，出具检测报告。

考点五 施工质量检验和返修 ★★★

隐蔽工程检验	隐蔽工程在隐蔽前，施工单位应当通知建设单位和建设工程质量监督机构
工程的返修（验收合格前）	（1）施工单位对施工中出现质量问题或者竣工验收不合格的建设工程，应当负责返修。 （2）对于非施工单位原因造成的质量问题，施工单位也应当负责返修，但损失及返修费用由责任方负责

14. 【2022 年】根据《建设工程质量管理条例》，隐蔽工程在隐蔽前施工企业应当及时通知的单位有（　　）。
    A. 勘察单位　　　　　　　　　　B. 设计单位
    C. 建设单位　　　　　　　　　　D. 监理单位
    E. 建设工程质量监督机构

【解析】本题易错选 D，注意按《建设工程质量管理条例》规定，隐蔽工程在隐蔽前，施工单位应当通知建设单位和建设工程质量监督机构。

15.【2017年】关于建设工程返修的说法，正确的是（　　）。

A. 建设工程返修不包括竣工验收不合格的情形

B. 对竣工验收不合格的建设工程，若非施工企业原因造成的，施工企业不负责返修

C. 对施工中出现质量问题的建设工程，无论是否施工企业原因造成的，施工企业都应负责返修

D. 对竣工验收不合格的建设工程，若是施工企业原因造成的，施工企业负责有偿返修

16.【2016年】关于建设工程返修中法律责任的说法，正确的是（　　）。

A. 因施工企业原因造成的质量问题，施工企业应当负责返修并承担费用

B. 已发现的工程质量缺陷，由缺陷责任方修复

C. 严重工程质量问题相关责任单位已被撤销的，不可追究项目负责人的责任

D. 建设工程返修的质量问题仅指竣工验收时发现的质量问题

【解析】选项B错误，对已发现的质量缺陷，建筑施工企业应当修复，但费用由责任方承担。

选项C错误，考核五方责任主体项目负责人的终身责任。

选项D错误，返修包括施工过程中出现的质量问题和竣工验收时发现的质量问题两种情形，而保修仅指竣工验收合格后发现的工程质量问题。

17.【2014年】对于非施工单位原因造成的质量问题，施工单位也应负责返修，造成的损失及返修费最终由（　　）负责。

A. 监理单位　　　B. 责任方　　　C. 建设单位　　　D. 施工单位

【解析】对于非施工单位原因造成的质量问题，施工单位也应当负责返修，但由此造成的损失和费用最终由责任方承担。

18.【2023年】关于建设工程返修的说法，正确的是（　　）。

A. 施工企业仅对施工中出现质问题的建设工程负责返修

B. 因施工企业的原因致使建设工程质量不符合约定的，建设单位有权请求施工企业在合理期限内无偿修理或者返工、改建

C. 施工企业仅对竣工验收不合格的建设工负责返修

D. 对于非施工企业的原因造成的建设工程质量问题，施工企业有权拒绝返修

【本节答案】

题号	1	2	3	4	5	6	7	8	9	10
答案	C	ABCD	ABD	B	B	DE	CDE	BCDE	A	B
题号	11	12	13	14	15	16	17	18		
答案	BC	B	ABCE	CE	C	A	B	B		

第五节　建设工程竣工验收制度

考情分析

要点	2024年	2023年	2022年
（1）竣工验收的主体和法定条件	1		
（2）规划、消防、节能和环保验收	2	1	
（3）竣工验收备案	1		
分值合计	4	1	0

考点一　竣工验收的主体和法定条件 ★★★★

谁组织	建设单位
谁参与	设计、施工、监理
验收条件	（1）已完成设计和合同约定的<u>各项内容</u>。 （2）有完整的<u>技术档案资料</u>和<u>施工管理资料</u>。 （3）有工程所用的<u>主要建筑材料</u>、建筑构配件和设备等<u>进场试验报告</u>。 （4）<u>勘察、设计、施工、监理</u>等单位<u>分别</u>签署的<u>质量合格文件</u>。（必须四家签） （5）有<u>施工单位</u>签署的工程保修书

1. 【2023年】根据《建设工程质量管理条例》组织竣工验收的主体是（　　）。
   A. 施工企业　　　　　　　　B. 监理单位
   C. 建设单位　　　　　　　　D. 建设工程质量监督机构

2. 建设单位收到（　　）后，应当组织设计、施工、监理等有关单位组织竣工验收。
   A. 监理单位出具的质量评估报告　　B. 施工单位出具的质量保修书
   C. 设计单位签署的质量合格文件　　D. 施工单位提交的建设工程竣工报告

   【解析】建设单位收到建设工程竣工报告后，应当组织设计、施工、工程监理等有关单位进行竣工验收。

3. 【2021年】根据《建设工程质量管理条例》，属于建设工程竣工验收应当具备的条件有（　　）。
   A. 完成建设工程设计和合同约定的各项内容　　B. 有健全的财务管理档案
   C. 有完整的技术档案和施工管理资料　　　　　D. 有监理单位出具的竣工验收报告
   E. 有施工企业签署的工程保修书

4.【2017年二级】根据《建设工程质量管理条例》，属于建设工程竣工验收应当具备的条件有（　　）。

A. 有完整的技术档案和施工管理资料

B. 有建设、勘察、设计、施工等单位分别签署的质量合格文件

C. 完成建设工程设计和合同约定的主要内容

D. 有施工企业签署的工程保修书

E. 有工程使用的全部建筑材料、建筑构配件和设备的进场试验报告

【解析】本题考查得很细致，需要特别细心。

选项B错误，有"勘察、设计、施工、工程监理"等单位分别签署的质量合格文件。

选项C错误，应为"各项内容"。

选项E错误，有工程使用的"主要"建筑材料、建筑构配件和设备的进场试验报告。

考点二 规划、消防和环保验收 ★★★

规划验收	（1）建设单位应当在竣工验收后6个月内向城乡规划主管部门报送有关竣工资料。 （2）验收合格，由城乡规划行政主管部门出具规划认可文件或核发建设工程竣工规划验收合格证
消防验收	特殊建筑工程建设单位应当向住房城乡建设主管部门申请消防验收 其他建设工程建设单位在验收后应当报住房城乡建设主管部门备案，住房城乡建设主管部门应当进行抽查
环保验收	（1）建设单位应当对配套建设的环境保护设施进行验收，编制验收报告。 （2）建设单位应当依法向社会公开验收报告（除按照国家规定需要保密的情形外）。 （3）分期建设、分期投入生产或使用的建设项目，分期验收
节能验收	国家实行固定资产投资项目节能评估和审查制度。 不符合强制性节能标准的项目，建设单位不得开工建设；已经建成的，不得投入生产、使用。 政府投资项目不符合强制性节能标准的，依法负责项目审批的机关不得批准建设。 单位工程竣工验收应在建筑节能分部工程验收合格后进行。 建筑节能分部工程的质量验收，应在施工单位自检合格，且检验批、分项工程全部合格的基础上，进行外墙节能构造外窗气密性现场实体检测和设备系统节能性能检测，确认建筑节能工程质量达到验收的条件后方可进行

5.【2020年】关于建设工程竣工规划验收的说法，正确的是（　　）。

A. 建设单位应当向住房城乡建设主管部门提出竣工规划验收申请

B. 对于验收合格的建设工程，城乡规划行政主管部门出具建设工程规划许可证

C. 建设单位应当在竣工验收后3个月内向城乡规划行政主管部门报送有关竣工验收资料

D. 建设工程未经核实或者经核实不符合规划条件的，建设单位不得组织竣工验收

【解析】选项A错误，建设单位应当依法向"城乡规划行政主管部门"提出竣工规划验

收申请，不是住房城乡建设主管部门。

选项 B 错误，对于验收合格的，由城乡规划行政主管部门出具"规划认可文件"或核发"建设工程竣工规划验收合格证"，而建设工程规划许可证是建设单位申请施工许可证前应取得的条件之一。

选项 C 错误，建设单位应当在竣工验收后 6 个月内向城乡规划主管部门报送有关竣工资料。

6. 【2023 年】 根据《节约能源法》，关于节能的说法，正确的是（   ）。
A. 国家禁止发展高耗能、高污染行业
B. 不符合强制性节能标准的项目，建设单位不得开工建设
C. 不符合强制性节能标准的项目，已经建成的，须经国务院批准后方可投入使用
D. 政府投资项目不符合强制性节能标准的，实行限项审批管理

【解析】《节约能源法》规定，不符合强制性节能标准的项目，建设单位不得开工建设，已经建成的，不得投入生产、使用。政府投资项目不符合强制性节能标准的，依法负责项目审批的机关不得批准建设。

7. 【2024 年二级】 建筑节能分部工程验收应当进行性能检测的是（   ）。
A. 地基与基础工程　　B. 主体结构工程　　C. 设备系统　　D. 管道气密性

8. 【2024 年二级】 关于建筑工程节能验收的说法，正确的是（   ）。
A. 国家实行固定资产投资项目节能评估和备案制度
B. 对不符合推荐性节能标准的项目，建设单位不得开工建设
C. 建筑节能分部工程验收合格后方可进行单位工程竣工验收
D. 建筑节能检验批、分项工程全部合格即可进行节能分部工程验收

【解析】选项 A 错误，国家实行固定资产投资项目节能评估和审查制度。

选项 B 错误，不符合强制性节能标准的项目，建设单位不得开工建设，已经建成的，不得投入生产、使用。

选项 C 正确，单位工程竣工验收应在建筑节能分部工程验收合格后进行。

选项 D 错误，建筑节能分部工程的质量验收，应在施工单位自检合格，且检验批、分项工程全部合格的基础上，进行外墙节能构造外窗气密性现场实体检测和设备系统节能性能检测，确认建筑节能工程质量达到验收的条件后方可进行。

9. 【2024 年】 关于建筑工程节能的说法，正确的有（   ）。
A. 建设单位组织竣工验收，应当对民用建筑是否符合民用建筑节能强制性标准进行查验
B. 单位工程竣工验收应当在建筑节能分部工程验收合格后进行
C. 政府投资项目不符合强制性节能标准的不得批准建设
D. 不符合强制性节能标准的项目可以进行开工建设
E. 建筑节能分部工程的质量验收，施工企业应当先行自检合格

【解析】选项 D 错误，不符合强制性节能标准的项目不得进行开工建设。

10.【2023年】根据《消防法》，关于建设工程竣工消防验收的说法，正确的是（   ）。

A. 经主管部门抽查不合格的，应当停止使用
B. 建设单位应当向应急管理部门申请消防验收
C. 建设单位验收后应当报主管部门审批
D. 建设工程未经主管部门消防验收的，一律禁止投入使用

【解析】选项B错误，消防验收的部门是"住房城乡建设主管部门"。

选项C错误，"特殊建筑工程"建设单位应当向住房城乡建设主管部门申请消防验收，"其他建设工程"建设单位在验收后应当报住房城乡建设主管部门备案，住房城乡建设主管部门应当进行抽查。

选项D错误，并不是所有工程都需要经过主管部门验收，需要区别对待。依法应当进行消防验收的建设工程，未经消防验收或者消防验收不合格的，禁止投入使用；其他建设工程经依法抽查不合格的，应当停止使用。

考点三 竣工验收备案 ★★★

11.【2022年补考】关于工程竣工验收后提交档案资料的说法，正确的是（   ）。

A. 对改建、扩建和重要部位维修的工程，应当组织设计、施工单位据实施修改、补充和完善原建设工程档案
B. 工程竣工验收后6个月内，应当向城建档案馆报送一套符合规定的建设工程档案金额
C. 勘察、设计、施工、监理等单位应当将本单位形成的工程文件立卷后向城建档案馆移交
D. 移交电子档案的，可以不移交相应纸质档案

【解析】选项A正确，《城市建设档案管理规定》要求，对改建、扩建和重要部位维修的工程，建设单位应当组织设计、施工单位据实修改、补充和完善原建设工程档案。

选项B错误，建设单位应当在工程竣工验收后3个月内，向城建档案馆报送一套符合规定的建设工程档案。凡建设工程档案不齐全的，应当限期补充。

选项C错误，勘察、设计、施工、监理等单位应将本单位形成的工程文件立卷后向"建设单位"移交。

选项D错误，每项建设工程应编制一套电子档案，随纸质档案一并移交城建档案管理机构电子档案上的电子签名符合要求的，可以不移交纸质档案。

【本节答案】

题号	1	2	3	4	5	6	7	8	9	10
答案	C	D	ACE	AD	D	B	C	C	ABCE	A

题号	11
答案	A

第六节 建设工程质量保修制度

考情分析

要点	2024 年	2023 年	2022 年
(1) 质量保修书和最低保修期限的规定		1	
(2) 工程质量保证金	1		
分值合计	1	1	0

考点一 质量保修书和最低保修期限的规定 ★★★★

保修范围和内容	最低保修期
基础设施、地基基础、主体工程	设计使用年限
防水	5 年
供热与供冷系统	2 个采暖期、供冷期
管线、给排水管道、设备安装和装修工程	2 年

说明：
(1) 保修期从竣工验收合格之日起计算。
(2) 质量保修范围和保修期限由双方自主约定，没有约定、约定不明或约定无效的，按照法定的保修范围和保修期限履行保修义务。
简记为：约定≥法定，按约定；
　　　　约定≤法定，约定无效，按法定

1. 根据《建设工程质量管理条例》，建设工程的保修期，应自（　　）之日起计算。
　A. 工程竣工移交　　　　　　　　B. 竣工验收合格
　C. 竣工验收报告移交　　　　　　D. 竣工结算完成
【解析】建设工程保修期的起始日：竣工验收合格之日。

2. 根据《建设工程质量管理条例》，建设工程承包单位向建设单位出具的质量保修书中应明确建设工程的（　　）。
　A. 保修范围　　　　　　　　　　B. 保修期限

C. 保修要求   D. 保修责任
E. 保修费用

【解析】质量保修书中应当明确建设工程的保修范围、保修期限和保修责任等。

3.【2021 年】根据《建设工程质量管理条例》下列建设工程质量保修期限的约定中，符合规定的是（   ）。
A. 供冷系统质量保修期为 1 年
B. 屋面防水工程质量保修期为 3 年
C. 给排水管道工程质量保修期为 3 年
D. 装修工程质量保修期为 1 年

4.【2023 年】根据《建设工程质量管理条例》，关于建设工程质量保修期的说法，正确的是（   ）。
A. 地基基础工程保修期限为设计文件规定的该工程的合理使用年限
B. 所有项目的保修期限均由法律规定
C. 任何使用条件下，建设工程保修期均应当符合法定最低保修期限
D. 供热系统的最低保修期限为 5 年

【解析】选项 B 错误，质量保修期限由双方自主约定，没有约定、约定不明或约定无效的，按照法定的保修范围和保修期限履行保修义务。

选项 C 错误，施工单位承担保修责任的前提条件：①在保修期内；②在保修范围内；③正常使用中发现的工程质量缺陷。使用者使用不当或第三方造成损坏，或不可抗力造成的损坏，均不属于正常使用条件下发现的工程缺陷，施工单位不承担保修责任。

选项 D 错误，供热系统的最低保修期限为 2 年。

5.【2017 年】关于建设工程超过合理使用年限后需要继续使用的说法，正确的是（   ）。
A. 经过勘察、设计单位鉴定后，必须在设计文件中重新界定使用期
B. 建设工程超过合理使用年限后需要继续使用的，产权所有人应当委托原勘察、设计单位鉴定
C. 根据鉴定结果采取加固、维修等措施的，需经原施工企业进行加固、维修和补强
D. 不经鉴定、加固等而违法继续使用造成损失的，由产权所有人和原施工企业承担连带责任

【解析】选项 B 错误，建设工程在超过合理使用年限后需要继续使用的，产权所有人应当委托具有"相应资质等级的勘察、设计单位"鉴定，并未要求必须是"原勘察、设计单位"鉴定。

选项 C 错误，经施工企业进行加固、维修和补强即可，并未要求是"原"施工企业。

选项 D 错误，如果不经鉴定、加固等而违法继续使用的，所产生的后果"由产权所有人自负"。

考点二 质量保证金 ★★★★

质量保证金	比例	总预留比例不得高于工程款结算总额的3%
	管理	工程项目竣工前，已经缴纳履约保证金的，建设单位不得同时预留工程质量保证金
		采用工程质量保证担保、工程质量保险等其他保证方式的，发包人不得再预留保证金
	返还	缺陷责任期满向发包人申请返还保证金
缺陷责任期	期限	缺陷责任期一般为1年，最长不超过2年，由发承包双方在合同中约定
	起算日	（1）缺陷责任期从工程通过竣工验收之日起计。 （2）由于承包人原因导致工程无法按规定期限进行竣工验收的，缺陷责任期从实际通过竣工验收之日起计。 （3）由于发包人原因导致工程无法按规定期限进行竣工验收的，在承包人提交竣工验收报告90天后，工程自动进入缺陷责任期
	承包人原因	（1）缺陷责任期内由承包人原因造成的缺陷，承包人应当负责维修并承担费用。 （2）承包人维修并承担相应费用后，不免除对工程的损失赔偿责任。 （3）如承包人不维修，发包人可从质保金中扣除，超出的费用发包人可向承包人进行索赔
	他人原因	发包人负责组织维修，承包人不承担费用，发包人不得从保证金中扣除费用

6.【2020年】 根据《建设工程质量保证金管理办法》，关于缺陷责任期的说法，正确的有（　　）。

A. 缺陷责任期由发、承包双方在合同中约定
B. 缺陷责任期从工程通过竣工验收之日起计
C. 缺陷责任期中的缺陷包括建设工程质量不符合承包合同的约定
D. 缺陷责任期届满，承包人对工程质量不再承担责任
E. 由于发包人原因导致工程无法按规定期限进行竣工验收的，缺陷责任期从实际通过竣工验收之日起计

【解析】选项D错误，缺陷责任期是为返还质量保证金而设置的期限，不免除保修责任。
选项E错误，由于发包人原因导致工程无法按规定期限进行竣工验收的，在承包人提交竣工验收报告90天后，工程自动进入缺陷责任期。

7. 【2020年】根据《建设工程质量保证金管理办法》，关于预留质量保证金的说法，正确的是（　　）。

   A. 合同约定由承包人以银行保函替代预留保证金的，保函金额不得高于工程价款结算总额的5%
   B. 社会投资项目采用预留保证金方式的，发、承包双方应当将保证金交由第三方金融机构托管
   C. 采用工程质量保证担保、工程质量保险保证方式的，发包人不得再预留保证金
   D. 在工程项目竣工前，已经缴纳履约保证金的，发包人可以同时预留工程质量保证金

   【解析】选项A错误，合同约定由承包人以银行保函替代预留保证金的，保函金额不得高于工程价款结算总额的3%。

   选项B错误，"应当"应改为"可以"。

   选项D错误，已经缴纳履约保证金的，发包人"不得"同时预留工程质量保证金。

8. 【2018年】关于缺陷责任期确定的说法，正确的是（　　）。

   A. 施工合同可以约定缺陷责任期为26个月
   B. 由于承包人的原因导致工程无法进行竣工验收，缺陷责任期从实际通过竣工验收之日开始计算
   C. 某工程于2018年6月11日完成建设工程验收备案，该工程缺陷责任期起算时间为2018年6月11日
   D. 由于发包人的原因导致工程无法按规定期限进行竣工验收，在承包人提交验收报告60天后，工程自动进入缺陷责任期

9. 【2019年】根据《建设工程质量保证金管理办法》，关于缺陷责任期内建设工程缺陷维修的说法，正确的是（　　）。

   A. 如承包人不维修也不承担费用，发包人可以从保证金中扣除，费用超出保证金额的，发包人可以向承包人进行索赔
   B. 缺陷责任期内由承包人原因造成的缺陷，承包人应当负责维修，承担维修费用，但不必承担鉴定费用
   C. 承包人维修并承担相应费用后，不再对工程损失承担赔偿责任
   D. 就他人的原因造成的缺陷，承包人负责组织维修，但不必承担费用，且发包人不得从保证金中扣除费用

10. 【2019年】关于建设工程质量保证金的说法，正确的是（　　）。

    A. 在工程项目竣工前已经缴纳履约保证金的，建设单位不得同时预留工程质量保证金
    B. 建设工程质量保证金总预留比例不得高于工程价款结算总额的5%
    C. 承包人不得以银行保函替代预留保证金
    D. 采用工程质量保险的，发包人可以同时预留保证金

11.【2018 年】关于质量保证金预留的说法，正确的是（　　）。

A. 缺陷责任期内，实行国库集中支付政府投资项目，保证金必须预留在财政部门

B. 缺陷责任期内，实行国库集中支付的政府投资项目，保证金的管理应按照国库集中支付的有关规定执行

C. 缺陷责任期内，如发包方被撤销，保证金随交付使用资产一并移交给当地建设行政主管部门统一管理

D. 社会投资项目采用预留保证金方式的，发、承包双方必须将保证金交由第三方金融机构托管

【解析】选项 A 错误，选项 B 正确，《建设工程质量保证金管理办法》规定，缺陷责任期内，实行国库集中支付的政府投资项目，保证金的管理应按国库集中支付的有关规定执行。其他政府投资项目，保证金可以预留在财政部门或发包方。

选项 C 错误，缺陷责任期内，如发包方被撤销，保证金随交付使用资产一并移交"使用单位"管理，由"使用单位代行"发包人职责。

选项 D 错误，社会投资项目采用预留保证金方式的，发、承包双方"可以约定"将保证金交由第三方金融机构托管。

12.【2022 年补考】根据《建设工程质量保证金管理办法》，关于质量保证金的说法，正确的有（　　）。

A. 社会投资项目采用预留保证金方式的，发、承包双方可以约定将保证金交易第三方金融机构托管

B. 缺陷责任期内，由第三人原因造成的缺陷，发包人应当负责组织维修，从保证金中扣除费用

C. 合同约定由承包人以银行保函替代预留保证金的，保函金额不得高于工程款结算总额的 3%

D. 发包人在接到承包人返还保证金申请后 14 天内不予答复的，视同认可承包人的返还保证金申请

E. 在工程项目竣工前，已经缴纳履约保证金的，发包人不得同时预留工程保证金

【解析】选项 B 错误，由第三人原因造成的缺陷，发包人负责组织维修，承包人不承担费用，发包人"不得从保证金中扣除"费用。

选项 D 错误，发包人在接到承包人返还保证金申请后 14 天内不予答复，"经催告后 14 天内仍不予答复"，视同认可承包人的返还保证金申请。

13. 根据《最高人民法院关于审理建设工程施工合同纠纷案件适用法律问题的解释（一）》规定，下列承包人请求发包人返还工程质量保证金的情形中，人民法院应予支持的是（　　）。

A. 当事人约定的工程保修期期限已届满

B. 当事人未约定工程质保金返还期限的，自工程通过竣工验收之日起满 1 年

C. 因发包人原因，工程未按约定期限进行竣工验收的，自工程通过竣工验收之日后当事人约定的工程质保金返还期限届满

D. 因发包人原因，工程未按约定期限进行竣工验收的，当事人也未约定质保金返还期限的，自承包人提交工程竣工验收报告90日后起满2年

【解析】《最高人民法院关于审理建设工程施工合同纠纷案件适用法律问题的解释（一）》规定，有下列情形之一，承包人请求发包人返还工程质量保证金的，人民法院应予支持：

（1）当事人约定的工程质量保证金返还期限届满。

（2）当事人未约定工程质量保证金返还期限的，自建设工程通过竣工验收之日起满2年。

（3）因发包人原因建设工程未按约定期限进行竣工验收的，自承包人提交工程竣工验收报告90日后当事人约定的工程质量保证金返还期限届满；当事人未约定工程质量保证金返还期限的，自承包人提交工程竣工验收报告90日后起满2年。

	有约定	按约定期限返还（缺陷责任期到期后）
验收的	没有约定	建设工程通过竣工验收之日+2年
发包人未验收	有约定	提交工程竣工验收报告90日+约定的返还的期限
	没有约定	提交工程竣工验收报告90日+2年

【本节答案】

题号	1	2	3	4	5	6	7	8	9	10
答案	B	ABD	C	A	A	ABC	C	B	A	A
题号	11	12	13							
答案	B	ACE	D							

第八章 建设工程环境保护和历史文化遗产保护法律制度

第一节 建设工程环境保护制度

考情分析

要点	2024 年	2023 年	2022 年
（1）大气污染防治		1	
（2）水污染防治	1	1	1
（3）建设工程固体废物污染环境防治			
（4）噪声污染防治	1	1	1
分值合计	2	3	2

考点一 建设工程大气污染防治 ★★★★

建设单位责任	应当将防治扬尘污染的费用列入工程造价，并在施工承包合同中明确<u>施工单位扬尘污染防治责任</u>。 暂时不能开工的建设用地，<u>建设单位</u>应当对裸露地面进行覆盖。 <u>超过 3 个月的</u>，应当进行绿化、铺装或遮盖
施工单位责任	施工单位应当制定具体的施工扬尘污染防治实施方案，施工单位应当在施工工地设置硬质围挡，并采取覆盖、分段作业、洒水、冲洗等有效防尘降尘措施。 施工单位应当在施工工地公示扬尘污染防治措施、负责人、扬尘监督管理主管部门等信息。 从事房屋建筑、市政基础设施建设、河道整治以及建筑物拆除等<u>施工单位</u>，应当向扬尘监管部门备案

第八章 建设工程环境保护和历史文化遗产保护法律制度

续表

工艺设备、施工车辆	(1) 国家对<u>严重污染</u>大气环境的工艺、设备和产品实行淘汰制度。 (2) 在用机动车排放大气污染物超过标准的，应当进行维修；经维修后仍不符合国家排放标准的，应当强制报废。 (3) 国家鼓励和支持<u>高排放</u>的机动车提前报废

1.【2019 年二级】暂时不能开工的建设用地，超过（   ）的，应当进行绿化、铺装或者遮盖。

A. 3 个月　　　　　　B. 1 个月　　　　　　C. 2 个月　　　　　　D. 6 个月

2. 关于施工现场大气污染的防治，下列说法中正确的是（   ）。

A. 城市范围内主要路段的施工封闭围挡高度不小于 2.2m，一般路段不小于 2m

B. 施工现场出入口应设置车辆冲洗设施，并对驶出车辆进行清洗

C. 建设单位应当在施工现场公示扬尘污染防治措施、责任人、监管部门等信息

D. 超过 6 个月不能开工的建设用地，施工单位应当进行绿化

【解析】选项 A 错误，城市范围内主要路段的施工工地应设置高度不小于 2.5m 的封闭围挡，一般路段的施工工地应设置高度不小于 1.8m 的封闭围挡。

选项 C 错误，在"建设单位"应为"施工单位"。

选项 D 错误，应为 3 个月。

3.【2023 年】根据《关于进一步加强施工工地和道路扬尘管控工作的通知》，关于扬尘管控的说法，正确的是（   ）。

A. 施工现场的道路及材料堆放区地面应当进行硬化处理

B. 建筑物内施工垃圾的清运，应当采用器具或者管道运输

C. 堆放的土方土质良好的，可以裸露堆放

D. 施工现场不得设置车辆冲洗设施

【解析】选项 A 错误，施工现场的主要道路及材料加工区地面应进行硬化处理。

选项 B 正确，建筑物内施工垃圾的清运，应采用器具或管道运输，严禁随意抛掷。

选项 C 错误，裸露的场地和堆放的土方应采取覆盖、固化或绿化等措施。

选项 D 错误，施工现场出入口应设置车辆冲洗设施，并对驶出车辆进行清洗。

4.【2021 年二级】关于施工现场大气污染防治的说法，正确的有（   ）。

A. 小型工程的工程造价可以不列支防治扬尘污染的费用

B. 暂时不能开工的施工工地，施工企业应当对裸露地面进行覆盖

C. 施工合同应当明确施工企业扬尘污染防治责任

D. 工程渣土、建筑垃圾应当进行资源化处理

E. 施工工地应当公示扬尘污染防治相关信息

【解析】选项 A 错误，建设单位应当将防治扬尘污染的费用列入工程造价，不区分大、小型项目。

选项 B 错误，暂时不能开工的施工工地，"建设单位"应当对裸露地面进行覆盖。

考点二 水污染防治★★★★★

排污许可证	（1）实行排污许可管理的企业事业单位和其他生产经营者应当依法申请取得排污许可证，并按照排污许可证的规定排放污染物。 （2）未取得排污许可证的，不得排放污染物。 （3）排污单位应当在实际排污行为发生之前，向其生产经营场所所在地设区的市级以上地方人民政府生态环境主管部门申请取得排污许可证。 （4）排污单位有两个以上生产经营场所排放污染物的，应当分别申请
水污染防治	建设单位在江河、湖泊新建、改建、扩建排污口的，应当取得水行政主管部门或者流域管理机构同意。建设项目的水污染防治设施，应当与主体工程同时设计、同时施工、同时投入使用。水污染防治设施应当符合经批准或者备案的环境影响评价文件的要求
	禁止在饮用水水源一级保护区内新建、改建、扩建与供水设施和保护水源无关的建设项目。 禁止在饮用水水源二级保护区内新建、改建、扩建排放污染物的建设项目。 禁止在饮用水水源准保护区内新建、扩建对水体污染严重的建设项目，改建建设项目不得增加排污量
城镇排水设施的保护和拆改	建设工程开工前，建设单位应当查明工程建设范围内地下城镇排水与污水处理设施的相关情况。城镇排水主管部门应及时提供相关资料。建设单位应当与施工单位、设施维护运营单位共同制定设施保护方案，并采取相应的安全保护措施。因工程建设需要拆除、改动城镇排水与污水处理设施的，建设单位应当制定拆除、改动方案，报城镇排水主管部门审核，并承担重建、改建和采取临时措施的费用
禁止排放	（1）禁止向水体排放油类、酸液、碱液或者剧毒废液。 （2）禁止在水体清洗贮过油类或者有毒污染物的车辆和容器。 （3）禁止向水体排放、倾倒放射性固体废物或者含有高放射性和中放射性物质的废水。 （4）禁止向水体排放、倾倒工业废渣、城镇垃圾和其他废弃物。 （5）向水体排放含低放射性物质的废水，应当符合国家有关放射性污染防治的规定和标准。 （6）向水体排放含热废水，应当采取措施，保证水体的水温符合水环境质量标准。 （7）存放可溶性剧毒废渣的场所，应当采取防水、防渗漏、防流失的措施

	续表
施工污、废水接管排放	向城镇排水设施排放污水的，应当向城镇排水主管部门申请领取污水排入排水管网许可证，城镇排水主管部门应当按照国家有关标准，重点对影响城镇排水与污水处理设施安全运行的事项进行审查，排水户应当按照污水排入排水管网<u>许可证的要求</u>排放污水。 排水单位和个人应当按照国家有关规定<u>缴纳污水处理费</u>。已缴纳污水处理费的，不再缴纳排污费

5.【2023年】 根据《水污染防治法》，关于饮用水水源准保护区内水污染防治的说法，正确的是（　　）。

A. 禁止新建、扩建对水体污染严重的项目
B. 禁止新建、改建、扩建与保护水源无关的建设项目
C. 禁止新建、改建、扩建排放污染物的项目
D. 禁止新建、扩建任何建设项目

【解析】禁止在饮用水水源准保护区内新建、扩建对水体污染严重的建设项目。

6.【2017年】 根据《水污染防治法》，关于施工现场水污染防治的说法，正确的是（　　）。

A. 禁止利用无防渗漏措施的沟渠输送含有毒污染物的废水
B. 在具有特殊经济文化价值的水体保护区内，禁止设置排污口
C. 禁止向水体排放含低放射性物质的废水
D. 禁止向水体排放生活污水

【解析】选项B错误，在具有特殊经济文化价值的水体保护区内，禁止新建排污口。选项C、D错误，向水体排放含低放射性物质的废水，应当符合国家有关放射性污染防治的规定和标准。

7.【2023年二级】 关于在城镇排水与污水处理设施保护范围内施工的说法，正确的是（　　）。

A. 城镇排水主管部门及其他相关部门和单位应当及时提供相关资料
B. 建设工程开工前，施工企业负责查明工程建设范围内地下城镇排水与污水处理设施的相关情况
C. 因工程建设需要拆除、改动城镇排水与污水处理设施的，施工单位应当承担改建和采取临时措施的费用
D. 建设工程施工范围内有排水管网等城镇排水与污水处理设施的，建设单位当与设计单位、施工企业共同制定设施保护方案

【解析】选项A正确，城镇排水主管部门及其他相关部门和单位应当及时提供相关资料。

选项B错误，建设工程开工前，<u>建设单位</u>应当查明工程建设范围内地下城镇排水与污水处理设施的相关情况。

选项 C 错误，因工程建设需要拆除、改动城镇排水与污水处理设施的，建设单位应当制定拆除、改动方案，城镇排水主管部门审核，并承担重建、改建和采取临时措施的费用。

选项 D 错误，建设工程施工范围内有排水管网等城镇排水与污水处理设施的，建设单位应当与施工单位、设施维护运营单位共同制定设施保护方案，并采取相应的安全保护措施。

8. 根据《城镇排水与污水处理条例》，关于项目部向城镇污水处理设施排放施工污水的说法，正确的是（　　）。
　　A. 应当向建设主管部门申请领取污水排入排水管网许可证
　　B. 可根据实际需要向城镇排水设施加压排放污水
　　C. 已经缴纳污水处理费的，不再缴纳排污费
　　D. 主管部门应当重点对排水户排放污水的缴费情况进行审查
【解析】选项 A 错误，应当向城镇排水主管部门申请领取污水排入排水管网许可证。

选项 B、D 错误，城镇排水主管部门应当按照国家有关标准，重点对"影响城镇排水与污水处理设施安全运行的事项"进行审查。

考点三 建设工程固体废物污染环境防治★★★

9. 【2022 年二级】根据《关于推进建筑垃圾减量化的指导意见》，关于建筑垃圾处理的说法，正确的是（　　）。
　　A. 建设单位应当建立建筑垃圾分类收集与存放管理制度
　　B. 建筑垃圾实行分类收集、分类存放、统一处置制度
　　C. 鼓励以前端收集为导向对建筑垃圾进行细化分类
　　D. 落实建设单位建筑垃圾减量化的首要责任
【解析】选项 A、B 错误，规定施工单位应建立建筑垃圾分类收集与存放管理制度，实行分类收集、分类存放、分类处置。

选项 C 错误，鼓励以末端处置为导向对建筑垃圾进行细化分类。

考点四 噪声污染防治★★★★

10. 【2023 年】根据《噪声污染防治法》，关于建设工程项目噪声污染防治的说法，正确的是（　　）。
　　A. 噪声污染防治费用应当列入工程造价
　　B. 建设单位应当制定噪声污染防治实施方案
　　C. 监理单位应当落实噪声污染防治实施方案
　　D. 在施工合同中，应当明确建设单位的噪声污染防治责任
【解析】选项 B 错误，"施工单位"应当按照规定制定噪声污染防治实施方案。

选项 C 错误，"建设单位"应当监督施工单位落实噪声污染防治实施方案。

选项 D 错误，在施工合同中明确"施工单位"的噪声污染防治责任。

第八章 建设工程环境保护和历史文化遗产保护法律制度

11.【2021 年二级】根据《环境噪声污染防治法》,噪声敏感建筑物集中区域内,禁止夜间进行产生环境噪声污染的建筑施工作业,但可以除外的情形有( )。

A. 抢修抢险作业的
B. 涉及施工企业商业秘密的
C. 使用专有技术的
D. 利用扶贫资金实行以工代赈的
E. 因生产工艺上要求必须连续作业的

【解析】《环境噪声污染防治法》规定,在城市市区噪声敏感建筑物集中区域内,禁止夜间进行产生环境噪声污染的建筑施工作业,但<u>抢修</u>、<u>抢险作业</u>和<u>因生产工艺上要求</u>或者<u>特殊需要必须连续作业</u>的除外。因此 A、E 选项正确。

12.【2023 年二级】根据《噪声污染防治法》,关于噪声污染防治的说法,正确的是( )。

A. 施工企业应当按照规定将噪声污染防治费用列入工程造价
B. 建设单位应当按照规定制定噪声污染防治实施方案
C. 建设单位应当在施工合同中明确施工企业的噪声污染防治责任
D. 住房城乡建设行政主管部门应当审核噪声污染防治实施方案

【解析】选项 A 错误,选项 C 正确,<u>建设单位</u>应当按照规定将噪声污染防治费用列入工程造价,在施工合同中明确<u>施工单位</u>的噪声污染防治责任。

选项 B、D 错误,<u>施工单位</u>应当按照规定制定噪声污染防治实施方案,采取有效措施,减少振动、降低噪声。建设单位应当监督施工单位落实噪声污染防治实施方案。

【本节答案】

题号	1	2	3	4	5	6	7	8	9	10
答案	A	B	B	CDE	A	A	A	C	D	A
题号	11	12								
答案	AE	C								

第二节 施工中历史文化遗产保护制度

考情分析

要点	2024 年	2023 年	2022 年
(1) 受法律保护的各类历史文化遗产范围	1	3	1
(2) 文物保护范围和建设控制地带			
(3) 施工发现文物报告和保护	3	1	
分值合计	4	4	1

考点一 受法律保护的各类历史文化遗产范围 ★★★★

1.【2021年】 关于受国家保护的文物范围的说法，正确的是（　　）。

A. 古人类化石属于受国家保护的文物

B. 石刻、壁画受国家保护

C. 具有科学价值的古脊椎动物化石同文物一样受国家保护

D. 反映历史上某时代社会生产的艺术品受国家保护

【解析】选项 A 错误，具有科学价值的古人类化石同文物一样受国家保护。

选项 B 错误，具有历史、艺术、科学价值的石刻、壁画受国家保护。

选项 D 错误，反映历史上社会生产的代表性实物受国家保护。

2.【2023年】 在中华人民共和国境内，受国家保护的文物有（　　）。

A. 与著名人物有关的现代重要史迹

B. 历史上各时代珍贵的艺术品

C. 反映历史上各时代各民族社会制度的代表性实物

D. 近代代表性建筑

E. 古墓葬和古建筑

【解析】选项 D、E 错误，缺少前提条件。选项 D 错误，"与重大历史事件、革命运动或者著名人物有关的以及具有重要纪念意义、教育意义或者史料价值"的近代现代重要史迹、实物、代表性建筑。选项 E 错误，"具有历史、艺术、科学价值"的古文化遗址、古墓葬、古建筑、石窟寺和石刻、壁画。

3.【2018年二级】 关于国家所有的不可移动文物范围的说法，正确的是（　　）。

A. 纪念建筑物属于国家所有

B. 近代、现代代表性建筑属于国家所有

C. 石刻属于国家所有

D. 古文化遗址属于国家所有

【解析】选项 A、B、C 缺少"国家指定"。

4.【2021年】 下列情形中，导致可移动文物所有权发生改变的是（　　）。

A. 中国境外出土的文物，流入境内

B. 公民向国家捐赠文物

C. 收藏文物的国有文物收藏单位终止

D. 保管文物的事业单位变更

【解析】选项 A、C、D 依然属于国家所有。

第八章
建设工程环境保护和历史文化遗产保护法律制度

5.【2019年二级】根据文物保护法,属于受国家保护的文物的是( )。
A. 与历史事件有关的史迹   B. 具有历史价值的壁画
C. 古脊椎动物化石   D. 古人类化石

【解析】具有"科学价值"的古脊椎动物化石和古人类化石不是文物,但同文物一样受国家保护。

6.【2019年】关于国家所有的文物的说法,正确的是( )。
A. 遗存于公海区域内的起源于中国的文物,属于国家所有
B. 国有不可移动文物的所有权因其所依附的土地所有权或者使用权的改变而改变
C. 古文化遗址、古墓葬、石窟寺属于国家所有
D. 属于国家所有的可移动文物的所有权因其保管、收藏单位的终止或者变更而改变

【解析】选项A错误,遗存于公海区域内的起源于中国的文物,国家享有辨认器物物主的权利。

选项B错误,国有不可移动文物的所有权不因其所依附的土地所有权或者使用权的改变而改变。

选项D错误,属于国家所有的可移动文物的所有权不因其保管、收藏单位的终止或者变更而改变。

7.【2020年】根据《水下文物保护管理条例》,下列文物中,属于国家所有的水下文物的是( )。
A. 遗存于中国内水的起源国不明的文物
B. 遗存于中国领海以外依照中国法律由中国管辖的其他海域内的起源于外国的文物
C. 遗存于外国领海以外的其他管辖海域内的起源国不明的文物
D. 遗存于外国领海内的起源于中国的文物

【解析】水下文物是指遗存于下列水域的具有历史、艺术和科学价值的人类文化遗产:
(1)遗存于中国内水、领海内的一切起源于中国的、起源国不明的和起源于外国的文物。
(2)遗存于中国领海以外依照中国法律由中国管辖的其他海域内的起源于中国的和起源国不明的文物,因此选项B错误。
(3)遗存于外国领海以外的其他管辖海域以及公海区域内的起源于中国的文物,因此选项C、D错误。

8.【2023年】下列情形中,导致可移动文物所有权发生改变的是( )。
A. 中国境外出土的文物,流入境内   B. 公民向国家捐赠文物
C. 收藏文物的国有文物收藏单位终止   D. 保管文物的事业单位变更

【解析】选项A,文物所有权不发生改变。根据《文物保护法》,中华人民共和国境内地下、内水和领海中遗存的一切文物,属于国家所有。中国境内出土的文物,属于国家所有,国家另有规定的除外。

选项C、D,文物所有权不发生改变。《文物保护法》规定,属于国家所有的可移动文物的所有权不因其保管、收藏单位的终止或者变更而改变。

考点二 文物保护范围和建设控制地带 ★★

9.【2016年】 根据《文物保护法实施条例》，关于文物保护单位保护范围的说法，正确的是（ ）。
A. 设区的市文物保护单位由设区的市文物行政部门划定保护范围
B. 自治州级文物保护单位由自治州城乡规划行政部门划定保护范围
C. 全国重点文物保护单位由国务院文物行政部门划定必要的保护范围
D. 县级文物保护单位由核定公布该文物保护单位的人民政府划定保护范围

【解析】文物保护单位的保护范围是由法律规定的相应级别的"人民政府"划定。

10.【2019年】 在历史文化名城、名镇、名村保护范围内可进行的活动是（ ）。
A. 开山、采石、开矿等破坏传统格局和历史风貌的活动
B. 占用保护规划确定保留的园林绿地
C. 在核心保护区范围内进行影视摄制、举办大型群众性活动
D. 修建生产、储存爆炸性、易燃性物品的工厂、仓库

【解析】《历史文化名城名镇名村保护条例》规定，在历史文化名城、名镇、名村保护范围内禁止进行下列活动：
（1）开山、采石、开矿等破坏传统格局和历史风貌的活动，选项A错误。
（2）占用保护规划确定保留的园林绿地、河湖水系、道路等，选项B错误。
（3）修建生产、储存爆炸性、易燃性、放射性、毒害性、腐蚀性物品的工厂、仓库等，选项D错误。
（4）在历史建筑上刻画、涂污。

11.【2024年二级】 在历史文化名城、名镇、名村保护范围内进行活动，符合要求的是（ ）。
A. 在保护范围内进行影视摄制活动，应当依照有关法律、法规的规定办理相关手续
B. 新建、扩建必要的基础设施和公共服务设施的，由政府城乡规划主管部门和文物主管部门共同核发建设工程规划许可证
C. 在保护范围内进行改变河湖水系自然状态的活动，应当制定保护方案，并办理相关手续
D. 经政府城乡规划主管部门批准，可以在保护范围内拆除历史建筑以外的建筑物、构筑物或者其他设施

【解析】选项A错误，应当是"在核心保护范围内"。在历史文化名城、名镇、名村保护范围内进行下列活动，应当保护其传统格局、历史风貌和历史建筑，制定保护方案，经城市、县人民政府城乡规划主管部门会同同级文物主管部门批准，并依照有关法律、法规的规定办理相关手续：（1）改变园林绿地、河湖水系等自然状态的活动；（2）在核心保护范围内进行影视摄制、举办大型群众性活动；（3）其他影响传统格局、历史风貌或者历史建筑的活动。

第八章 建设工程环境保护和历史文化遗产保护法律制度

选项 B 错误，在历史文化街区、名镇、名村核心保护范围内，新建、扩建必要的基础设施和公共服务设施的，城市、县人民政府城乡规划主管部门核发建设工程规划许可证、乡村建设规划许可证前，应当征求同级文物主管部门的意见。

选项 D 错误，在历史文化街区、名镇、名村核心保护范围内，拆除历史建筑以外的建筑物、构筑物或者其他设施的，应当经城市、县人民政府城乡规划主管部门会同同级文物主管部门批准。

考点三　施工发现文物报告和保护 ★★★

12.【2020年】关于施工中发现文物的报告和保护的说法，正确的是（　　）。
A. 发现人应当在12小时内报告当地文物行政部门
B. 文物行政部门接到报告后，应当在48小时内赶赴现场
C. 文物行政部门应当在10日内提出处理意见
D. 任何单位或者个人发现文物，应当保护现场

【解析】选项 A 错误，应该是"立即"。选项 B 错误，应该是"24小时"。选项 D 错误，应该是"7日"。

13.【2023年】关于施工现场文物保护的说法，正确的是（　　）。
A. 确因建设工期紧迫的，施工企业可以自行对古文化遗址进行抢救发掘和保护
B. 进行大型基本建设工程，建设单位应当报请有关部门在工程范围内有可能埋藏文物的地方进行考古调查、勘探
C. 施工现场造成文物损毁的，追究刑事责任
D. 在进行建设工程中，施工企业发现文物，应当在24小时内报告文物行政部门

【解析】选项 A 错误，确因建设工期紧迫或者有自然破坏危险，对古文化遗址、古墓葬急需进行抢救发掘的，由省、自治区、直辖市人民政府文物行政部门组织发掘，并同时补办审批手续。

选项 B 正确，进行大型基本建设工程，建设单位应当事先报请省、自治区、直辖市人民政府文物行政部门组织从事考古发掘的单位在工程范围内有可能埋藏文物的地方进行考古调查勘探。

选项 C 错误，造成文物灭失、损毁的，依法承担民事责任。

选项 D 错误，《文物保护法》规定，在进行建设工程或者在农业生产中，任何单位或者个人发现文物，应当保护现场，立即报告当地文物行政部门，文物行政部门接到报告后，如无特殊情况，应当在24小时内赶赴现场，并在7日内提出处理意见。

【本节答案】

题号	1	2	3	4	5	6	7	8	9	10
答案	C	ABC	D	B	B	C	A	B	D	C
题号	11	12	13							
答案	C	D	B							

第九章

建设工程劳动保障法律制度

第一节 劳动合同制度

考情分析

要点	2024 年	2023 年	2022 年
（1）劳动合同的订立	1	1	1
（2）劳动合同的履行、变更、解除和终止		3	2
（3）违反劳动合同制度的法律责任	1		
分值合计	2	4	3

考点一 劳动合同的订立★★★★

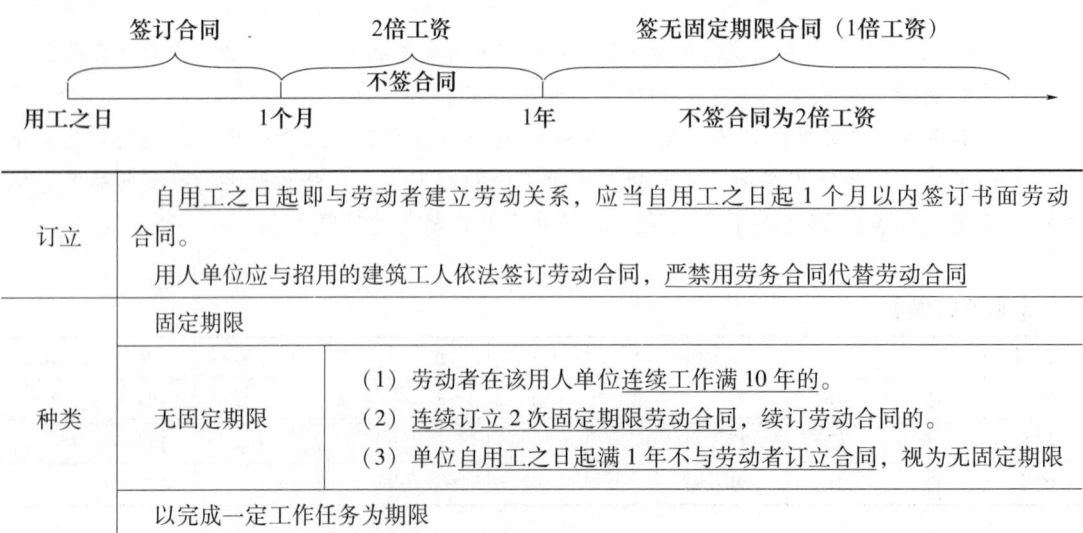

订立	自用工之日起即与劳动者建立劳动关系，应当自用工之日起 1 个月以内签订书面劳动合同。 用人单位应与招用的建筑工人依法签订劳动合同，严禁用劳务合同代替劳动合同	
种类	固定期限	
	无固定期限	（1）劳动者在该用人单位连续工作满 10 年的。 （2）连续订立 2 次固定期限劳动合同，续订劳动合同的。 （3）单位自用工之日起满 1 年不与劳动者订立合同，视为无固定期限
	以完成一定工作任务为期限	

续表

合同内容	必备条款=应当约定	劳动合同期限、劳动报酬、社保、劳动保护、职业危害保护
	选择条款=可以不约定	试用期、培训、保守秘密、补充保险和福利待遇
	不得约定	扣押身份证和其他证件、提供担保、支付押金
试用期	（1）同一劳动者只能约定一次试用期。 （2）试用期包含在劳动合同期限内。 （3）以完成一定工作任务为期限的或者劳动合同期限不满3个月的，不得约定试用期 **不得约定试用期**　　≤1个月　　≤2个月　　≤6个月 　　3个月　　　　1年　　　　3年	
试用期工资	不得低于本单位相同岗位最低档工资的80%或者不得低于劳动合同约定工资的80%，并不得低于用人单位所在地的最低工资标准	
劳动合同无效或者部分无效	（1）以欺诈、胁迫的手段或者乘人之危，使对方在违背真实意思的情况下订立或变更的。 （2）用人单位免除自己的法定责任、排除劳动者权利的。 （3）劳动合同被确认无效，劳动者已付出劳动的，用人单位应当向劳动者支付劳动报酬	
履行与变更	用人单位拖欠或者未足额支付劳动报酬的，劳动者可以依法向当地人民法院申请支付令。 用人单位变更名称、法定代表人、主要负责人等事项，不影响劳动合同的履行。 用人单位合并或分立的，原劳动合同继续有效，劳动合同由承继的用人单位继续履行	

1.【2018年二级】关于劳动合同订立的说法，正确的有（　　）。

A. 试用期包含在劳动合同期限内

B. 固定期限劳动合同不能超过10年

C. 商业保险是劳动合同的必备条款

D. 劳动关系自劳动合同订立之日起建立

E. 建立全日制劳动关系，应当订立书面劳动合同

【解析】选项A正确，试用期包含在劳动合同期限内。

选项B错误，固定期限劳动合同可以是1年、2年，也可以是5年、10年，甚至更长时间。

选项C错误，社会保险是必备条款，商业保险是选择条款。

选项D错误，用人单位自用工之日起即与劳动者建立劳动关系。

选项E正确，除了非全日制用工可以订立口头协议外，建立劳动关系应当订立书面劳动合同。

2.【2022年】某施工企业的下列工作人员中，有权要求与企业订立无固定期限劳动合同的是（　　）。

A. 在该企业连续工作满8年的张某

B. 在该企业已经连续订立两次固定期限劳动合同，但因工负伤未丧失劳动能力的赵某

C. 在该企业工作2年，并被董事会任命为总经理的王某

D. 在该企业累计工作10年，但期间曾就职于其他企业的李某

【解析】有下列情形之一，劳动者提出或者同意续订、订立劳动合同的，除劳动者提出订立固定期限劳动合同外，应当订立无固定期限劳动合同：

（1）劳动者在该用人单位连续工作满10年的，选项A、D错误。

（2）用人单位初次实行劳动合同制度或者国有企业改制重新订立劳动合同时，劳动者在该用人单位连续工作满10年且距法定退休年龄不足10年的。

（3）连续订立两次固定期限劳动合同，且劳动者没有《劳动合同法》第三十九条和第四十条第（一）项、第（二）项规定的情形，续订劳动合同的。故选项B正确。

3.【2019年】关于劳动合同履行的说法，正确的是（　　）。
A. 用人单位可以根据单位实际情况，不执行劳动定额标准
B. 用人单位不得强迫或者变相强迫劳动者加班
C. 因为单位拖欠或者未足额支付劳动报酬的，劳动者可以向当地劳动仲裁机构申请支付令
D. 因单位发生合并或者分立等情况，原劳动合同自行终止

【解析】选项A错误，选项B正确，用人单位应当严格执行劳动定额标准，不得强迫或者变相强迫劳动者加班。

选项C错误，用人单位拖欠或者未足额支付劳动报酬的，劳动者可以依法向当地人民法院申请支付令，人民法院应当依法发出支付令。

选项D错误，用人单位发生合并或者分立等情况，原劳动合同继续有效，劳动合同由承继其权利和义务的用人单位继续履行。

4.【2019年】关于劳动者工资的说法，正确的是（　　）。
A. 企业基本工资制度分为等级工资制和结构工资制
B. 工资可以以实物形式按月支付给劳动者本人
C. 用人单位支付劳动者的工资不得低于当地平均工资标准
D. 劳动者在婚假期间，用人单位应当支付工资

【解析】选项B错误，工资应当以货币形式按月支付给劳动者本人。

选项C错误，用人单位支付劳动者的工资不得低于当地最低工资标准。

选项D正确，劳动者依法享受年休假、探亲假、婚假、丧假期间，用人单位应按劳动合同规定的标准支付劳动者工资。

5.【2023年】根据《劳动合同法》，下列情形中，导致劳动合同无效或部分无效的是（　　）。
A. 以欺诈、胁迫的手段使对方在违背真实意思的情况下履行劳动合同的
B. 用人单位限制劳动者加班的
C. 劳动合同仅约定试用期
D. 乘人之危，使对方在违背真实意思的情况下变更劳动合同

第九章 建设工程劳动保障法律制度

【解析】劳动合同无效或部分无效：（1）以欺诈、胁迫的手段或者乘人之危，使对方在违背真实意思的情况下订立或者变更劳动合同的；（2）用人单位免除自己的法定责任、排除劳动者权利的；（3）违反法律、行政法规强制性规定的。

考点二 劳动合同的履行、变更、解除和终止 ★★★★★

劳动者申请解除（随时通知解除） 【有经济补偿】	劳动者立即解除（无须通知） 【有经济补偿】
劳动保护和劳动条件保障不够	单位以暴力、威胁或者非法限制人身自由的手段强迫劳动者劳动
未及时足额支付劳动报酬的	
未缴纳社保	
单位规章违法，损害劳动者权益	用人单位违章指挥、强令冒险作业危及劳动者人身安全的
欺诈胁迫等订立或变更劳动合同	

单位随时解除（劳动者有过错） 【无经济补偿】	单位预告解除（提前30天或多付1月工资） 【有经济补偿】
试用期间被证明不符合录用条件	患病或者非因工负伤，医疗期满不能从事原工作，也不能从事另行安排的工作
严重违反单位的规章制度	
严重失职，营私舞弊，造成重大损害	不能胜任工作，经培训或调岗仍不能胜任
与其他单位建立劳动关系，拒不改正的	客观情况发生重大变化，致使合同无法履行，经协商未能变更劳动合同内容
以欺诈胁迫手段或乘人之危与单位订立合同的	
被追究刑事责任	

单位不得解除 【若解除，双倍经济补偿】	经济性裁员时应当优先留用 【裁员有经济补偿】
职业危害作业劳动者未进行离岗前体检的； 在本单位因工负伤或患上职业病，丧失劳动能力； 患病或非因工负伤，在医疗期内； 女职工在孕期、产期、哺乳期； 在本单位连续工作满15年，且距退休不到5年	长期劳动合同
	无固定期限劳动合同
	家庭无其他就业人员，有需要扶养的老人或未成年人

6.【2023年】根据《劳动合同法》，下列情形中，引起劳动合同终止的是（　　）。
A. 劳动者开始依法享受社会保险待遇的
B. 用人单位破产重整的
C. 以完成一定工作任务为期限的劳动合同，工作任务完成的
D. 用人单位被吊销资质证书的

7.【2023 年】 根据《劳动合同法》，用人单位提前 30 日以书面形式通知劳动者本人或者额外支付劳动者 1 个月工资后，可以解除合同的有（　　）。

A. 劳动者非因工负伤，在规定的医疗期满后不能从事原工作，也不能从事由用人单位另行安排的工作的

B. 劳动合同订立时所依据的客观情况发生重大变化的

C. 劳动者被依法追究刑事责任的

D. 劳动者违反用人单位的规章制度的

E. 劳动者不能胜任工作，经过培训或者调整工作岗位，仍不能胜任工作的

【解析】选项 C、D 属于用人单位可以与劳动者立即解除劳动合同的情形。

选项 B 错误，劳动合同签订时所依据的客观情况发生重大变化，致使劳动合同无法履行，用人单位与劳动者协商未能就变更劳动合同内容达成协议的。

8.【2022 年】 在劳动合同履行过程中，劳动者无须事先告知用人单位，可以立即与用人单位解除劳动合同的情形有（　　）。

A. 在试用期内的

B. 用人单位被宣告破产的

C. 用人单位未依法缴纳社会保险费的

D. 用人单位违章指挥、强令冒险作业危及劳动者人身安全的

E. 用人单位以暴力、威胁的手段强迫劳动者劳动的

【解析】用人单位以暴力、威胁或者非法限制人身自由的手段强迫劳动者劳动的，或者用人单位违章指挥、强令冒险作业威胁劳动者人身安全的，劳动者可以立即解除合同，无须事先告知用人单位。

9.【2019 年】 劳动者发生下列情形，用人单位可以随时解除劳动合同的有（　　）。

A. 在试用期内被证明为不符合录用条件的

B. 不能胜任工作，经过培训或者调整工作岗位，仍不能胜任工作的

C. 严重违反用人单位规章制度的

D. 同时与其他用人单位建立劳动关系，对完成本单位的工作任务造成严重影响的

E. 患病，在规定的医疗期满后不能从事原工作，也不能从事由用人单位另行安排的工作的

【解析】选项 B、E 属于预告解除，应提前 30 天通知劳动者或额外支付 1 个月工资。

10.【2021 年】 根据《劳动合同法》，下列情形中，用人单位不得解除劳动合同的是（　　）。

A. 劳动者在试用期间被证明不符合录用条件的

B. 劳动者严重违反用人单位规章制度的

C. 劳动者患病或者非因工负伤，在规定的医疗期内的

D. 劳动者被依法追究刑事责任的

【解析】选项 A、B、D 属于用人单位可以解除劳动合同的情形。

第九章 建设工程劳动保障法律制度

11.【2022年二级】 某单位职工小李因工负伤并被确认部分丧失劳动能力，关于其劳动合同解除，正确的是（　　）。

A. 小李不能胜任工作的，单位有权与其解除劳动合同
B. 小李严重违反单位规章制度，单位有权与其解除劳动合同
C. 单位经济性裁员的，有权与小李解除劳动合同
D. 无论任何情形，单位均不得与小李解除劳动合同

【解析】本题考查解除劳动合同，随时解除>不得解除>预告解除。

考点三 终止劳动合同的经济补偿★★★

协商解除	劳动者先提出	无经济补偿
	单位先提出	有经济补偿
劳动者辞职	单位无过错	预告解除，无经济补偿
	单位有过错	随时通知解除或无通知解除，有经济补偿
单位辞退劳动者	劳动者无过错	预告解除，有经济补偿
	劳动者有过错	随时解除，无经济补偿
	经济性裁员	有经济补偿
	不得解除	有经济赔偿（经济补偿的2倍）

12.【2021年】 下列终止劳动合同的情形中，用人单位应向劳动者支付经济补偿的有（　　）。

A. 用人单位未及时足额支付劳动和报酬，解除劳动合同
B. 用人单位与劳动者协商一致，解除劳动合同
C. 劳动者不能胜任工作，经培训或调整工作岗位仍不能胜任工作，解除劳动合同的
D. 劳动合同期满但劳动者不同意按原劳动合同条件续订劳动合同，终止固定期限劳动合同
E. 因劳动者同时与他人建立劳动关系，对完成本单位的工作任务造成严重影响，解除劳动合同的

【解析】选项B不要选，题目看不出是谁先提出的解约，如果单位先提出解约则有经济补偿。

13.【2022年】 下列劳动合同终止的情形中，用人单位应当向劳动者支付经济补偿的是（　　）。

A. 劳动合同期满，用人单位维持劳动合同约定条件续订劳动合同，劳动者不同意续订的
B. 劳动者在试用期间被证明不符合录用条件，用人单位解除劳动合同的
C. 劳动者开始依法享受基本养老保险待遇，劳动合同终止的
D. 劳动者不能胜任工作，经过培训或者调整工作岗位，仍不能胜任工作，用人单位解除劳动合同的

经济补偿标准

工作年限	经济补偿标准	特殊计算标准（不超过12年）
每满1年	支付1个月工资	职工工资高于该地月均工资3倍的，支付当地政府公布的月均工资3倍
6个月以上不满1年	1个月工资	
不满6个月的	0.5个月工资	

用人单位违法解除或者终止劳动合同，劳动者不要求继续履行劳动合同或者劳动合同已经不能继续履行的，用人单位应当依法向劳动者支付赔偿金。经济赔偿金标准为经济补偿标准的2倍。

用人单位违法解除时，劳动者可以主张继续履行合同，也可以要求赔偿，但不能一并适用。

合法解除/终止	补偿（随时解除除外）
违法解除/终止	赔偿＝补偿×2

14.【2018年二级】 某施工企业与李某协商解除劳动合同，李某在该企业工作了2年3个月，在解除合同前12个月李某月平均工资为6000元，根据《劳动合同法》，该企业应当给予李某经济补偿（　　）。

A. 6000元　　　　B. 12000元　　　　C. 18000元　　　　D. 15000元

【解析】工作2年3个月，经济补偿的标准为2.5个月工资，即2.5×6000＝15000元。

15.【模拟题】 某施工单位财务李某（女）2023年3月上班，2024年5月，施工单位以李某怀孕不能胜任工作为由将其解雇。当地的上年度职工月平均工资为2500元，李某上月工资6000元，前12个月平均工资8500元，如李某不愿意回单位上班，可主张（　　）赔偿金。

A. 12750元　　　　B. 25500元　　　　C. 11250元　　　　D. 22500元

【解析】（1）李某工作1年2个月，经济补偿的标准为1.5个月。

（2）月工资应按前12个月平均工资8500元而不按上月工资6000元确定。

（3）但由于8500元月工资超出当地上年度职工平均工资三倍，应按三倍封顶计取，即2500×3＝7500元。

（4）经济补偿金＝7500×1.5＝11250元。

（5）由于系违法解除，应适用赔偿金为经济补偿标准的2倍，11250×2＝22500元。

16.【2024年】 甲工作单位工作15年的王某解除劳动合同，王某前12个月月平均工资2.3万元，该公司职工月平均工资0.8万元，所在地市区上年度月平均工资0.65万元，王某所得经济补偿是（　　）。

A. 34.5万元　　　　B. 12万元　　　　C. 23.4万元　　　　D. 9.75万元

【解析】0.65×3×12＝23.4万元。

第九章 建设工程劳动保障法律制度

【本节答案】

题号	1	2	3	4	5	6	7	8	9	10
答案	AE	B	B	D	D	C	AE	DE	ACD	C
题号	11	12	13	14	15	16				
答案	B	AC	D	D	D	C				

第二节 劳动用工和工资支付保障

考情分析

要点	2024年	2023年	2022年
（1）劳务派遣			
（2）工资支付保障	3	1	1
（3）拖欠农民工工资失信联合惩戒管理（2025年新增）			
分值合计	3	1	1

考点一　劳务派遣★★★★

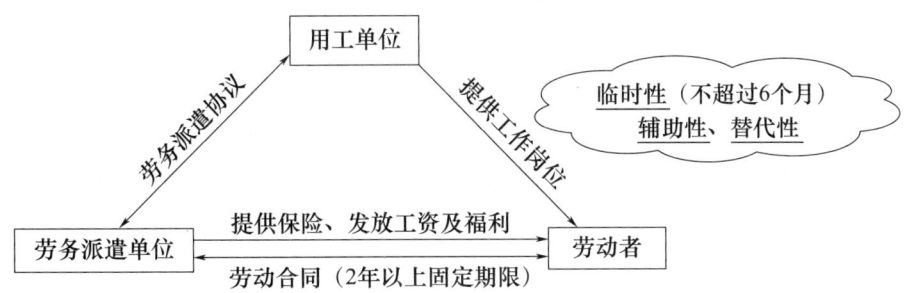

同工同酬	被派遣劳动者享有与用工单位的劳动者<u>同工同酬</u>的权利
用工单位	可以将被派遣劳动者<u>退回</u>劳务派遣单位，但不得无理由退回
<u>派遣单位</u>	<u>应当申请工伤认定</u> 劳动者退回后在无工作期间，应当按照不低于最低工资标准向其按月支付报酬
责任承担	用工单位给被派遣劳动者造成损害的，劳务派遣单位与用工单位承担<u>连带</u>赔偿责任。 劳务派遣期间，被派遣的工作人员因执行工作任务造成他人损害的，由用工单位承担侵权责任

243

1. 关于劳务派遣的说法，正确的有（　　）。
　　A. 经营劳务派遣业务应当申请行政许可，办理公司登记
　　B. 经营派遣用工只能在临时性、辅助性或者替代性的工作岗位上实施
　　C. 用工单位可以将被派遣劳动者再派遣到与其签订劳动合同的其他用工单位
　　D. 劳务派遣用工方式使劳动者的聘用与使用分离
　　E. 用工单位给被派遣劳动者造成损害的，由用工单位承担赔偿责任
　　【解析】选项 C 错误，用工单位不得再将被派遣劳动者再派遣到与其签订合同的其他用工单位。
　　选项 E 错误，用工单位给被派遣劳动者造成损害的，由用工单位和派遣单位承担连带责任。

2.【2021年】甲施工企业与乙劳务派遣单位订立劳务派遣协议，由乙向甲派遣员工王某，关于该用工关系的说法，正确的是（　　）。
　　A. 王某工作时因工负伤，甲应当申请工伤认定
　　B. 在派遣期间，甲被宣告破产，可以将王某退回乙
　　C. 甲可以根据企业实际将王某再派遣到其他用人单位
　　D. 在派遣期间，王某被退回的，乙不再向其支付劳动报酬
　　【解析】选项 A 错误，应由派遣单位申请工伤认定。
　　选项 C 错误，不得再派遣。
　　选项 D 错误，派遣单位应支付劳动报酬。

3.【2022年】根据《劳务派遣暂行规定》规定，劳务派遣单位派遣的职工在用工单位工作期间因工伤亡的，承担工伤保险责任的主体是（　　）。
　　A. 用工单位　　　　　　　　　　B. 劳务派遣单位
　　C. 职工　　　　　　　　　　　　D. 社会保险行政部门
　　【解析】被派遣劳动者在用工单位因工作遭受事故伤害的，劳务派遣单位应当依法申请工伤认定，用工单位应当协助工伤认定的调查核实工作。

4.【2016年】关于劳务派遣的说法，正确的是（　　）。
　　A. 甲可以被劳务派遣公司派到某施工企业担任安全员
　　B. 乙可以被劳务派遣公司派到某公司作临时性工作 1 年以上
　　C. 丙在无工作期间，其所属劳务派遣公司不再向其支付工资
　　D. 丁被劳务派遣公司派到某船厂工作发生工伤，船厂要求劳务公司承担工伤责任

5.【2017年二级】依据《劳动合同法》，下列关于劳务派遣的说法中正确的有（　　）。
　　A. 劳务派遣单位应当与劳动者订立劳务派遣协议
　　B. 派遣单位可向被派遣劳动者收取一定的工作介绍费用

C. 派遣单位负责支付劳动者的工资和社会保险费用
D. 用工单位可以将被派遣的劳动者再派遣到其他用工单位
E. 劳务派遣的用工方式使劳动者的聘用与使用分离

【解析】选项 A 错误，订立劳务派遣协议的主体是劳务派遣单位和用工单位。

选项 D 错误，用工单位不得将被派遣劳动者再派遣到其他用人单位。

6. 【2017 年二级】下列用工方式中，属于违法用工的有（　　）。
A. 施工企业现场项目部临时雇佣劳务作业人员并按日支付劳动报酬
B. 施工企业与劳务派遣单位订立劳务派遣协议，不与被派遣劳动者订立劳动合同
C. 施工企业向劳务分包企业分包作业任务，不与分包企业工人签订劳动合同
D. 施工企业与工人签订劳务合同，约定由工人支付各项社会保险费用
E. 施工企业现场项目部在国庆期间不安排劳务作业人员休假

【解析】选项 A，施工企业招聘劳动者，应该签订劳动合同。

选项 B，劳务派遣单位应当与用工单位订立劳务派遣协议，用工单位不与被派遣劳动者订立固定期限劳动合同。签订劳动合同的当事人永远是劳动者与所在的用人单位。

选项 E，法定节假日安排加班的，按 3 倍工资支付，也可以安排调休，所以不属于违法用工。

7. 根据《关于进一步加强和完善建筑劳务管理工作的指导意见》，关于建筑劳务用工管理的说法正确的有（　　）。
A. 施工企业可通过自有劳务人员或者劳务分包、劳务派遣等多种方式完成劳务作业
B. 按照"谁承包、谁负责"的原则，专业承包单位应当对所承包工程的劳务管理全面负责
C. 在施工现场配备专职或者兼职劳务用工管理人员、严格落实劳务人员实名制管理
D. 施工企业应当承担劳务人员的教育培训责任
E. 新进入建筑市场的劳务人员，经培训考核合格后方可上岗

【解析】选项 A 正确，建筑用工方式多元化。施工总承包、专业承包企业可通过自有劳务人员或劳务分包、劳务派遣等多种方式完成劳务作业。

选项 B 错误，劳务用工管理责任。施工总承包、专业承包企业承担相应的劳务用工管理责任。按照"谁承包、谁负责"的原则，施工总承包企业应对所承包工程的劳务管理全面负责。

选项 C 正确，施工总承包、专业承包和施工劳务等建筑施工企业要严格落实劳务人员实名制，在施工现场配备专职或兼职劳务用工管理人员，负责登记劳务人员的基本身份信息、技能状况、诚信信息、工资结算及支付等情况。

选项 D、E 正确，建筑施工企业承担劳务人员的教育培训责任，对自有劳务人员、新进入建筑市场的劳务人员等，培训考核合格后方可上岗。

考点二 工资支付保障★★★★

工资制度	国家实行最低工资保障制度。 最低工资的具体标准由<u>省级人民政府</u>规定，报国务院备案。 劳动者的工资不得低于当地最低工资标准	最低工资标准中不含： （1）加班工资； （2）夜班、高温等津贴； （3）国家规定的劳动者福利待遇等
加班工资	延长工作时间≥1.5倍；休息日加班≥2倍；<u>法定节假日≥3倍</u>。 注：法定节假日不得调休	

8.【2016年】关于劳动工资保障制度的说法，正确的有（　　）。
A. 乡镇企业不适用最低工资标准制度
B. 劳动者依法参加社会活动期间，用人单位应当依法支付工资
C. 延长工作时间工资不包括在最低工资内
D. 有毒有害等特殊工作条件下的津贴包括在最低工资内
E. 最低工资的具体标准由省级人民政府规定，报国务院备案
【解析】选项A错误，乡镇企业适用最低工资标准制度。
选项D错误，最低工资内不含有毒有害等特殊工作条件下的津贴。

9.【2014年二级】以下属于农民工工资保障制度的有（　　）。
A. 农民工全日制工作制度　　　　　B. 工资保证金制度
C. 农民工工资专用账户制度　　　　D. 基本工资保障制度
E. 农民工工资预付制度
【解析】农民工工资支付保障制度：（1）农民工工资基本保障制度；（2）农民工最低工资保障制度；（3）农民工工资保证金制度；（4）工资专用账户制度。

10.【2024年】关于工资支付时间保障的说法，正确的是（　　）。
A. 工资必须在每月的前5个工作日内支付
B. 实行周、日、小时工资制的，工资可按周、日、小时支付
C. 如遇节假日，工资应当在节假日结束后的第一个工作日支付
D. 工资至少每2个月支付1次
【解析】选项A错误，工资必须在用人单位与劳动者约定的日期支付。
选项C错误，如遇节假日或休息日，则应提前在最近的工作日支付。
选项D错误，工资至少每月支付一次。

11.【2024年】根据《最低工资规定》，在劳动者提供正常劳动的情况下，判断用人单位支付给劳动者工资是否低于当地最低工资标准，应剔除（　　）。
A. 延长工作时间工资　　　B. 工龄工资　　　C. 高温低温津贴
D. 井下工作津贴　　　　　E. 有毒有害工作津贴

第九章 建设工程劳动保障法律制度

【解析】用人单位应支付给劳动者的工资在剔除下列各项以后，不得低于当地最低工资标准：（1）延长工作时间工资；（2）中班、夜班、高温、低温、井下、有毒有害等特殊工作环境、条件下的津贴；（3）法律、法规和国家规定的劳动者福利待遇等。

12. 根据《工程建设领域农民工工资保证金规定》，关于工程建设领域农民工工资保证金的说法，正确的有（　　）。

A. 建设单位应当在经办银行开立工资保证金专门账户并存储工资保证金
B. 工资保证金，原则上不低于工程施工合同额（或年度合同额）1%不超过3%
C. 施工总承包单位在同一工资保证金管理地区有多个在建工程，存储比例可适当下浮但不得低于施工合同额（或年度合同额）的0.5%
D. 施工合同额低于500万元的工程，且该工程的施工总承包单位在签订施工合同前一年内承建的工程未发生工资拖欠的，可以免除该工程存储工资保证金
E. 工资保证金账户储存资金不得少于300万元

【解析】选项A错误，"施工总承包单位"应当自工程取得施工许可证（开工报告批复）之日起20个工作日内（依法不需要办理施工许可证或批准开工报告的工程自签订施工合同之日起20个工作日之内），持营业执照副本、与建设单位签订的施工合同在经办银行开立工资保证金专门账户存储工资保证金。

选项B正确，工资保证金按工程施工合同额（或年度合同额）的一定比例存储，原则上不低于1%不超过3%，单个工程合同额较高的，可设定存储上限。

选项C正确，施工总承包单位在同一工资保证金管理地区有多个在建工程，存储比例可适当下浮但不得低于施工合同额（或年度合同额）的0.5%。

选项D、E错误，施工合同额低于300万元的工程，且该工程的施工总承包单位在签订施工合同前一年内承建的工程未发生工资拖欠的，各地区可结合行业保障农民工工资支付实际，免除该工程存储工资保证金。

考点三　拖欠农民工工资失信联合惩戒管理★★★★★（2025年新增）

失信联合惩戒	具体规定
期限	期限为3年，自作出列入决定之日起计算
列入的情形	（1）克扣、无故拖欠农民工工资达到认定拒不支付劳动报酬罪数额标准的。 （2）因拖欠农民工工资违法行为引发群体性事件、极端事件造成严重不良社会影响的
提前移出的情形 （1）+（2）+（3）	（1）已经改正拖欠农民工工资违法行为的。 （2）自改正之日起被列入失信联合惩戒名单满6个月的。 （3）作出不再拖欠农民工工资书面信用承诺的

续表

失信联合惩戒	具体规定
不得提前移出	（1）列入失信联合惩戒名单期限内再次发生拖欠农民工工资违法行为的。 （2）因涉嫌拒不支付劳动报酬犯罪正在刑事诉讼期间或者已经被追究刑事责任的。 （3）法律、法规和党中央、国务院政策文件规定的其他情形

13.【2025年新增】根据《拖欠农民工工资失信联合惩戒对象名单管理暂行办法》，下列情形中，人力资源社会保障行政部门按照管辖权限应当将用人单位列入失信联合惩戒名单的有（　　）。

A. 克扣、无故拖欠农民工工资报酬，数额达到认定拒不支付劳动报酬罪数额标准的

B. 将劳务违法分包给不具备用工主体资格的组织的

C. 因拖欠农民工工资违法行为引发群体性事件、极端事件造成严重不良社会影响的

D. 将劳务转包给不具备用工主体资格的个人的

E. 没有在工程项目所在地银行开设农民工工资专用账户的

【解析】用人单位拖欠农民工工资，具有下列情形之一，经人力资源社会保障行政部门依法责令限期支付工资，逾期未支付的，人力资源社会保障行政部门应当作出列入决定，将该用人单位及其法定代表人或者主要负责人、直接负责的主管人员和其他直接责任人员列入失信联合惩戒名单：（1）克扣、无故拖欠农民工工资达到认定拒不支付劳动报酬罪数额标准的；（2）因拖欠农民工工资违法行为引发群体性事件、极端事件造成严重不良社会影响的。

14.【2025年新增】下列关于拖欠农民工工资失信联合惩戒管理，说法正确的是（　　）。

A. 克扣、无故拖欠农民工工资报酬的用人单位应当列入失信联合惩戒名单

B. 当事人被列入失信联合惩戒名单的期限为3年

C. 已经改正拖欠农民工工资违法行为的，可以申请提前移出失信联合惩戒名单

D. 因拖欠农民工工资违法行为引发群体性事件的应当列入失信联合惩戒名单

【解析】选项A错误，克扣、无故拖欠农民工工资达到认定拒不支付劳动报酬罪数额标准的，应当列入失信联合惩戒名单。

选项C错误，用人单位同时符合下列条件的，可以向作出列入决定的人力资源社会保障行政部门申请提前移出失信联合惩戒名单：（1）已经改正拖欠农民工工资违法行为的；（2）自改正之日起被列入失信联合惩戒名单满6个月的；（3）作出不再拖欠农民工工资书面信用承诺的。

选项D错误，因拖欠农民工工资违法行为引发群体性事件、极端事件造成严重不良社会影响的，应当列入失信联合惩戒名单。

【本节答案】

题号	1	2	3	4	5	6	7	8	9	10
答案	ABD	B	B	D	CE	AD	ACDE	BCE	BCD	B
题号	11	12	13	14						
答案	ACDE	BC	AC	B						

第三节 劳动安全卫生和保护

考情分析

要点	2024年	2023年	2022年
（1）劳动安全卫生			
（2）女职工与未成年工特殊保护	3		
分值合计	3	0	0

考点一 劳动安全卫生 ★

1. 某公司为预防劳动过程中的职业病，采取了一系列举措。根据《职业病防治法》，关于该公司劳动过程中职业病防护与管理的做法，错误的是（　　）。

A. 安排专人负责职业病危害因素的日常监测，确保监测系统处于正常运行状态
B. 配备专职和兼职的职业卫生管理人员，负责公司的职业病防治工作
C. 为劳动者提供符合卫生标准和防治职业病要求的个人职业病防护用品
D. 口头告知劳动者职业病的危害及其后果、职业病防护措施和待遇

【解析】选项D错误，不是"口头告知"，而是"书面告知"。

考点二 女职工和未成年工的特殊保护 ★★★★

未成年工 （16~18岁）	（1）禁止从事矿山井下、有毒有害、第四级体力劳动和禁忌劳动。 （2）应当定期进行健康检查（体检）。 （3）禁止安排未成年工从事夜班和加班加点工作	
女职工	一般规定	禁止从事矿山井下、第四级体力劳动和禁忌劳动
	经期	禁止从事高处、低温、冷水作业和<u>第三级</u>体力劳动
	孕期	<u>禁止从事第三级体力劳动和孕期禁止活动</u>
		<u>怀孕7个月以上的职工，不得安排加班和夜班</u>
女职工	产期	产假不得少于98天，怀孕4个月以上流产的，产假不得少于42天
	哺乳期	禁止安排在哺乳未满1周岁婴儿期间从事<u>第三级</u>体力劳动和哺乳期禁止的其他劳动，不得安排加班和夜班

2. 关于女职工特殊劳动保护的说法，正确的是（　　）。

A. 不得安排女职工从事国家规定的第三级体力劳动强度的劳动

B. 禁止安排女职工从事高处、低温、冷水作业

C. 用人单位应当对女职工定期进行健康检查

D. 女职工怀孕6个月的，可以安排加班和夜班工作

【解析】选项D正确，怀孕7个月以上的职工，不得安排加班和夜班，怀孕6个月可以加班和夜班。

3. 【2021年二级】某女职工与用人单位订立劳动合同从事后勤工作，约定劳动合同期限为2年。关于该女职工权益保护的说法，正确的是（　　）。

A. 公司应当定期安排该女职工进行健康检查

B. 若该女职工哺乳的孩子已满18个月，公司可以安排夜班劳动

C. 公司可以安排该女职工在经期从事国家规定的第3级体力劳动强度的劳动

D. 若该女职工已怀孕5个月，公司不得安排夜班劳动

【解析】选项A错误，用人单位应当对"未成年工"定期进行健康检查。

选项B正确，不得安排女职工在哺乳未满1周岁的婴儿期间从事国家规定的第三级体力劳动强度的劳动和哺乳期禁忌从事的其他劳动，不得安排其延长工作时间和夜班劳动。

选项C错误，不得安排女职工在经期从事高处、低温、冷水作业和国家规定的第三级体力劳动强度的劳动。

选项D错误，不得安排女职工在怀孕期间从事国家规定的第三级体力劳动强度的劳动和孕期禁忌从事的活动。对怀孕7个月以上的女职工，不得安排其延长工作时间和夜班劳动。

4. 【2024年】女大学生林某被企业录用后，主动要求到最苦、最累的岗位工作。根据《劳动法》，企业可以满足她的要求，但不得安排其从事的是（　　）。

A. 矿山井下作业

B. 高处作业

C. 低温、冷水作业

D. 夜班工作

【解析】女职工禁忌从事的劳动范围有：（1）矿山井下作业；（2）体力劳动强度分级标准中规定的第四级体力劳动强度的作业；（3）每小时负重6次以上、每次负重超过20公斤的作业，或者间断负重、每次负重超过25公斤的作业。

5. 【2024年】关于未成年工特殊保护的说法，正确的有（　　）。

A. 不得安排未成年工从事低温、冷水作业

B. 不得安排未成年工从事国家规定的第三级体力劳动强度的劳动

C. 不得安排未成年工从事矿山井下作业

D. 不得安排未成年工从事夜班工作

E. 用人单位应当对未成年工定期进行健康检查

【解析】选项A、B错误，选项C正确，不得安排未成年工从事矿山井下、有毒有害、国家规定的第四级体力劳动强度的劳动和其他禁忌从事的劳动。

选项 D 正确，一般情况下，对未成年工实行缩短工作时间，禁止安排未成年工从事夜班工作和加班加点工作。

选项 E 正确，用人单位应按要求对未成年工定期进行健康检查。

【本节答案】

题号	1	2	3	4	5
答案	D	D	B	A	CDE

第四节 工伤保险制度

考情分析

要点	2024 年	2023 年	2022 年
(1) 工伤认定	1	1	
(2) 工伤保险待遇			
分值合计	1	1	0

本小节内容较多，但是在考试中每年只考 1 个题目，没有必要在此小节花费太多精力，经常考查的是工伤认定的情形和停工留薪期的规定，重点掌握这两个地方的知识点即可。

考点一 工伤认定★★★★

项目	具体规定
保费	工伤保险费由用人单位缴纳，个人不缴纳
认定工伤	(1) 在工作时间和工作场所内，因工作原因受到事故伤害的。 (2) 工作时间前后在工作场所内，从事与工作有关的预备性或收尾性工作受伤的。 (3) 在工作时间和工作场所内，因履行工作职责受到暴力等意外伤害的。 (4) 患职业病的。 (5) 因工外出期间，由于工作原因受到伤害或者发生事故下落不明的。 (6) 在上下班途中，受到非本人主要责任的交通事故伤害的。 (7) 法律、行政法规规定应当认定为工伤的其他情形

续表

视同工伤	(1) 在工作时间和工作岗位，突发疾病死亡或者在 48 小时之内经抢救无效死亡的。 (2) 在抢险救灾等维护国家利益、公共利益活动中受到伤害的。 (3) 职工原在军队服役，因战、因公致残，已取得革命伤残军人证，到单位后旧伤复发的
不得认定或视同工伤	(1) 故意犯罪的。 (2) 醉酒或者吸毒的。 (3) 自残或者自杀的
举证责任	职工或其近亲属认为是工伤，用人单位不认为是工伤的，由用人单位举证
停工留薪期	停工留薪期一般不超过 12 个月。情况特殊，可以延长，但延长不得超过 12 个月。 在停工留薪期内，原工资福利待遇不变，由所在单位按月支付

1.【2023 年】根据《工伤保险条例》，建筑施工企业职工有下列情况可以认定为工伤的有（　　）。

A. 在施工时间、施工现场，酗酒后受伤

B. 在施工时间、施工现场，打架斗殴受伤

C. 患职业病

D. 上下班途中，因本人主要责任的交通事故

【解析】选项 A、B 错误，《工伤保险条例》第十六条规定，职工有下列情形之一的，不得认定为工伤或者视同工伤：(1) 故意犯罪的；(2) 醉酒或者吸毒的；(3) 自残或者自杀的。

选项 D 错误，应是"非本人主要责任"。

2. 根据《工伤保险条例》，下列情形中，应当认定为工伤的有（　　）。

A. 国家机关工作人员罹患职业病的

B. 职工在下班途中受到非本人主要责任的交通事故伤害的

C. 个人聘请的保姆从事家务劳动时被烫伤的

D. 职工因工作外出期间，由于工作原因发生事故下落不明的

E. 企业中的实习学生因工作原因受到伤害的

【解析】本题来自 2023 年中级注册安全工程师法规试题。选项 A 错误，《工伤保险条例》第六十五条规定，公务员和参照公务员法管理的事业单位、社会团体的工作人员因工作遭受事故伤害或者患职业病的，由所在单位支付费用。

选项 C 错误，保姆和雇主之间的关系不是劳动关系，而是劳务关系，不属于《工伤保险条例》调整的劳动关系和工伤保险范围的，不适用本条规定。

选项 E 错误，实习学生与企业也不是劳动关系。

3.【2024 年】社会保险行政部门受理工伤认定申请后，职工或者其近亲属认为是工伤，用人单位不认为是工伤，关于工伤认定证据的说法，正确的是（　　）。

A. 由职工或者其近亲属承担举证责任

B. 由用人单位承担举证责任
C. 由社会保险行政部门依职权调查取证
D. 由人民法院依职权调查取证

【解析】职工或者其近亲属认为是工伤，用人单位不认为是工伤的，由用人单位承担举证责任。

4.【2020年】关于工伤认定的说法，正确的是（　　）。
A. 社会保险行政部门应当对事故伤害进行调查核实
B. 工伤认定决定的时限可以因司法机关尚未作出结论而中止
C. 职工和用人单位对是否是工伤有争议的，实行谁主张、谁举证的原则
D. 工伤认定的决定，由用人单位转交职工本人

【解析】选项A错误，社会保险行政部门受理工伤认定申请后，根据审核需要可以对事故伤害进行调查核实，用人单位、职工、工会组织、医疗机构以及有关部门应当予以协助。

选项B正确，作出工伤认定决定需要以司法机关或者有关行政主管部门的结论为依据的，在司法机关或者有关行政主管部门尚未作出结论期间，作出工伤认定决定的时限中止。

选项C错误，职工或者其近亲属认为是工伤，用人单位不认为是工伤的，由用人单位承担举证责任。

选项D错误，社会保险行政部门应当自受理工伤认定申请之日起60日内作出工伤认定的决定，并书面通知申请工伤认定的职工或者其近亲属和该职工所在单位。

考点二　工伤保险待遇★★

劳动关系留存	伤残等级	一次性支付伤残补助金	按月支付伤残津贴
保留劳动关系，不得解除	一级	27个月的本人工资	90%
	二级	25个月的本人工资	85%
	三级	23个月的本人工资	80%
	四级	21个月的本人工资	75%
保留劳动关系，职工本人提出，可以解除	五级	18个月的本人工资	70%
	六级	16个月的本人工资	60%
合同到期可以解除或者职工本人提出解除	七级	13个月的本人工资	无
	八级	11个月的本人工资	无
	九级	9个月的本人工资	无
	十级	7个月的本人工资	无

5. 刘某因公致残，经劳动能力鉴定委员会鉴定为四级伤残，根据《工伤保险条例》，关于刘某伤残待遇的说法，正确的是（   ）。

A. 从工伤保险基金中，按伤残等级支付一次性补助金，标准为刘某21个月工资
B. 从工伤保险基金中，按伤残等级支付一次性补助金，标准为刘某23个月工资
C. 从工伤保险基金中，按月支付伤残津贴，标准为刘某工资的85%
D. 从工伤保险基金中，按月支付伤残津贴，标准为刘某工资的80%

【解析】四级伤残支付一次性伤残补助金标准为21个月的本人工资，四级伤残按月支付伤残津贴标准为本人工资的75%。

6.【2016年】关于工伤医疗停工留薪期的说法，正确的是（   ）。

A. 在停工留薪期内，原工资福利待遇适当减少
B. 停工留薪期一般不超过12个月
C. 工资由所在单位在停工留薪期结束后一次性支付
D. 停工留薪期满后仍需治疗的，工伤职工不再享受工伤医疗待遇

【解析】选项A、C错误，职工因工作遭受事故伤害或者患职业病需要暂停工作接受工伤医疗的，在停工留薪期内，原工资福利待遇不变，由所在单位按月支付。

选项B正确，停工留薪期一般不超过12个月。

选项D错误，工伤职工在停工留薪期满后仍需治疗的，继续享受工伤医疗待遇。

7. 职工因工作遭受事故伤害或者患职业病进行治疗的，依法享有工伤医疗待遇，依据《工伤保险条例》，关于工伤保险待遇的说法，正确的是（   ）。

A. 工伤职工治疗工伤必须在签订服务协议的医疗机构就医，不得到其他医疗机构救治
B. 工伤职工治疗非工伤引起的疾病，不享受工伤医疗待遇，按照基本医疗保险办法处理
C. 职工因患职业病需要暂停工作接受治疗的，在停工留薪期内，原工资福利待遇不变，由所在单位按月支付，停工留薪期一般不超过6个月
D. 职工因工致残被鉴定为一级伤残的，保留劳动关系，退出工作岗位，从工伤保险基金中支付一次性伤残补助金，标准为7个月的本人工资

【解析】选项A错误，职工治疗工伤应当在签订服务协议的医疗机构就医，情况紧急时可以先到就近的医疗机构急救。

选项D错误，一级伤残从工伤保险基金支付一次性伤残补助金，标准为27个月的本人工资。

【本节答案】

题号	1	2	3	4	5	6	7
答案	C	BD	B	B	A	B	B

第五节 劳动争议的解决

考情分析

要点	2024 年	2023 年	2022 年
(1) 劳动争议范围		1	
(2) 劳动争议调解			
(3) 劳动争议仲裁	3		1
分值合计	3	1	1

本小节主要考查对劳动纠纷的辨识和劳动仲裁有关规定，在考试中每年考 1 个题目。

项目	具体规定
劳动关系	"劳动者"与"所在用人单位"之间的关系。 不包括个人与个人之间的关系，也不包括个人因社保、工伤认定等与主管部门发生的纠纷
调解	企业劳动争议调解委员会由职工代表、企业代表组成
仲裁	劳动争议仲裁委员会由劳动行政部门代表、同级工会代表、用人单位方面的代表组成。劳动争议仲裁委员会组成人员应当是单数 仲裁庭应当自受理之日起 45 日内结束。案情复杂，经劳动争议仲裁委员会主任批准，延长期限不得超过 15 日。逾期未作出仲裁裁决的，当事人可以就该劳动争议事项向人民法院提起诉讼。 仲裁庭对追索劳动报酬、工伤医疗费、经济补偿或者赔偿金的案件，根据当事人的申请，可以裁决先予执行，移送人民法院执行。劳动者申请先予执行的，可以不提供担保 下列劳动争议，除法律另有规定的外，仲裁裁决为终局裁决，裁决书自作出之日起发生法律效力：(1) 追索劳动报酬、工伤医疗费、经济补偿或者赔偿金，不超过当地月最低工资标准 12 个月金额的争议；(2) 因执行国家的劳动标准在工作时间、休息休假、社会保险等方面发生的争议。 劳动争议申请仲裁的时效期间为 1 年；仲裁时效期间从当事人知道或应当知道其权利被侵害之日起计算；劳动关系存续期间因拖欠劳动报酬发生争议的，应当自劳动关系终止之日起 1 年内提出
诉讼 (先裁后审)	(1) 劳动争议当事人对仲裁不服的，可以自收到仲裁裁决书之日起 15 日内向法院起诉。 (2) 一方当事人在法定期限内不起诉又不履行仲裁裁决的，另一方当事人可以申请法院强制执行

考点一　劳动争议范围 ★★★★

1. 【2018年二级】 下列争议中，属于劳动争议范围的有（　　）。
A. 家庭与家政服务人员之间的争议
B. 个体工匠与学徒之间的争议
C. 因确认劳动关系发生的争议
D. 因终止劳动合同发生的争议
E. 因工作时间发生的争议

【解析】劳动关系是指"劳动者"与"所在用人单位"之间的关系。不包括个人与个人之间的关系，也不包括个人因社保、工伤认定等与主管部门发生的纠纷。劳动关系存在是申请劳动仲裁的前提。

2. 【2023年补考】 下列争议中，劳动者可以向劳动争议仲裁委员会申请仲裁的是（　　）。
A. 劳动者请求社会保险经办机构发放社会保险的纠纷
B. 劳动者与用人单位因住房制度改革产生的公有住房转让纠纷
C. 劳动者因工伤请求用人单位依法给予工伤保险待遇发生的纠纷
D. 劳动者对职业病诊断鉴定委员会的职业病诊断鉴定结论的异议纠纷

考点二　劳动争议调解 ★★

3. 【2024年二级】 关于劳动争议调解的说法，正确的是（　　）。
A. 劳动争议调解的原则是公平、公正、公开
B. 只有当事人提出申请，劳动争议调解程序才能启动
C. 企业劳动争议调解委员会由职工代表、企业代表和行政主管部门代表组成
D. 经调解达成调解协议的，调解委员会应当制作调解协议书

【解析】选项A错误，解决劳动争议，应当根据事实，遵循合法、公正、及时、着重调解的原则，依法保护当事人的合法权益。劳动争议处理原则包括三个方面：（1）坚持根据事实、实事求是，一切从具体实际出发；（2）坚持合法处理、维护公平，依法保护当事人的合法权益；（3）坚持高效便捷、及时调解，提高劳动争议处理的质效。

选项B错误，劳动争议调解程序的启动有两种方式：一是当事人申请；二是调解委员会主动调解。

选项C错误，企业劳动争议调解委员会由职工代表和企业代表组成。

选项D正确，经调解达成调解协议的，由调解委员会制作调解协议书。

第九章 建设工程劳动保障法律制度

考点三 劳动争议仲裁 ★★★★

4.【2022 年】关于劳动仲裁的说法，正确的是（　　）。
A. 劳动者应当与用人单位先行调解，调解不成的，方可向劳动争议仲裁委员会申请仲裁
B. 劳动争议仲裁委员会由劳动行政部门代表、同级工会代表、用人单位方面的代表组成
C. 劳动争议申请仲裁的时效期间为 6 个月
D. 劳动争议申请仲裁的时效期间不适用中止和中断

【解析】选项 A 错误，劳动争议发生后，当事人可以向本单位劳动争议调解委员会申请调解，也可以直接申请仲裁。

选项 B 正确，劳动争议仲裁委员会由劳动行政部门代表、工会代表和企业方面代表组成。

选项 C 错误，劳动争议申请仲裁的时效期间为 1 年。

选项 D 错误，因不可抗力或者有其他正当理由，当事人不能在仲裁时效期间内申请仲裁的，仲裁时效中止。从中止时效的原因消除之日起，仲裁时效期间继续计算。

5.【2024 年】关于劳动争议仲裁委员会设立的说法，正确的是（　　）。
A. 直辖市人民政府可以决定在区、县设立
B. 按照行政区分层层设立
C. 省、自治区人民政府只能决定在设区的市设立
D. 设区的市仅能设立 1 个劳动仲裁委员会

【解析】选项 B 错误，劳动争议仲裁委员会不按行政区划层层设立。

选项 C 错误，省、自治区人民政府可以决定在市、县设立。

选项 D 错误，直辖市、设区的市也可以设立一个或者若干个劳动争议仲裁委员会。

6.【2024 年二级】关于劳动争议，劳动仲裁裁决说法正确的是（　　）。
A. 劳动者申请先行裁决的应当提供担保
B. 裁决由劳动争议仲裁委员会执行裁决
C. 按照多数仲裁员的意见作出少数仲裁员的不同意见可以不记入笔录
D. 仲裁庭逾期未作出裁决的，当事人可以就该争议事项向人民法院提起诉讼

【解析】选项 A 错误，劳动者申请先予执行的，可以不提供担保。

选项 B 错误，仲裁庭对追索劳动报酬、工伤医疗费、经济补偿或者赔偿金的案件，根据当事人的申请，可以裁决先予执行，移送人民法院执行。

选项 C 错误，裁决应当按照多数仲裁员的意见作出，少数仲裁员的不同意见应当记入笔录。仲裁庭不能形成多数意见时，裁决应当按照首席仲裁员的意见作出。

7.【2024 年】根据《劳动争议调解仲裁法》，关于劳动争议仲裁时效的说法，正确的有（　　）。

A. 仲裁时效因当事人一方向对方当事人主张权利而中断
B. 劳动关系存续期间因拖欠劳动报酬发生争议的，劳动者申请仲裁不受仲裁时效期间的限制
C. 劳动争议申请裁的时效期间为 3 年
D. 仲裁时效因对方当事人同意履行义务而中止
E. 因拖欠劳动报酬发生争议且劳动关系终止的，应当自劳动关系终止之日起 1 年内提出

【解析】选项 C 错误，《劳动争议调解仲裁法》规定，劳动争议申请仲裁的时效期间为 1 年。

选项 D 错误，劳动争议仲裁时效，因当事人一方向对方当事人主张权利，或者向有关部门请求权利救济，或者对方当事人同意履行义务而中断，从中断时起，仲裁时效期间重新计算。

【本节答案】

题号	1	2	3	4	5	6	7
答案	CDE	C	D	B	A	D	ABE

第十章 建设工程争议解决法律制度

第一节 建设工程争议和解、调解制度

考情分析

要点	2024 年	2023 年	2022 年补考	2022 年	2021 年
（1）和解			1	1	1
（2）调解	1			2	1
分值合计	1	0	1	3	2

考点一 民事纠纷与行政纠纷★★★

种类	民事纠纷（民与民纠纷）	行政纠纷（由执法行为引起）
解决途径	和解（可在任何阶段进行，任何和解都不具有强制执行力）	行政复议
	调解	
	民事仲裁	行政诉讼
	民事诉讼	

1. 【2023 年】下列纠纷中，属于建设工程民事纠纷的有（　　）。
A. 施工企业与建设单位之间因工程质量产生的纠纷
B. 总承包单位与分包单位之间因分包工程款产生的纠纷
C. 施工企业在施工中未采取相应防范措施造成第三方损害产生的纠纷
D. 施工企业与住房城乡建设行政部门因罚款产生的纠纷
E. 施工企业未经许可使用他人的专利产生的纠纷
【解析】选项 D 属于行政纠纷。

考点二 和解 ★★★

2.【2019年】关于和解的说法，正确的是（ ）。
A. 和解只能在一审开庭审理前进行
B. 和解是民事纠纷的当事人在自愿互谅的基础上，就已经发生的争议进行协商、妥协与让步并达成协议，自行解决争议的一种方式
C. 和解不可以与仲裁诉讼程序相结合
D. 当事人自行达成的和解协议具有强制执行力

【解析】选项 A 错误，民事诉讼的当事人可以在民事诉讼的任何阶段达成和解。《民事诉讼法》规定，双方当事人可以自行和解，在执行中，双方当事人可以自行和解达成协议，如义务人不履行和解协议的，人民法院可以根据当事人的申请，恢复对原生效法律文书的执行。仲裁案件当事人也可以在仲裁中达成和解，因此选项 C 错误。
选项 D 错误，和解协议不具有强制执行力。

3.【2018年二级】关于和解的说法，正确的是（ ）。
A. 和解只能发生在诉讼前
B. 当事人申请仲裁后，不可以自行和解
C. 和解达成协议，必须以书面形式作出
D. 和解达成的协议具有合同效力

考点三 调解 ★★★★

种类	法律效力
人民调解	人民调解委员会调解民间纠纷，不收取任何费用。 经人民调解委员会调解达成调解协议的，可以制作调解协议书。 经人民调解委员会调解达成的调解协议，具有法律约束力（法律约束力=合同效力）。 经司法确认的人民调解协议，可以作为强制执行的依据
法院调解	人民法院调解案件，应当遵循自愿原则。人民法院审理离婚案件，应当进行调解，但不应久调不决。 调解达成协议，人民法院应当制作调解书，调解书经双方当事人签收后，即具有法律效力
	下列案件调解达成协议，人民法院可以不制作调解书： （1）调解和好的离婚案件。 （2）调解维持收养关系的案件。 （3）能够即时履行的案件。 （4）其他不需要制作调解书的案件
	适用特别程序、督促程序、公示催告程序的案件，婚姻等身份关系确认案件以及其他根据案件性质不能进行调解的案件，不得调解

第十章 建设工程争议解决法律制度

续表

种类	法律效力
仲裁调解	仲裁庭在作出裁决前，可以先行调解。当事人自愿调解的，仲裁庭应当调解。调解不成的，应当及时作出裁决。调解达成协议的，仲裁庭应当制作调解书或者根据协议的结果制作裁决书。 调解书与裁决书具有同等法律效力。调解书经双方当事人签收后，即发生法律效力。在调解书签收前当事人反悔的，仲裁庭应当及时作出裁决。

4.【2018 年】关于调解文书法律效力的说法，正确的有（　　）。
A. 法院调解书经双方当事人签收后，具有强制执行的法律效力
B. 人民调解委员会的调解协议具有法律约束力
C. 人民调解委员会的调解协议具有强制执行的法律效力
D. 基层人民政府的调解协议具有法律约束力
E. 仲裁调解书经人民法院司法确认后，即发生法律约束力

【解析】选项 C 错误，人民调解委员会调解达成调解协议后，双方当事人共同向人民法院申请司法确认后，具有强制执行的法律效力，未经司法确认，不具有强制执行的法律效力。

选项 E 错误，调解书经双方当事人签收后，即发生法律效力。

5.【2024 年】关于人民调解的说法，正确的是（　　）。
A. 经人民调解委员会调解达成的调解协议，当事人有权申请强制执行
B. 经人民调解委员会调解达成的调解协议，具有法律约束力
C. 经人民调解委员会调解达成调解协议后，一方当事人有权向人民法院申请司法确认
D. 未经人民调解委员会调解的，不得提起民事诉讼

【解析】选项 A 错误，经人民调解委员会调解达成调解协议后，具有法律约束力，不具有强制执行力。

选项 C 错误，经人民调解委员会调解达成调解协议后，双方当事人认为有必要的，可以自调解协议生效之日起 30 日内共同向人民法院申请司法确认，人民法院应当及时对调解协议进行审查，依法确认调解协议的效力。

选项 D 错误，人民调解并不是提起民事诉讼的前置条件，一方当事人可以向人民法院提起诉讼。经人民调解委员会调解达成调解协议后，当事人之间就调解协议的履行或者调解协议的内容发生争议的，一方当事人可以向人民法院提起诉讼。

6.【2022 年】根据《民事诉讼法》，关于法院调解的说法，正确的有（　　）。
A. 人民法院进行调解，应当由合议庭主持
B. 法院调解书一经作出，即具有法律效力
C. 能够即时履行的案件，经调解达成协议的，人民法院可以不制作调解书
D. 调解书的法律效力与判决书相同
E. 调解未达成协议，人民法院可以中止庭审程序

【解析】选项 A 错误,人民法院进行调解,可以由审判员一人主持,也可以由合议庭主持,并尽可能就地进行。

选项 B 错误,法院调解书<u>经双方当事人签收后</u>,即具有法律效力,效力与判决书相同。

选项 E 错误,调解未达成协议或者调解书送达前一方反悔的,人民法院应当及时判决。

【本节答案】

题号	1	2	3	4	5	6
答案	ABCE	B	D	ABD	B	CD

第二节 仲裁制度

考情分析

要点	2024 年	2023 年	2022 年
(1) 仲裁协议	1	1	3
(2) 仲裁庭的组成、开庭和裁决	1		
(3) 申请撤销仲裁裁决、执行和不予执行	2	1	2
分值合计	4	2	5

考点一 仲裁基本制度 ★★★★

协议仲裁制度	没有仲裁协议,一方申请仲裁的,仲裁委员会不予受理
或裁或审制度	达成仲裁协议,一方向法院起诉的,法院不予受理,但仲裁协议无效的除外
一裁终局制度	裁决作出后,当事人就同一纠纷再申请仲裁或者向人民法院起诉的,不予受理
仲裁局限性	不能仲裁:(1) 婚姻、收养、监护、扶养、继承纠纷;(2) 行政争议

1.【2022 年】关于仲裁基本特点的说法,正确的有(   )。
A. 仲裁以当事人的自愿为前提
B. 仲裁委员会隶属于行政机关
C. 仲裁实行一裁终局制度
D. 仲裁以公开审理为原则
E. 仲裁裁决可以在《承认和执行外国仲裁裁决公约》的缔约国得到承认和执行

2.【2020 年】根据《仲裁法》,关于仲裁的说法,正确的有(   )。
A. 仲裁机构受理案件的依据是司法行政主管部门的授权

B. 劳动争议仲裁不属于《仲裁法》的调整范围
C. 当事人达成有效仲裁协议后,人民法院仍然对案件享有管辖权
D. 仲裁不公开进行
E. 仲裁裁决作出后,当事人不服的可以向人民法院起诉

【解析】选项 A 错误,仲裁机构通常是民间团体的性质,其受理案件的管辖权来自双方协议。

选项 B 正确,劳动争议仲裁和农业承包合同纠纷的仲裁不受《仲裁法》的调整,是由特定行政仲裁机构依法处理的行政仲裁。

选项 C 错误,有效的仲裁协议可以排除法院的管辖权。

选项 D 正确,仲裁不公开进行。当事人协议公开的,可以公开进行,但涉及国家秘密的除外。

选项 E 错误,裁决作出后,当事人就同一纠纷再申请仲裁或者向人民法院起诉的,不予受理。

考点二 仲裁协议 ★★★★

形式	书面形式	口头无效
内容	请求仲裁的意思表示	既约定仲裁又约定诉讼,仲裁协议无效,只能诉讼
	仲裁事项	按约定
	选定的仲裁委员会	仲裁协议约定两个以上仲裁机构的,当事人可以协议选择其中一个仲裁机构申请仲裁,当事人不能就仲裁机构选择达成一致的,仲裁协议无效
效力	对当事人	产生法律约束力,只能向仲裁协议约定的仲裁机构申请仲裁
	对法院	<u>排除了法院对仲裁协议约定的争议事项的司法管辖权</u>
	对仲裁机构	只能对当事人约定的争议事项进行仲裁,无权超裁
	对仲裁协议	仲裁协议独立存在(合同无效、解除、终止等均不影响协议效力)
纠纷	对仲裁协议效力有异议,<u>首次开庭前</u>提出	一方请求仲裁委作决定,另一方请求人民法院裁定的,由法院裁定。由仲裁协议约定的<u>仲裁机构所在地</u>、<u>仲裁协议签订地</u>、<u>申请人住所地</u>、被申请人住所地的中级法院管辖

3.【2021 年】有效仲裁协议必须同时具备的内容有( )。
A. 仲裁地点
B. 仲裁事项
C. 请求仲裁的意思表示
D. 选定的仲裁委员会
E. 仲裁庭组成

【解析】《仲裁法》第十六条规定,仲裁协议应当具有下列内容:(1)请求仲裁的意思表示;(2)仲裁事项;(3)选定的仲裁委员会。

4.【2014年】下列仲裁协议约定的内容中，属于有效条款的是（   ）。

A. 仲裁协议约定的两个仲裁机构，且当事人不能就仲裁机构选择达成一致
B. 当事人约定争议可以向仲裁机构申请仲裁，也可以向人民法院起诉
C. 劳动合同约定发生劳动争议向北京仲裁委员会申请仲裁
D. 双方因履行合同发生纠纷向北京仲裁委员会申请仲裁

【解析】选项 C 错误，仲裁委员会受理范围是民事合同纠纷和财产纠纷，不包括劳动纠纷。劳动纠纷依照法定管辖，由相应的劳动争议仲裁委员会受理。

选项 D 中的"北京仲裁委员会"是一家仲裁机构的名称，并不是指北京市所有仲裁机构，如北京饭店，是单独一家饭店的名字。

5.【2013年二级】施工合同的解决争议条款约定"所有争议提交合同履行地的仲裁委员会或人民法院管辖"。当该合同产生纠纷时，当事人（   ）。

A. 必须重新确定受诉人民法院
B. 既可以向仲裁委员会申请仲裁，也可以向人民法院起诉
C. 只能向合同履行地的人民法院起诉
D. 应当向合同履行地的仲裁委员会申请仲裁

【解析】本题考查了两个知识点。知识点一：既约定仲裁又约定诉讼，仲裁协议无效，只能诉讼。知识点二：因不动产纠纷提起的诉讼，由不动产所在地人民法院管辖；建设工程施工合同纠纷，按照不动产纠纷确定管辖。

6.【2020年】关于仲裁协议的说法，正确的有（   ）。

A. 仲裁协议必须在纠纷发生前达成
B. 当事人对仲裁协议效力有异议的，应当在仲裁庭首次开庭前提出
C. 仲裁协议可以采用口头形式，但需双方认可
D. 合同解除后，合同中的仲裁条款仍然有效
E. 仲裁协议约定两个以上仲裁机构，当事人不能就选择达成一致的，可以由司法行政主管部门指定

【解析】选项 A 错误，仲裁协议包括合同中订立的仲裁条款和以其他书面方式在纠纷发生前或者纠纷发生后达成的请求仲裁的协议。

选项 B 正确，当事人对仲裁协议的效力有异议，应当在仲裁庭首次开庭前提出。

选项 C 错误，仲裁协议应当采用书面形式，口头方式达成的仲裁意思表示无效。

选项 D 正确，仲裁协议独立存在，合同的变更、解除、终止或者无效，以及合同成立后未生效、被撤销等，均不影响仲裁协议的效力。

选项 E 错误，仲裁协议约定两个以上仲裁机构的，当事人可以协议选择其中的一个仲裁机构申请仲裁，当事人不能就仲裁机构选择达成一致的，仲裁协议无效。

7.【2023年】关于仲裁协议的说法，正确的是（   ）。

A. 仲裁事项的范围不包含法律问题的争议

B. 当事人对仲裁协议效力有异议的，应当在仲裁庭首次开庭前提出

C. 仲裁协议因合同的无效而无效

D. 仲裁协议可以采用书面形式，也可以采用口头方式

【解析】选项 A 错误，仲裁事项，可以是当事人之间合同履行过程中的或与合同有关的一切争议，也可以是合同中某一特定问题的争议，既可以是事实问题的争议，也可以是法律问题的争议，其范围取决于当事人的约定。

选项 C 错误，仲裁协议独立存在，合同的变更、解除、终止或者无效，以及合同成立后未生效、被撤销等，均不影响仲裁协议的效力。

选项 D 错误，仲裁协议应当采用书面形式，口头方式达成的仲裁意思表示无效。

8.【2018 年】关于仲裁协议效力的说法，正确的是（   ）。

A. 仲裁协议独立存在，不受合同变更、撤销、终止、无效等的影响

B. 口头的仲裁协议对当事人同样有法律约束力

C. 仲裁协议并不排除法院的司法管辖权

D. 当事人对仲裁协议效力有异议的，应当请求仲裁委员会作出决定

【解析】选项 A 正确，仲裁协议独立存在，合同的变更、解除、终止或者无效，不影响仲裁协议的效力。

选项 B 错误，仲裁协议应当采用书面形式，口头方式达成的仲裁意思表示无效。

选项 C 错误，仲裁协议同样对法院具有拘束力，具体表现为排除法院对仲裁事项的诉讼管辖权。

选项 D 错误，当事人对仲裁协议的效力有异议的，可以请求仲裁委员会作出决定或者请求人民法院作出裁定。一方请求仲裁委员会作出决定，另一方请求人民法院作出裁定的，由人民法院裁定。

9.【2022 年】关于仲裁协议效力确认的说法，正确的是（   ）。

A. 当事人对仲裁协议效力有异议的，应当在举证期限内提出

B. 当事人对仲裁协议效力有异议，一方向仲裁委员会提出，另一方向人民法院提出的，由人民法院裁定

C. 仲裁委员会对仲裁协议效力的确认，应当采用裁定的方式作出

D. 当事人向人民法院申请确认仲裁协议效力的案件，由仲裁协议约定的仲裁机构所在地、仲裁协议签订地、申请人住所地或者被申请人住所地的高级人民法院管辖

【解析】选项 A 错误，当事人对仲裁协议的效力有异议，应当在仲裁庭首次开庭前提出。

选项 C 错误，仲裁委员会对仲裁协议效力的确认方式是"决定"。

选项 D 错误，"高级人民法院"改为"中级人民法院"。

考点三 仲裁庭的组成 ★★★★

独任仲裁庭	1名仲裁员。可由当事人共同选定或共同委托仲裁委员会主任指定
合议仲裁庭	3名仲裁员。 (1) 首席仲裁员：共同选出或委托主任指定。 (2) 两名非首席：各自选出或委托主任指定
	合议仲裁庭按多数仲裁员的意见，无法形成多数意见时，按照首席仲裁员意见

10.【2021年】 根据《仲裁法》，关于仲裁庭组成的说法，正确的是（   ）。

A. 首席仲裁员可以由双方当事人共同选定
B. 仲裁庭应当由3名仲裁员组成
C. 仲裁庭的组成情况不向当事人公开
D. 仲裁庭一经组成，成员不得更换

【解析】选项A正确，首席仲裁员由当事人共同选定或者共同委托仲裁委员会主任指定。

选项B错误，仲裁庭可以由3名仲裁员或者1名仲裁员组成。

选项C错误，仲裁庭组成后，仲裁委员会应当将仲裁庭的组成情况书面通知当事人。

选项D错误，仲裁员因回避或者其他原因不能履行职责的，应当依照规定重新选定或者指定仲裁员。

11.【2019年】 关于仲裁庭组成的说法正确的有（   ）。

A. 当事人未在规定期限内选定仲裁员的，由仲裁委员会主任指定
B. 首席仲裁员应当由仲裁委员会指定
C. 双方当事人必须各自选定合议仲裁庭的1名仲裁员
D. 仲裁庭可以由3名仲裁员组成
E. 仲裁庭可以由1名仲裁员组成

【解析】选项A正确，当事人没有在仲裁规则规定的期限内约定仲裁庭的组成方式或者选定仲裁员的，由仲裁委员会主任指定。

选项B、C错误，当事人约定由3名仲裁员组成仲裁庭的，应当各自选定或者各自委托仲裁委员会主任指定1名仲裁员，第3名仲裁员由当事人共同选定或者共同委托仲裁委员会主任指定。第3名仲裁员是首席仲裁员。

选项D、E正确，《仲裁法》规定，仲裁庭可以由3名仲裁员或者1名仲裁员组成。

第十章 建设工程争议解决法律制度

考点四 开庭和裁决 ★★★

开庭	原则：不公开开庭审理
	例外：当事人可以协议公开，也可以协议不开庭（书面审理）
裁决	(1) 裁决书自作出之日起发生法律效力。 (2) 当事人协议不愿写明争议事实和裁决理由的，可以不写。 (3) 裁决书由仲裁员签名，加盖仲裁委员会印章。对裁决持不同意见的仲裁员，可以签名，也可以不签名。 (4) 部分先行裁决：仲裁庭仲裁纠纷时，其中一部分事实已经清楚，可就该部分先行裁决。 (5) 补正裁决：对裁决书中的文字、计算错误或仲裁庭已裁决但在裁决书中遗漏事项，仲裁庭应当补正。 (6) 当事人自收到裁决书之日起 30 日内，可以请求仲裁庭补正

12.【2014 年】关于仲裁开庭和审理的说法，正确的是（　　）。

A. 仲裁开庭审理必须经当事人达成一致

B. 仲裁审理案件应当公开进行

C. 当事人可以协议仲裁不开庭审理

D. 仲裁庭不能作出缺席裁决

【解析】选项 A 错误，《仲裁法》第三十九条规定，仲裁应当开庭进行。当事人协议不开庭的，仲裁庭可以根据仲裁申请书、答辩书以及其他材料作出裁决。

选项 B 错误，《仲裁法》第四十条规定，仲裁不公开进行。当事人协议公开的，可以公开进行，但涉及国家秘密的除外。

选项 D 错误，《仲裁法》第四十二条规定，被申请人经书面通知，无正当理由不到庭或者未经仲裁庭许可中途退庭的，可以缺席裁决。

13. 关于仲裁开庭与裁决的说法，正确的有（　　）。

A. 当事人协议不开庭的，仲裁庭可以根据仲裁申请书、答辩书及其他材料作出裁决

B. 被申请人在开庭审理时未经仲裁庭许可中途退庭的，仲裁庭不可缺席审理并作出裁决

C. 仲裁裁决是由仲裁庭作出的具有强制执行效力的法律文书

D. 仲裁庭仲裁纠纷时，其中一部分事实已经清楚，可以就该部分先行裁决

E. 申请仲裁裁决强制执行时效的中断适用法律有关诉讼时效中断的规定

【解析】选项 B 错误，被申请人未经许可中途退庭的，仲裁庭可以缺席审理。

考点五 仲裁和解与仲裁调解 ★★★★

仲裁和解 （仲裁庭不参与）	请求根据和解协议作出裁决书（不能作调解书），不能重新发动仲裁（已终结）
	撤回仲裁申请；反悔的，可根据原仲裁协议重新发动仲裁（不能起诉）
仲裁调解 （仲裁庭参与）	制作仲裁调解书，双方签收生效
	制作仲裁裁决书，作出即生效
	调解不成或调解书签收前反悔，仲裁庭应当及时裁决
备注	调解书与裁决书具有同等法律效力，具有强制执行效力

14.【2020年】关于仲裁和解的说法，正确的是（　　）。

A. 当事人申请仲裁后达成和解协议的，应当撤回仲裁申请

B. 当事人达成和解协议，撤回仲裁申请后反悔的，不得再根据仲裁协议申请仲裁

C. 当事人申请仲裁后和解的，应当在仲裁庭的主持下进行

D. 仲裁庭可以根据当事人的和解协议作出裁决书

【解析】选项A错误，选项D正确，当事人申请仲裁后，可以自行和解。达成和解协议的，可以请求仲裁庭根据和解协议作出裁决书，也可以撤回仲裁申请。

选项B错误，当事人达成和解协议，撤回仲裁申请后反悔的，仍可以根据仲裁协议申请仲裁。

选项C错误，和解是双方当事人的自愿行为，不需要仲裁庭的参与。

15.【2019年】关于仲裁调解的说法，正确的是（　　）。

A. 仲裁庭在作出裁决前应当先行调解

B. 在调解书签收前当事人反悔的，仲裁庭应当及时作出裁决

C. 法院在强制执行仲裁裁决时，应当进行调解

D. 调解书经双方当事人签收后，若当事人反悔的调解书不具有法律效力

【解析】选项A错误，仲裁庭在作出裁决前，可以先行调解。当事人自愿调解的，仲裁庭应当调解。

选项C错误，法院在强制执行仲裁时，无须进行调解。

选项D错误，调解书经双方当事人签收后，即发生法律效力。当事人签收后反悔的，可以申请法院强制执行。

16.【2023年二级】关于仲裁和解的说法，正确的是（　　）。

A. 当事人仲裁和解的，应当开庭进行

B. 当事人自行达成和解协议的，仲裁庭应当制作撤案决定书

C. 当事人达成和解协议撤回仲裁申请后反悔的，需要另行达成仲裁协议

D. 当事人自行达成和解协议的，可以撤回仲裁申请

【解析】选项A错误，当事人申请仲裁后，可以自行和解。

选项B错误，当事人自行达成和解协议的，可以请求仲裁庭根据和解协议制作裁决书，也可以撤回仲裁申请。

选项 C 错误，当事人撤回仲裁申请后反悔的，可以根据原仲裁协议另行申请仲裁。

考点六 申请撤销仲裁裁决、执行和不予执行 ★★★★★

裁决执行	一方当事人不履行的，对方当事人可以向有管辖权的人民法院申请执行
执行地点	由被执行人<u>住所地</u>或者被执行的财产所在地的中级人民法院管辖
执行时间	<u>申请执行的期间为 2 年</u>。自仲裁裁决书规定的履行期限的最后一日起计算
	适用诉讼时效的中止、中断
申请撤销裁决	【时间】收到裁决书后 6 个月内向仲裁机构所在地中级法院提出
	【理由】（1）没有仲裁协议；（2）超出仲裁范围；（3）仲裁庭组成或仲裁程序违法；（4）仲裁所依据证据是伪造的；（5）对方当事人隐瞒了足以影响公正裁决的证据；（6）仲裁员仲裁本案索贿、徇私舞弊、枉法裁判
不予执行的后果	人民法院裁定不予执行或撤销的，当事人<u>可以重新达成仲裁协议申请仲裁</u>，也可以向人民法院起诉

17.【2023 年】关于仲裁裁决执行的说法，正确的是（   ）。

A. 申请仲裁裁决强制执行的期间为 3 年

B. 仲裁庭的组成或者仲裁的程序违反法定程序的，应当裁定仲裁裁决不予执行

C. 当事人申请执行仲裁裁决案件，应当由中级人民法院管辖

D. 被人民法院裁定不予执行的，当事人应当就该纠纷重新达成仲裁协议并申请仲裁

【解析】选项 A 错误，申请仲裁裁决强制执行的期间为 2 年。

选项 B 错误，应当裁定不予执行。根据《仲裁法》的规定，当事人提出证据证明裁决有违反规定的，可以向仲裁委员会所在地的中级人民法院申请撤销裁决。

选项 D 错误，根据《仲裁法》的规定，被人民法院裁定不予执行的，当事人就该纠纷可以根据双方重新达成的仲裁协议申请仲裁，也可以向人民法院起诉。

18.【2021 年】根据《仲裁法》，关于仲裁裁决强制执行的说法，正确的是（   ）。

A. 当事人申请执行仲裁裁决案件，应当由被执行人财产所在地基层人民法院管辖

B. 仲裁裁决书未规定履行期间的，申请仲裁裁决强制执行的期限，从仲裁裁决书生效之日起计算

C. 仲裁委员会根据需要可以设立仲裁裁决执行机构

D. 申请仲裁裁决强制执行的期间为 1 年

【解析】选项 A 错误，当事人申请执行仲裁裁决案件，由被执行人住所地或者被执行的财产所在地的中级人民法院管辖。

选项 B 正确，仲裁裁决书未规定履行期间的，从仲裁裁决书生效之日起计算。

选项 C 错误，对依法设立的仲裁机构的裁决，一方当事人不履行的，对方当事人可以向有管辖权的人民法院申请执行。

选项 D 错误，申请执行的期间为 2 年。

19.【2019年】根据《仲裁法》，关于仲裁裁决撤销的说法，正确的是（　　）。

A. 违约金的计算不符合合同约定，当事人可以申请撤销仲裁裁决

B. 当事人需要申请撤销仲裁裁决时，可以向财产所在地的中级人民法院申请

C. 仲裁裁决被撤销后，当事人可以根据双方重新达成的仲裁协议申请仲裁，不可以向人民法院起诉

D. 仲裁的程序违反法定程序，当事人可以申请撤销仲裁裁决

【解析】选项A、B错误，选项D正确，《仲裁法》第五十八条规定，当事人提出证据证明裁决有下列情形之一的，可以向仲裁委员会所在地的中级人民法院申请撤销裁决：

（1）没有仲裁协议的；

（2）裁决的事项不属于仲裁协议的范围或者仲裁委员会无权仲裁的；

（3）仲裁庭的组成或者仲裁的程序违反法定程序的；

（4）裁决所根据的证据是伪造的；

（5）对方当事人隐瞒了足以影响公正裁决的证据的；

（6）仲裁员在仲裁该案时有索贿受贿，徇私舞弊，枉法裁决行为的。

选项C错误，裁决被人民法院依法裁定撤销或者不予执行的，当事人就该纠纷可以根据双方重新达成的仲裁协议申请仲裁，也可以向人民法院起诉。

20.【2015年二级】某施工合同纠纷案经仲裁裁决，将已经竣工工程的部分楼层折价给施工单位抵偿工程欠款，但建设单位拒绝履行裁决。因此，施工单位决定申请执行仲裁裁决。关于申请执行仲裁裁决的说法，正确的是（　　）。

A. 施工单位申请执行的期间为1年

B. 申请执行本案的仲裁裁决，由施工单位所在地的中级人民法院管辖

C. 申请执行本案的仲裁裁决，由本案工程合同签订地的中级人民法院管辖

D. 施工单位有权向人民法院申请执行

【解析】选项A错误，仲裁裁决执行的申请期间为2年。

选项B、C错误，仲裁裁决的执行管辖：被执行人（建设单位）住所地或被执行财产所在地中级人民法院。

21.【2022年】关于仲裁裁决不予执行和撤销的说法，正确的有（　　）。

A. 当事人向人民法院申请不予执行被驳回后，又以相同事由申请撤销仲裁裁决的，人民法院不予支持

B. 当事人向仲裁机构隐瞒了足以影响公正裁决的证据的，经人民法院由审判员独任或者组成合议庭审查核实，裁定不予执行

C. 仲裁裁决被人民法院依法裁定不予执行的，当事人就该纠纷应当向法院提起诉讼

D. 当事人申请撤销裁决的，应当在收到裁决书之日起1年内提出

E. 案外人有证据证明仲裁案件当事人虚假仲裁，损害其合法权益的，可以根据法律相关程序的要求，申请不予执行仲裁裁决

【解析】选项B错误，应该是人民法院组成合议庭审查核实，裁定不予执行。

选项 C 错误，仲裁裁决被法院依法裁定不予执行的，当事人就该纠纷可以重新达成仲裁协议，并依据该仲裁协议申请仲裁，也可以向法院提起诉讼。

选项 D 错误，当事人申请撤销裁决的，应当在收到裁决书之日起 6 个月内提出。

22.【2007 年二级】仲裁委员会作出仲裁裁决后，施工单位不服，认为仲裁的事项不属于仲裁协议约定的范围。为维护自身的权利，施工单位可以选择的正确措施有（　　）。

A. 向仲裁机构所在地人民法院起诉

B. 向合同订立地的人民法院起诉

C. 向人民法院申请撤销裁决

D. 请求人民法院不予执行裁决

E. 请求仲裁委员会重新仲裁

【解析】仲裁裁决一旦作出即为终局，当事人不得再起诉或重新申请仲裁，有证据证明为错案的，可以向法院申请撤销仲裁裁决或请求人民法院不予执行仲裁裁决。

【本节答案】

题号	1	2	3	4	5	6	7	8	9	10
答案	ACE	BD	BCD	D	C	BD	B	A	B	A
题号	11	12	13	14	15	16	17	18	19	20
答案	ADE	C	ACDE	D	B	D	C	B	D	D
题号	21	22								
答案	AE	CD								

第三节　民事诉讼制度

考情分析

要点	2024 年	2023 年	2022 年
（1）法院管辖		3	
（2）民事审判组织	1		
（3）诉讼参加人			
（4）证据		1	1
（5）民事诉讼时效			
（6）民事诉讼的审判程序	1	1	2
（7）民事诉讼的执行	2		1
分值合计	4	5	4

考点一 民事诉讼的法院管辖★★★★

级别管辖	根据案件性质、争议金额（不是合同金额）、繁简程度、影响范围等因素确定一审法院级别		
地域管辖	概念：按照法院辖区来确定同级法院之间受理第一审民事案件的分工和权限		
	一般管辖	"原告就被告"，由被告住所地法院管辖。 被告住所地和经常居住地不一致的，由经常居住地	
	特殊管辖	合同纠纷诉讼：由被告住所地或合同履行地法院管辖	
		保险合同纠纷：由被告住所地或者保险标的物所在地法院管辖	
		侵权纠纷诉讼：由侵权行为地或者被告住所地法院管辖	
	专属管辖	（1）因不动产纠纷提起的诉讼，由不动产所在地人民法院管辖。 （2）因港口作业中发生纠纷提起的诉讼，由港口所在地人民法院管辖。 （3）因继承遗产纠纷提起的诉讼，由被继承人死亡时住所地或者主要遗产所在地人民法院管辖	
	协议管辖	合同纠纷或者其他财产权益纠纷，当事人可以选择被告住所地、合同履行地、原告住所地、合同签订地、标的物所在地等与争议有实际联系的地点的人民法院管辖，但不得违反级别管辖和专属管辖	
移送管辖	核心：无权法院 —送→ 有权法院 （1）法院发现受理的案件不属于本院管辖的，应当裁定移送有管辖权的法院，受移送法院应当受理。 （2）受移送法院认为案件也不属于本院管辖的，应当报请上级法院指定管辖，不得再自行移送		
指定管辖	核心：有权法院 —送→ 无权法院 （1）法院因管辖权发生争议不能协商解决的，报请其共同上级人民法院指定管辖。 （2）有管辖权的法院由于特殊原因不能行使管辖权的		
管辖权并存	两个以上人民法院都有管辖权的诉讼，原告可以向其中一个人民法院起诉；原告向两个以上有管辖权的人民法院起诉的，由最先立案的人民法院管辖		
管辖权异议	人民法院受理案件后，当事人对管辖权有异议的，应当在提交答辩状期间提出。 异议成立的，裁定将案件移送有管辖权的人民法院；异议不成立的，裁定驳回。 当事人未提出管辖异议，并应诉答辩或者提出反诉的，视为受诉人民法院有管辖权，但违反级别管辖和专属管辖规定的除外。 当事人不服地方人民法院管辖异议裁定的，有权在裁定书送达之日起10日内向上一级人民法院提起上诉		

《民事诉讼法》第二十三条规定,下列民事诉讼,由原告住所地人民法院管辖;原告住所地与经常居住地不一致的,由原告经常居住地人民法院管辖:

(1) 对不在中华人民共和国领域内居住的人提起的有关身份关系的诉讼;
(2) 对下落不明或者宣告失踪的人提起的有关身份关系的诉讼;
(3) 对被采取强制性教育措施的人提起的诉讼;
(4) 对被监禁的人提起的诉讼。

1.【2023年】 根据《民事诉讼法》,按照各人民法院的辖区和民事案件的隶属关系,划分同级人民法院受理第一审民事案件的分工和权限的属于( )。

A. 级别管辖 B. 移送管辖 C. 地域管辖 D. 指定管辖

2.【2016年】 合同双方当事人可以在书面合同中协议选择( )人民法院,以解决争议纠纷。

A. 被告住所地   B. 合同备案地
C. 合同签订地   D. 合同履行地
E. 原告住所地

【解析】合同纠纷或者其他财产权益纠纷,当事人可以选择被告住所地、合同履行地、原告住所地、合同签订地、标的物所在地等与争议有实际联系的地点的人民法院管辖,但不得违反级别管辖和专属管辖。

3.【2022年补考】 根据《民事诉讼法》,下列民事纠纷中,应当适用专属管辖的有( )。

A. 不动产纠纷   B. 土地所有权转让纠纷
C. 建设工程设计合同纠纷 D. 建设工程施工合同纠纷
E. 港口作业纠纷

【解析】《民事诉讼法》第三十四条规定,下列案件,由本条规定的人民法院专属管辖:
(1) 因不动产纠纷提起的诉讼,由不动产所在地人民法院管辖;
(2) 因港口作业中发生纠纷提起的诉讼,由港口所在地人民法院管辖;
(3) 因继承遗产纠纷提起的诉讼,由被继承人死亡时住所地或者主要遗产所在地人民法院管辖。

依据《最高人民法院关于适用〈中华人民共和国民事诉讼法〉的解释》第二十八条的规定,农村土地承包经营合同纠纷、房屋租赁合同纠纷、建设工程施工合同纠纷、政策性房屋买卖合同纠纷,按照不动产纠纷确定管辖。

4.【2018年】 关于民事诉讼管辖权异议的说法,正确的是( )。

A. 当事人未提出管辖异议,并应诉答辩的,视为受诉人民法院有管辖权,但违反级别管辖和专属管辖规定的除外
B. 人民法院受理案件后,当事人对管辖权有异议的,可以在诉讼进行的任何阶段提出

C. 人民法院审查后，认为异议成立的，判决将案件移送有管辖权的人民法院

D. 对人民法院就级别管辖异议作出的裁定，当事人不得上诉

【解析】选项 A 正确。《民事诉讼法》规定，当事人未提出管辖异议，并应诉答辩或者提出反诉的，视为受诉人民法院有管辖权，但违反级别管辖和专属管辖规定的除外。

选项 B 错误。应当在"提交答辩状期间"提出。

选项 C 错误。管辖权异议属于程序问题，即裁定。人民法院审查后，异议成立的，"裁定"将案件移送有管辖权的人民法院；异议不成立的，裁定驳回。

选项 D 错误。当事人不服地方人民法院管辖异议裁定的，有权在裁定书送达之日起10日内向上一级人民法院提起上诉。

5.【2023年】关于民事诉讼管辖权异议的说法，正确的有（　　）。

A. 当事人对管辖权有异议的，应当在提交答辩状期间提出

B. 对人民法院作出的管辖权异议裁定，当事人不得上诉

C. 当事人对级别管辖权不得提出异议

D. 当事人对地域管辖权可以提出异议

E. 当事人未提出管辖权异议并应诉答辩的，视为受诉人民法院有管辖权

【解析】选项 B 错误，对人民法院作出的管辖异议裁定，当事人不服的可以向上一级法院提起上诉。

选项 C 错误，管辖异议包括地域管辖异议和级别管辖异议，因此可以就地域管辖、级别管辖提出异议。

考点二 诉讼参加人 ★★★★

诉讼参加人		具体规定
当事人	原告和被告	—
	共同诉讼人	当事人一方或者双方为二人以上，其诉讼标的是共同的，或者诉讼标的是同一种类、人民法院认为可以合并审理并经当事人同意的，为共同诉讼
	第三人	【有独立请求权的第三人】有权提起诉讼
		【无独立请求权的第三人】<u>可以申请参加诉讼，或者由法院通知其参加诉讼</u>
诉讼代理人	数量	可以委托1~2人作为诉讼代理人
	对象	(1) 律师、基层法律服务工作者。 (2) 自然人当事人的近亲属或者单位当事人的员工。 (3) 当事人所在社区、单位以及有关社会团体推荐的公民
	授权	特别授权：(1) <u>承认、放弃、变更诉讼请求</u>；(2) <u>和解</u>；(3) <u>提起反诉或上诉</u>。 仅写"全权代理"即为一般代理，有权<u>陈述事实、提出管辖权异议</u>

6.【2021年二级】关于民事诉讼中第三人，说法正确的是（ ）。
A. 第三人属于狭义的民事诉讼当事人
B. 人民法院判决承担民事责任的第三人，有当事人的诉讼权利和义务
C. 对当事人双方的诉讼标的，第三人认为有独立请求权的，只能参加诉讼，不得提起诉讼
D. 对当事人双方的诉讼标的，第三人虽然没有独立请求权，但案件处理结果同他有法律上的利害关系的，只能由人民法院通知其参加诉讼

【解析】选项A错误，广义的民事诉讼当事人包括原告、被告、共同诉讼人和第三人。
选项C错误，对当事人双方的诉讼标的，第三人认为有独立请求权的，有权提起诉讼。
选项D错误，对当事人双方的诉讼标的，第三人虽然没有独立请求权但案件处理结果同他有法律上的利害关系的，可以申请参加诉讼，或者由人民法院通知他参加诉讼。

7.【2019年】下列人员中，可以被委托为民事诉讼代理人的是（ ）。
A. 知名法学家 B. 基层法律服务工作者
C. 当事人的亲属 D. 建设行政主管部门推荐的公民

8.【2011年】张某因与某施工企业发生合同纠纷，委托李律师全权代理诉讼，但未作具体的授权，则李律师在诉讼中有权实施的行为是（ ）。
A. 提起反诉 B. 提出和解
C. 提出管辖权异议 D. 部分变更诉讼请求

【解析】仅写"全权代理"为一般代理，有权陈述事实、提出管辖权异议。诉讼代理人代为承认、放弃、变更诉讼请求，进行和解，提起反诉或者上诉，必须有委托人的特别授权。

考点三 证据 ★★★★

种类	规定
证明力	鉴定结论>勘验笔录>书证>物证>视听资料>电子数据>证人证言>当事人陈述
举证责任	当事人对自己主张的事实负有举证责任，但法律另有规定的除外。 一方陈述，对方认可的，无须举证。有争议才需要举证
无须举证	（1）自然规律以及定理、定律。 （2）众所周知的事实。 （3）根据法律规定推定的事实。 （4）根据已知事实和日常生活经验法则推定出的另一事实。 （5）已生效的法院判决书和仲裁裁决书中所确认的事实，但当事人有证据足以推翻的除外。 （6）已为有效公证文书所证明的事实，但当事人有证据足以推翻的除外

续表

种类	规定
质证	证据应当在法庭上出示，由当事人（原告、被告）围绕证据的"真实性、合法性、关联性"互相质证。涉及国家秘密、商业秘密、个人隐私的证据，不得公开质证
	书证应当提交原件、物证应当提交原物。确有困难的，法院也可以准许提供经核对无误的复印件、复制品证人应当出庭作证
	当事人对鉴定意见有异议的，鉴定人应当出庭作证
	未经质证的证据，不得作为定案根据
不得单独作为定案的根据	(1) 当事人的陈述。 (2) 无民事行为能力人或者限制民事行为能力人所作的与其年龄、智力状况或者精神健康状况不相当的证言。 (3) 与一方当事人或者其代理人有利害关系的证人陈述的证言。 (4) 存有疑点的视听资料、电子数据。 (5) 无法与原件、原物核对的复制件、复制品

9.【2023 年】关于民事诉讼中质证的说法，正确的是（　　）。

A. 证据应当在法庭上出示，由法官质证

B. 当事人及其诉讼代理人经审判人员许可后可以询问证人

C. 对涉及国家秘密的证据应当保密，不得在开庭时出示

D. 对书证、视听资料质证时，当事人只能出示证据的原件或者原物

【解析】选项 A 错误，证据应当在法庭上出示，由当事人质证。

选项 C 错误，对涉及国家秘密、商业秘密和个人隐私的证据应当保密，需要在法庭出示的，不得在公开开庭时出示。

选项 D 错误，对书证、物证、视听资料进行质证时，当事人应当出示证据的原件或者原物，但有下列情形之一的除外：(1) 出示原件或者原物确有困难并经法院准许出示复制件或者复制品的；(2) 原件或者原物已不存在，但有证据证明复制件、复制品与原件或原物一致的。

10.【2022 年】关于民事诉讼证据认证的说法，正确的是（　　）。

A. 当事人陈述可以单独认定案件事实的依据

B. 无正当理由未出庭的证人以书面形式提供的证言，不得作为认定案件事实的根据

C. 由当事人提交或者保管的于己不利的电子数据，人民法院不得确认其真实性

D. 一方当事人控制证据无正当理由拒不提交，对待证事实负有举证责任的当事人主张该证据的内容不利于控制人的，人民法院不得认定该主张成立

【解析】选项 A 不能单独认定。选项 C 可以确认其真实性。选项 D 可以认定。

第十章 建设工程争议解决法律制度

11.【2017年二级】 在民事诉讼证据认定中,不能单独作为认定案件事实依据的有(   )。

A. 以严重违背公序良俗的方法获取的证据
B. 未成年人所作的与其年龄和智力状况不相当的证言
C. 无正当理由未出庭作证的证人证言
D. 与一方当事人的代理人有利害关系的证人出具的证言
E. 无法与原件、原物核对的复印件、复制品

【解析】选项A、C不能作为证据。

考点四 民事诉讼时效 ★★★★

概念	指权利人在一定期间内不行使权利,则义务人有权提出拒绝履行的抗辩的制度。诉讼时效制度旨在督促权利人行使权利,而不是鼓励不履行义务
普通诉讼时效	3年,如工程款拖欠
特殊诉讼时效	国际货物买卖合同和技术进出口合同争议是4年
起算时间	自权利人知道或者应当知道权利受到损害以及义务人之日起计算。但自权利受到损害之日起超过20年的,人民法院不予保护
超过诉讼时效	(1)人民法院<u>不得主动适用诉讼时效的规定</u>。 (2)超过诉讼时效,<u>起诉权</u>和<u>实体权利</u>没有消灭,当事人起诉,法院应当受理。 (3)义务人同意履行的,不得以诉讼时效期间届满为由抗辩。 (4)义务人已经自愿履行的,不得请求返还
诉讼时效法定	当事人约定延长、缩短诉讼时效,或对<u>诉讼时效利益的预先放弃,均为无效</u>
不适用诉讼时效	(1)请求停止侵害、排除妨碍、消除危险。 (2)不动产物权和登记的动产物权的权利人请求返还财产。 (3)请求支付抚养费、赡养费或扶养费。 (4)依法不适用诉讼时效的其他请求权

12.【2020年二级】 根据《民法典》,关于民事诉讼时效的说法,正确的有(   )。

A. 向人民法院请求保护民事权利的诉讼时效期间均为3年
B. 超过诉讼时效期间,权利人的胜诉权消灭
C. 诉讼时效期间届满后,义务人自愿履行债务的,不得请求返还
D. 当事人违反法律规定,预先放弃诉讼时效利益的,人民法院不予认可
E. 超过诉讼时效期间,当事人起诉的,人民法院不予受理

【解析】选项A错误,普通诉讼时效为3年。

选项E错误,超过诉讼时效,起诉权和实体权利没有消灭,当事人起诉,法院应当受理。

13. 下列债权请求权提出诉讼时效抗辩的情形中，人民法院可予支持的是（   ）。

A. 请求停止侵害、排除妨碍、消除危险　　B. 工程款请求权

C. 不动产物权的权利人请求返还财产　　　D. 请求支付抚养费、赡养费或扶养费

【解析】选项 B 工程款请求权适用普通诉讼时效为 3 年。

诉讼时效中止和中断

区别	时效中止（暂时停止）	时效中断（清零）
本质	想行使，没办法行使	已经积极行使
事由	发生不可抗力权利人被义务人或其他人控制等	债权人请求履行 债务人同意履行 提起诉讼或申请仲裁
限制	最后 6 个月内	—
时效期间	继续计算	重新计算

14.【2021 年二级】下列情形中，可以引起诉讼时效中断的有（   ）。

A. 权利人申请仲裁　　　　　　　　B. 不可抗力

C. 义务人同意履行义务　　　　　　D. 权利人向义务人提出履行请求

E. 权利人被义务人或者其他人控制

【解析】选项 B、E 属于中止情形。

15.【2020 年二级】导致民事诉讼时效中止的事由有（   ）。

A. 权利人向义务人提出履行请求

B. 继承开始后未确定继承人或者遗产管理人

C. 权利人被义务人或者其他人控制

D. 义务人同意履行义务

E. 不可抗力

【解析】选项 A、D 属于中断的情形。

考点五　民事诉讼的审判程序 ★★★★

一审	普通程序	立案之日起 6 个月审结，经院长批准，可以延长 6 个月（6+6）
	简易程序	立案之日起 3 个月审结，特殊情况经院长批准可延长 1 个月（3+1）
	起诉条件	（1）原告与本案有直接利害关系。 （2）有明确的被告。 （3）有具体的诉讼请求、事实和理由。 （4）属于法院受理范围和管辖范围
	起诉方式	书面起诉为原则，口头起诉为例外

续表

一审	立案	符合起诉条件的,应当在7日内立案,并通知当事人	
	审理	以公开审理为原则	
		以不公开审理为例外	法定不公开:涉及国家秘密、个人隐私
			申请不公开:离婚案件、涉及商业秘密
	宣判	<u>无论是否公开审理,一律公开宣告判决</u>	
	一审终审	(1)最高人民法院的判决、裁定,是发生法律效力的判决裁定。 (2)<u>选民资格案件</u>、宣告失踪或者宣告死亡案件、认定公民无民事行为能力或者限制民事行为能力案件、认定财产无主案件、确认调解协议案件和实现担保物权案件等适用特别程序的案件,实行一审终审。 (3)<u>小额诉讼案件</u>,实行一审终审	
二审	上诉期间	不服一审判决	自判决书送达之日起15日内,可以提出上诉;审限为3个月
		不服一审裁定	自裁定书送达之日起10日内,可以提出上诉;审限为30日
	上诉状	当事人提出上诉,应当向原审法院递交上诉状	
	审理	(1)二审法院对上诉案件<u>应当组成合议庭</u>,原则上开庭审理。 (2)只审查不服判的内容,而对服判的不作审查	
再审	提出时间	当事人申请再审应当在判决、裁定生效后的6个月内提出	
	审查时间	人民法院应当自收到再审申请书之日起3个月内审查	

当事人经传票不到庭或中途退庭:(1)原告不到庭,按撤诉;(2)被告不到庭或中途退庭,可以缺席判决;(3)被告反诉,可以缺席判决。<u>宣判前,原告申请撤诉的,是否准许,由人民法院裁定</u>。人民法院裁定不准许撤诉的,原告经传票传唤,无正当理由拒不到庭的,可以缺席判决。

16.【2024年】承包人起诉发包人支付工程价款,经传票传唤,诉讼参加人无正当理由拒不到庭的,人民法院的下列做法中,正确的是（   ）。

A. 承包人拒不到庭的,缺席判决
B. 第三人拒不到庭的,裁定中止案件审理
C. 证人拒不到庭的,按撤诉处理
D. 发包人拒不到庭的,缺席判决

【解析】原告经传票传唤,无正当理由拒不到庭的,或者未经法庭许可中途退庭的,可以按撤诉处理,被告反诉的,可以缺席判决。

被告经传票传唤,无正当理由拒不到庭的,或者未经法庭许可中途退庭的,可以缺席判决。

17.【2020年二级】关于民事案件开庭审理的说法,正确的是（   ）。

A. 除涉及国家秘密、商业秘密或者个人隐私的案件外人民法院均应当公开审理

B. 原告无正当理由拒不到庭的，人民法院应当缺席判决

C. 人民法院对公开审理或者不公开审理的案件一律公开宣告判决

D. 人民法院宣判前，原告申请撤诉的，一律不予准许

【解析】选项 A 错误，还包括"离婚案件"。

选项 B 错误，当事人经传唤不到庭或中途退庭，原告不到庭，按撤诉处理。

选项 D 错误，人民法院宣判前，原告申请撤诉的，由法院裁定。

18.【2021年】关于民事诉讼案件受理的说法，正确的有（　　）。

A. 人民法院对于符合起诉条件的，应当在 14 日内立案，并通知当事人

B. 被告应当在收到起诉状副本之日起 15 日内提出答辩状

C. 诉讼文书必须采取直接送达的方式进行送达

D. 专属管辖案件，当事人未提出管辖异议并应诉答辩的，视为受诉人民法院有管辖权

E. 普通程序的审判组织应当采用合议制

【解析】选项 A 错误，《民事诉讼法》规定，符合起诉条件的，应当在 7 日内立案，并通知当事人；不符合起诉条件的，应当在 7 日内作出裁定书，不予受理；原告对裁定不服的，可以提起上诉。

选项 C 错误，诉讼文书送达方式包括直接送达、留置送达。经受送达人同意，人民法院可以采用能够确认其收悉的电子方式送达诉讼文书。

选项 D 错误，当事人未提出管辖异议，并应诉答辩的，视为受诉人民法院有管辖权，但违反级别管辖和专属管辖规定的除外。

19.【2024年】下列民事诉讼案件中，实行二审终审制度的是（　　）。

A. 实现担保物权案件　　　　　B. 建设工程施工合同案件

C. 确认调解协议案件　　　　　D. 小额诉讼案件

20.【2023年】根据《民事诉讼法》，关于简易程序的说法，正确的是（　　）。

A. 简易程序是人民法院审理案件的首选诉讼程序

B. 简易程序实行一审终审

C. 人民法院在审理过程中，发现案件不宜适用简易程序的，裁定转为普通程序

D. 适用简易程序审理的案件，应当在立案之日起 2 个月内审结

【解析】选项 B 错误，简易程序是基层人民法院和它的派出法庭审理事实清楚、权利义务关系明确、争议不大的简单民事案件适用的程序。小额诉讼程序是简易程序的一种，实行一审终审。

选项 D 错误，适用简易程序审理的案件，应当在立案之日起 3 个月内审结。

21.【2022年】关于民事诉讼第二审程序的说法，正确的有（　　）。

A. 第二审人民法院作出的具有给付内容的判决，具有强制执行力

B. 第二审人民法院审理对裁定的上诉案件，审限为 3 个月

C. 当事人提起上诉的，上诉状应当直接向第二审人民法院提出

D. 原审法院对发回重审的案件作出判决后，当事人提起上诉的，第二审人民法院不得再次发回重审

E. 第二审人民法院对上诉案件，可以由审判员独任审理

【解析】选项 B 错误，第二审人民法院审理对判决的上诉案件，审限为 3 个月，审理对裁定的上诉案件，审限为 30 日。

选项 C 错误，上诉状应当通过原审法院提出。

选项 E 错误，第二审人民法院对上诉案件，应当组成合议庭，开庭审理。

考点六 民事诉讼的执行 ★★★

项目	具体规定
执行依据	（1）人民法院作出的判决书、裁定书和调解书。 （2）仲裁机构作出的裁决书和调解书。 （3）公证机关依法赋予强制执行效力的债权文书
时间	申请执行的期间为 2 年。适用诉讼时效中止、中断的规定
执行法院	第一审人民法院或者与第一审人民法院同级的被执行的财产所在地法院执行
提级执行	法院收到申请执行书超过 6 个月未执行的，申请人可以向上一级法院申请执行
指定执行	上一级法院可以责令原法院执行，也可以决定由本院执行或者指令其他法院执行

22.【2022年】 关于当事人申请执行人民法院作出的生效判决、裁定等的说法，正确的是（ ）。

A. 申请执行的期间为 3 年

B. 法律文书规定分期履行的，申请执行的期间从规定的最后一次履行期间的最后 1 日起计算

C. 人民法院自收到申请执行书之日起超过 6 个月未执行的，申请执行人可以向上一级人民法院申请执行

D. 对法律文书确定的行为义务的执行，执行法院自收到申请执行书之日起超过 6 个月未依法采取相应执行措施的，上一级人民法院应当决定由本院执行

【解析】选项 A 错误，申请执行的期间为 2 年。

选项 B 错误，法律文书规定分期履行的，从规定的每次履行期间的最后 1 日起计算。

选项 D 错在"应当"。人民法院自收到申请执行书之日起超过 6 个月未执行的，申请执行人可以向上一级人民法院申请执行。上一级人民法院经审查，可以责令原人民法院在一定期限内执行，也可以决定由本院执行或者指令其他人民法院执行。因此选项 C 正确。

中止执行与终结执行

分类	具体规定
中止执行	（1）申请人表示可以延期执行的。 （2）案外人对执行标的提出确有理由的异议的。 （3）作为一方当事人的公民死亡，需要等待继承人继承权利或者承担义务的。 （4）作为一方当事人的法人或者其他组织终止，尚未确定权利义务承受人的。 （5）人民法院认为应当中止执行的其他情形
终结执行	（1）申请人撤销申请的。 （2）据以执行的法律文书被撤销的。 （3）作为被执行人的公民死亡，无遗产可供执行，又无义务承担人的。 （4）追索赡养费、扶养费、抚养费案件的权利人死亡的。 （5）作为被执行人的公民因生活困难无力偿还借款，无收入来源，又丧失劳动能力的。 （6）人民法院认为应当终结执行的其他情形

23.【2022年二级】 下列民事案件执行过程中出现的情形中，人民法院应当裁定终结执行的有（　　）。

A. 据以执行的法律文书被撤销的

B. 案外人对执行标的提出确有理由的异议

C. 作为被执行人的公民死亡，无遗产可供执行，又无义务承担人的

D. 作为一方当事人的法人或者其他组织终止，尚未确定权利义务承受人的

E. 作为被执行人的公民因生活困难无力偿还借款，无收入来源，又丧失劳动能力的

【解析】选项B、D错误，这两个选项是执行中止的情形。

【本节答案】

题号	1	2	3	4	5	6	7	8	9	10
答案	C	ACDE	ADE	A	ADE	B	B	C	B	B
题号	11	12	13	14	15	16	17	18	19	20
答案	BDE	BCD	B	ACD	BCE	D	C	BE	B	C
题号	21	22	23							
答案	AD	C	ACE							

第十章 建设工程争议解决法律制度

第四节 行政复议制度

考情分析

本小节内容较多,在考试中每年考1~2分,主要学习复议的范围及下表总结的内容。行政复议前置是2024年新增内容,需要留意。

考点 行政复议★★★★

时间	自知道行政行为侵犯其合法权益之日起60日内提出行政复议申请
申请形式	可以书面申请,也可以口头申请
部门	本级人民政府或上一级主管部门
可以复议	"官"对"民"的具体行政行为(对查封、冻结、吊销执照等不服的)
不可复议	(1)国防、外交;(2)具有普遍约束力的决定、命令;(3)奖惩、任免决定、人事处理决定;(4)行政处分;(5)行政调解

【行政复议前置】《行政复议法》第二十三条规定,有下列情形之一的,申请人应当先向行政复议机关申请行政复议,对行政复议决定不服的,可以再依法向人民法院提起行政诉讼:

(1)对当场作出的行政处罚决定不服;
(2)对行政机关作出的侵犯其已经依法取得的自然资源的所有权或者使用权的决定不服;
(3)认为行政机关存在未履行法定职责情形;
(4)申请政府信息公开,行政机关不予公开;
(5)法律、行政法规规定应当先向行政复议机关申请行政复议的其他情形。

1.【2018年】A市B区国土资源局以甲施工企业非法占地违规建造为由,责令甲限期拆除其建筑,退还所占土地,甲不服,欲申请行政复议。关于有权受理该案行政复议的行政机关的说法,正确的有( )。

A. 可以是A市人民政府
B. 只能是A市国土资源局
C. 只能是B区人民政府
D. 可以是A市国土资源局
E. 可以是B区人民政府

【解析】施工企业可以向本级人民政府(B区政府)或上一级主管部门(A市国土资源局)申请行政复议。

2.【2023年】 下列事项中,不能提出行政复议申请的是（   ）。
  A. 对行政机关就民事纠纷作出的调解处理不服的
  B. 对行政机关作出的警告决定不服的
  C. 对行政机关作出的资质证书变更决定不服的
  D. 对行政机关作出的冻结财产措施决定不服的
【解析】行政调解不能提出行政复议。

3.【2021年】 关于行政复议申请的说法,正确的是（   ）。
  A. 公民、法人或者其他组织认为具体行政行为侵犯其合法权益的,可以自知道该具体行政行为之日起 90 日内提出行政复议申请
  B. 对县级以上地方各级人民政府工作部门的具体行政行为不服的,应当向上一级主管部门申请行政复议
  C. 公民、法人或者其他组织向人民法院提起行政诉讼,人民法院已经受理的,仍可以申请行政复议
  D. 申请人可以口头提出行政复议申请
【解析】选项 A 错误,公民、法人或者其他组织认为具体行政行为侵犯其合法权益的,可以自知道该具体行政行为之日起 <u>60 日内</u>提出行政复议申请,但法律规定的申请期限超过 60 日的除外。
  选项 B 错误,对履行行政复议机构职责的地方人民政府司法行政部门的行政行为不服的,可以向<u>本级人民政府</u>申请行政复议,也可以向<u>上一级司法行政部门</u>申请行政复议。
  选项 C 错误,公民、法人或者其他组织向人民法院提起行政诉讼,人民法院已经依法受理的,不得申请行政复议。
  选项 D 正确,<u>申请人申请行政复议,可以书面申请</u>;书面申请有困难的,<u>也可以口头申请</u>。

4.【2022年】 关于行政复议基本特点的说法,正确的是（   ）。
  A. 公民、法人和其他组织可以对各类具体行政行为提出行政复议
  B. 行政复议原则上采用书面审查办法
  C. 公民、法人和其他组织可以在具体行政行为内部审批过程中提出行政复议
  D. 公民、法人和其他组织可以向作出具体行政行为的行政机关的各级上级机关申请行政复议
【解析】选项 A 错误,行政机关制定、发布的具有普遍约束力的决定、命令等规范性文件不得申请复议。
  选项 C 错误,不得提起行政复议。
  选项 D 错误,可以向作出具体行政行为的行政机关的"上一级机关"申请行政复议。

5.【2021年二级】 关于行政复议决定的说法,正确的是（   ）。
  A. 行政复议一律采用书面审查的办法

B. 行政复议机关决定撤销该具体行政行为的，可以责令被申请人在一定期限内重新作出具体行政行为

C. 行政复议决定作出前，申请人不得撤回行政复议申请

D. 申请人不得在申请行政复议时一并提出行政赔偿请求

【解析】选项 A 错误，行政复议"原则上"采取书面审查的办法，但申请人提出要求或者行政复议机关负责法制工作的机构认为必要时，可以向有关组织和人员调查情况，听取申请人、被申请人和第三人的意见。

选项 C 错误，行政复议决定作出前，申请人要求撤回行政复议申请的，经说明理由，可以撤回。

选项 D 错误，申请人在申请行政复议时可以一并提出行政赔偿请求。

6.【2024年】对下列行政行为不服，申请人应当先向行政复议机关申请行政复议，对行政复议决定不服，方可以向人民法院提起行政诉讼的是（　　）。

A. 行政机关作出的确认自然资源所有权的决定

B. 行政机关作出的行政强制执行决定

C. 行政机关作出的吊销资质证书处罚决定

D. 申请政府信息公开，行政机关不予公开

7. 当事人不服行政行为，必须先申请行政复议，未经复议不可以向法院提起行政诉讼的有（　　）。

A. 对行政处罚决定不服的

B. 对行政机关侵犯其已经依法取得的自然资源所有权或者使用权的决定不服的

C. 认为行政机关不履行法定职责、不作为的

D. 申请政府信息公开，行政机关不予公开的

E. 对行政机关作出的赔偿决定或者不予赔偿决定不服

【本节答案】

题号	1	2	3	4	5	6	7
答案	DE	A	D	B	B	D	BCD

第五节　行政诉讼制度

考情分析

本小节内容较多，在考试中每年考 1~2 分，主要学习行政诉讼的范围、管辖和审理。

1.【2023 年】关于行政诉讼管辖的说法,正确的是(   )。
　　A. 对限制人身自由的行政强制措施不服提出的诉讼,应当由被告所在地人民法院管辖
　　B. 复议机关改变原行政行为的案件,可以由复议机关所在地人民法院管辖
　　C. 中级人民法院管辖第一审行政案件
　　D. 因不动产提起的行政诉讼,由被告所在地人民法院管辖

【解析】选项 A 错误,对限制人身自由的行政强制措施不服提起的诉讼,由被告所在地或者原告所在地人民法院管辖。

选项 B 正确,经复议的案件,复议机关改变原行政行为的,也可以由复议机关所在地人民法院管辖。

选项 C 错误,基层人民法院管辖第一审行政案件。中级人民法院管辖下列第一审行政案件:(1) 对国务院部门或者县级以上地方人民政府所作的行政行为提起诉讼的案件;(2) 海关处理的案件;(3) 本辖区内重大、复杂的案件;(4) 其他法律规定由中级人民法院管辖的案件。

选项 D 错误,因不动产提起的行政诉讼,由不动产所在地人民法院管辖。

2.【2022 年补考】下列的一审行政案件中,应当由中级人民法院管辖的有(   )。
　　A. 对国务院部门所作的行政行为提起诉讼的
　　B. 对某市生态环境局所作的行政处罚提起诉讼的
　　C. 对某市人民政府所作的行政行为提起诉讼的
　　D. 对海关所作的行政行为提起诉讼的
　　E. 某省内辖区内重大、复杂的案件

【解析】中级人民法院管辖下列第一审行政案件:
(1) 对国务院部门或者县级以上地方人民政府所作的行政行为提起诉讼的案件;
(2) 海关处理的案件;
(3) 本辖区内重大、复杂的案件;
(4) 其他法律规定由中级人民法院管辖的案件。

3.【2021 年】公民、法人或者其他组织提起的下列诉讼中,属于行政诉讼受案范围的有(   )。
　　A. 认为行政机关滥用行政权利排除或者限制竞争的
　　B. 认为行政机关不依法履行政府特许经营协议的
　　C. 对行政机关的行政指导行为不服的
　　D. 申请行政机关履行保护人身权的法定职责,行政机关拒绝履行的
　　E. 对行政机关针对信访事项作出的复核意见不服的

【解析】选项 C、E 不得提起行政诉讼。
《最高人民法院关于适用〈中华人民共和国行政诉讼法〉的解释》(法释〔2018〕1 号)规定,下列行为不属于人民法院行政诉讼的受案范围:
(1) 公安、国家安全等机关依照刑事诉讼法的明确授权实施的行为;

（2）调解行为以及法律规定的仲裁行为；

（3）行政指导行为；

（4）驳回当事人对行政行为提起申诉的重复处理行为；

（5）行政机关作出的不产生外部法律效力的行为；

（6）行政机关为作出行政行为而实施的准备、论证、研究、层报、咨询等过程性行为；

（7）行政机关根据人民法院的生效裁判、协助执行通知书作出的执行行为，但行政机关扩大执行范围或者采取违法方式实施的除外；

（8）上级行政机关基于内部层级监督关系对下级行政机关作出的听取报告、执法检查、督促履责等行为；

（9）行政机关针对信访事项作出的登记、受理、交办、转送、复查、复核意见等行为；

（10）对公民、法人或者其他组织权利义务不产生实际影响的行为。

4.【2016年】关于行政诉讼案件审理的说法，正确的是（　　）。

A. 行政诉讼期间，被诉行政行为停止执行

B. 涉及商业秘密的行政诉讼案件一律不得公开审理

C. 人民法院对行政案件宣告判决前原告申请撤诉的，是否准许，由人民法院裁定

D. 人民法院审理行政赔偿案件不适用调解

【解析】选项A错误，《行政诉讼法》规定，行政诉讼期间，除该法规定的情形外，"不停止"行政行为的执行。

选项B错误，人民法院公开审理行政案件，但涉及国家秘密、个人隐私和法律另有规定的除外。涉及商业秘密的案件，当事人申请不公开审理的，可以不公开审理。

选项D错误，法院审理行政案件，不适用调解。但是，行政赔偿、补偿以及行政机关行使法律、法规规定的自由裁量权的案件可以调解。

5. 对限制人身自由的行政强制措施不服提起的诉讼，由（　　）人民法院管辖。

A. 被告所在地　　　　　　　　B. 原告所在地

C. 行为实施地　　　　　　　　D. 户籍所在地

E. 经常居住地

【解析】《行政诉讼法》规定，对限制人身自由的行政强制措施不服提起的诉讼，由被告所在地或者原告所在地人民法院管辖。"原告所在地"包括原告的户籍所在地、经常居住地和被限制人身自由地。

6. 下列选项中对于行政诉讼管辖的说法，正确的有（　　）。

A. 海关处理的案件由中级人民法院受理

B. 社会影响重大的共同诉讼案件由高级人民法院管辖

C. 限制人身自由的行政诉讼，只能由被告所在地法院管辖

D. 因不动产提起的行政诉讼，由不动产所在地的法院管辖

E. 原告向两个以上有管辖权的法院提起诉讼的，由最先立案的人民法院管辖

【解析】选项 B 错误，社会影响重大的共同诉讼案件由"中级人民法院"管辖。在"全国有重大影响的案件"由高级人民法院管辖。

选项 C 错误，对限制人身自由的行政强制措施不服提起的诉讼，由被告所在地或者原告所在地人民法院管辖。"原告所在地"包括原告的户籍所在地、经常居住地和被限制人身自由地。

7. 【2024 年】关于行政诉讼起诉的说法，正确的是（　　）。
A. 对属于人民法院受案范围的行政案件应当先向行政机关申请复议，对复议决定不服的，方可向法院提起诉讼
B. 自行政行为作出之日起超过 3 年提起诉讼，人民法院不予受理
C. 起诉的具体诉讼请求可以包括请求一并审查规章以下规范性文件
D. 不得请求判决行政机关予以赔偿

【解析】选项 A 错误，对属于人民法院受案范围的行政案件，公民、法人或者其他组织可以先向行政机关申请复议，对复议决定不服的，再向人民法院提起诉讼；也可以直接向人民法院提起诉讼。

选项 B 错误，因不动产提起诉讼的案件自行政行为作出之日起超过 20 年，其他案件自行政行为作出之日起超过 5 年提起诉讼的，人民法院不予受理。

起诉应当"有具体的诉讼请求"是指：
（1）请求判决撤销或者变更行政行为；
（2）请求判决行政机关履行特定法定职责或者给付义务；
（3）请求判决确认行政行为违法；
（4）请求判决确认行政行为无效；
（5）请求判决行政机关予以赔偿或者补偿；（选项 D 错误）
（6）请求解决行政协议争议；
（7）请求一并审查规章以下规范性文件；（选项 C 正确）
（8）请求一并解决相关民事争议；
（9）其他诉讼请求。

8. 【2024 年二级】根据《行政诉讼法》，下列情形中，法院应当判决撤销或部分撤销行政行为的是（　　）。
A. 行政行为证据确凿，适用法律、法规正确并符合法定程序的
B. 行政机关超越职权作出行政行为的
C. 行政行为程序轻微违法，但对原告权利不产生实际影响的
D. 行政行为对款额的确定确有错误的

【解析】选项 A 错误，行政行为证据确凿，适用法律、法规正确，符合法定程序的，或者原告申请被告履行法定职责或者给付义务理由不成立的，人民法院判决驳回原告的诉讼请求。

选项 B 正确，行政行为有下列情形之一的，人民法院判决撤销或者部分撤销，并可以判决被告重新作出行政行为：(1) 主要证据不足的；(2) 适用法律、法规错误的；(3) 违反法定程序的；(4) 超越职权的；(5) 滥用职权的；(6) 明显不当的。人民法院判决被告重新作出

行政行为的，被告不得以同一的事实和理由作出与原行政行为基本相同的行政行为。

选项 C 错误，行政行为有下列情形之一的，人民法院判决确认违法，但不撤销行政行为：（1）行政行为依法应当撤销，但撤销会给国家利益、社会公共利益造成重大损害的；（2）行政行为程序轻微违法，但对原告权利不产生实际影响的。

选项 D 错误，行政处罚明显不当，或者其他行政行为涉及对款额的确定、认定确有错误的，人民法院可以判决变更。

9.【2024 年】关于行政诉讼举证责任的说法，正确的是（　　）。
A. 原告应当提供其向被告提出异议的证据
B. 被告对作出的行政行为负有举证责任
C. 在诉讼过程中，被告可以自行向原告、第三人和证人收集证据
D. 原告应当提供证明行政行为违法的证据

【解析】选项 A 错误，在起诉被告不履行法定职责的案件中，原告应当提供其向被告提出申请的证据。

选项 C 错误，在诉讼过程中，被告及其诉讼代理人不得自行向原告、第三人和证人收集证据。原告或者第三人提出了其在行政处理程序中没有提出的理由或者证据的，经人民法院准许，被告可以补充证据。

选项 D 错误，原告可以提供证明行政行为违法的证据。原告提供的证据不成立的，不免除被告的举证责任。

10. 关于行政诉讼中被告的确定，正确的是（　　）。
A. 两个以上行政机关作出同一具体行政行为的，可以任选一个行政机关作为被告
B. 行政机关委托的组织所作的具体行政行为，受委托的组织是被告
C. 经复议的行政案件，以复议机关为被告
D. 行政机关被撤销或者职权变更的，继续行使其职权的行政机关是被告

【解析】选项 A 错误，两个以上行政机关作出同一具体行政行为的，"共同作出行政行为的行政机关是共同被告"。

选项 B 错误，行政机关委托的组织所作的具体行政行为，"委托的行政机关是被告"。

选项 C 错误，经复议的行政案件的被告分两种情形：复议机关维持原行政行为的，以作出原行政行为的机关和复议机关为被告；复议机关改变原行政行为的，以复议机关为被告。

11. 人民法院审理下列第一审行政案件，认为事实清楚、权利义务关系明确、争议不大的，可以适用简易程序的有（　　）。
A. 行政机关对法人依法当场作出 3000 元以下处罚的
B. 案件涉及款额在 2000 元以下的
C. 发回重审、按照审判监督程序再审的
D. 属于政府信息公开案件的
E. 行政机关不履行法定职责的

【解析】人民法院审理下列第一审行政案件，认为事实清楚、权利义务关系明确、争议不大的，可以适用简易程序：

（1）被诉行政行为是依法当场作出的；

（2）案件涉及款额 2000 元以下的；

（3）属于政府信息公开案件的。

除上述规定以外的第一审行政案件当事人各方同意适用简易程序的，可以适用简易程序。

发回重审、按照审判监督程序再审的案件不适用简易程序。

【本节答案】

题号	1	2	3	4	5	6	7	8	9	10
答案	B	ACDE	ABD	C	ABDE	ADE	C	B	B	D
题号	11									
答案	ABD									